# 불평등발전과 민주주의

## 한국정치경제론

이연호 저

UNEQUAL DEVELOPMENT & DEMOCRACY

박영사

나를 위해 밤낮으로 기도해주신

외할머니 김요안나를 기리며…

# 머 리 말

우리나라가 전 세계적으로 그 유례가 거의 없을 만큼 빠른 기간에 경제성장과 민주주의를 달성한 사례라는 점에 대해 정치경제 발전론을 공부하는 학자로서 무한한 자긍심을 느낀다. 전 세계의 모든 나라들이 우리의 발전경험을 듣고 싶어 한다. 개발도상국은 물론이고 선진국도 예외가 아니다. 그들은 우리의 경제적 성장과정 뿐만아니라 정치적 민주화과정에 대해서도 많은 관심을 보인다. 특히 개발도상국이 엘리트들은 민주주의를 발전시키면서도 어떻게 한국이 경제성장을 지속할 수 있었는지 궁금해 한다. 과거에는 경제발전을 위한 정부의 역할에 관심이 많았지만 이제는 경제성장과 민주주의간의 조화가 그들의 주된 관심사이다. 아마도 중동에서 발생한 시민혁명과 정치적 변동이 그들의 지적 호기심을 유발한 것 같다.

본 저자가 이 책을 집필하게 된 동기도 바로 그런 것이었다. 한국의 경제발전과 민주화가 서로 어떻게 영향을 주고받으며 진행되었는지 그동안 연구했던 것을 정리하고 싶었다. 기존에 이러한 시도가 전무했다고는 할 수 없다. 그러나 사회과학분야에서 한국의 경제발전과 정치발전의 상호관계에 대해 명료하게 분석하고 설명하려는 시도는 상대적으로 미약했던 것으로 판단된다. 이상하게도 두 주제는 서로 다른 주제처럼 분리되어 논의되었다.

정치경제발전론을 공부하는 학자의 입장에서 볼 때 양자는 이란성 쌍둥이 같은 존재이다. 서로 다른 모습을 하고 있더라도 근본적으로 한 태반에서 성장한다. 그러니 서로 긴밀하게 영향을 주고받을 수밖에 없다. 이러한 친밀성은 발전 초기단계에서 더욱 극명하게 나타난다. 발전 초기단계에는 제도화된 시장자체가 존재하지 않는 경우도 많기 때문에 정부는 정치의 힘을 빌어 경제를 육성하고자 한다. 경제가 발전하지 않고서는 국가간 경쟁에서 살아남기 어렵기 때문이다.

그러나 경제발전이 어느 정도 달성되고 나면 양자간의 관계가 서서히 분리되면서 경제적 변수가 정치적 변화를 유발하는 경향이 보다 빈번하게 나타나기 시작한다. 정치와 사회가 경제중심적으로 변화하는 것이다. 나는 정치결정론자도 경제결정론자도 아니다. 오랫동안 이 문제를 두고 고민해 보았지만 시대적 그리고 지정학적 상황에 따라 두 변수 중에 하나가 좀 더 강한 영향력을 발휘할 뿐 어느 하나도 영구적으로 독립변수일 수는 없다. 따라서 중요한 것은 정부가 정치중심적이어야 할 때와 경제중심적이야 할 때를 잘 분간할 수 있는 능력을 갖추어야 한다는 점이다. 정치와 경제간의 간격을 적절하게 늘이거나 줄일 수 있는 분별력을 보유해야 한다.

그런데 우리나라가 현재 당면하고 있는 문제는 바로 정부나 국회가 후자의 단계, 즉 경제가 정치에 미치는 영향이 점점 더 커지는 단계를 능숙하게 관리하지 못하고 있다는 점이다. 이미 성숙해진 시장도 정부의 간섭에서 벗어나 창의적인 성장을 스스로 달성할 수 있어야 하는데 현실은 그러하지 못하다. 국가엘리트들 특히 정부관료들은 획기적으로 규제완화를 추진하지 않는다. 청와대의 재촉은 정부의 시장과 사회에 대한 개입의 강화로 이어진다. 선거를 의식한 나머지 국회도 갈등이 예상되는 안건들을 해결하려 하지 않는다. 기업들도 정부가 나서지 않는 한 공정경쟁의 룰을 성실하게 준수하지 않는다. 우리에게 자유와 자율이란 아직도 낯선 개념이다.

이러한 가운데 상처를 받는 것은 일반국민들이다. 역대정부가 수행해온 불균형성장정책의 최대 피해자임에도 불구하고 그동안 정부도 기업도 이들에게 충분하게 보상하지 않았다. 경제가 침체에 빠져들 때마다 정부는 대기업에게 인센티브를 제공함으로써 경기회복을 도모했다. 과도한 복지는 경제성장에 부정적이라는 이유로 국민들에게 제공하는 복지혜택도 최대한 절약하려 했다. 재벌들도 과거 국민들이 애국마케팅으로 지지해준 성원에 보답할 마음을 가지고 있지 않다. 경제성장과 고용창출로 이미 보답했다고 생각하고 있고 1997년 금융위기 이후부터는 세계화의 구호아래 국내투자보다는 해외투자에 더 열성적이다. 이로 인해 국민들의 불만은 더욱 더 축적되고 있다. 불균형성장정책은 사회경제적 불평등을 야기하고 이는 민주화의 주요한 동인으로 작동했다.

민주화가 경제발전에 반드시 기여한다는 경험적 증거는 없지만 결과적으로 정치적 민주화와 경제자유화가 진전되면서 한국경제는 양적성장뿐만 아니라 질적인 성장도 달성했다. 민주화가 달성된 1987년 당시 3,400달러 수준이었던 1인당 국민소득은 2012년 현재 2만 3천 달러 수준으로 향상되었다. 외환보유고도 2013년 현재

3,200억 달러를 상회했다. 정치적 안정이 정착되면서 한국경제의 리스크도 대폭 감소했다.

그러나 저자는 우리경제의 추가적인 성장이 일어날 수 있는지에 대해서 다소 회의적인 전망도 완전히 배제할 수 없다고 생각한다. 2010~2013년 기간 동안 실질적인 성장은 거의 이루어지지 않은 듯싶다. 다만 그 해의 환율수준에 따라 소득수준이 수치상으로 변동했을 뿐이다.

왜 이런 답보현상이 지속되는 것일까? 이유는 간단하다. 앞에서 언급한대로 국가와 시장간의 올바른 관계를 설정하는 데 실패하고 있기 때문이다. 시장이 창의성과 자율성을 발휘할 수 있는 효율적이고 똑똑한 거버넌스를 구축하지 못하고 있기 때문이다. 불평등을 치유해 달라는 국민들의 민주주의적 요구를 수용한다는 명분하에 그리고 시장의 감독을 강화한다는 명분하에 정부의 개입과 규제가 증가하고 있다. 과거 경제발전 초기에는 정부의 개입이 불필요한 거래비용을 절약해주는 역할을 했을지 모르나 현재는 그렇게 보기도 어렵다. 자율적이고 창의적인 시장도 신뢰에 입각한 성숙한 시민사회도 제대로 조성되지 않고 있다. 매사에 정부가 개입하다 보니 거래비용이 증가하고 이는 경제성장의 장애요인이 된다.

혹자는 과도한 민주주의적 요구 때문에 경제성장이 방해를 받는다고도 주장한다. 그리고 신자유주의에 물든 시장을 규율하기 위해서 정부가 나서야 한다고 역설한다. 그러나 이것이 적절한 처방일까? 우리는 완전하게 자유화를 진전시키지도 못했고 국민들에게 복지혜택을 충분히 제공하지도 않았다. 기업은 기업대로 국민들은 국민대로 불만을 가지고 있을 뿐이다. 축적된 불만은 국가를 분열시키고 발전에 필요한 에너지를 갈등으로 낭비한다. 과도한 자유주의로 몸살을 앓는 미국이나 비대해진 복지국가로 골머리를 앓는 유럽과 우리의 현실은 엄연히 다르다. 우리의 문제는 오히려 자유와 민주적 가치를 충분히 섭취하지도 제대로 소화하지도 못해서 나타나는 증상이다. 다른 처방이 필요하다.

어차피 선진국가라면 공정한 경쟁으로 대표되는 자유적 가치 그리고 형평으로 대표되는 민주적 가치를 균형적으로 잘 관리할 수 있어야 한다. 우리에게 주어진 숙제는 자유와 민주가 이상적으로 균형잡을 수 있는 똑똑한 거버넌스를 구축하는 일이다. 이 과정에서 정부는 현명해야 한다. 정부가 직접 나서서 시장과 사회를 이끌어 갈 수 있는 시대는 지났다. 그러기에는 시장과 사회의 규모나 역량이 너무 크다. 정부가 감당할 수 없다. 다만 정부의 현명스러움은 자유스러움과 민주스러움이 균형적으로 구현될 수 있도록 주도하는 가운데 발현되어야 한다. 현재 우리가 당면한 문제는 정부의 관료적 속성이 조용히 강화되면서 자유와 민주적 가치가 구현되지 못하도록 도리어 억누르고 있다는 점일 것이다.

이러한 문제의식속에서 저자는 이승만정부 수립이래 우리가 경험한 정치경제적 발전과정을 분석하고자 했다. 논지는 이러하다. 경제발전을 통해 국가생존력은 강화시키겠다는 목적하에 역대정부는 정부주도적 성상전략을 추구했다. 그 결과 경제성장이 도모되기는 했으나 경제적 그리고 사회적 불평등이 심화되었다. 이러한 상황에서 성장의 과실을 분배받는데 소외된 국민들의 상대적 박탈감은 증폭되었다. 결국 경제성장을 통해 정당성을 획득하려 했던 권위주의 정권의 억압적 정치에 반발한 중산계층이 저항에 참여함으로써 비교적 온건하게 민주화가 달성되었다. 그리고 금융위기를 극복하는 과정에서 가혹하게 추진된 경제자유화를 통해 한국경제의 경쟁력은 급속하게 제고되었다. 결과적으로 우리나라는 민주주의와 경제자유화를 단기간에 성공적으로 달성했다. 그러나 민주적 가치와 자유적 가치간의 균형을 안정적으로 유지시키는데 어려움을 겪고 있다. 경제자유화가 불안정하게 진행된 가운데 분배요구가 폭발하고 있다. 이러한 상황에서 정부의 시장과 사회에 대한 개입은 오히려 강화되고 있다. 우리에게 적합한 양자간의 최적 비율을 찾아내야 선진국으로의 진입이 가능하다. 2만 달러 시대를 넘어 4만 달러 시대로 돌입하기 위해서는 이 문제가 관건이다.

이 책을 출간하며 감사를 표해야 할 대상이 많다. 우선 이 책을 저술할 수 있도록 학술연구비를 지원해준 연세대학교에 감사드린다. 원고를 마무리하도록 도와준 제자 장인선과 김문영, 자료를 정리해준 조재신 그리고 나와 함께 연구하고 학술지에 글을 실었던 정석규, 임유진, 박태용, 류경아에게 고마움을 표한다. 출판을 맡아준 박영사 특히 조성호 부장에게 감사하고 싶다. 그리고 항상 나를 믿고 따라주는 나의 가족 미경, 준아, 준서에게 가장으로서의 애정을 전한다.

끝으로 하나 밝혀야 할 것이 있다. 이 책의 내용은 상당 부분 새로이 작성되었다. 그럼에도 불구하고 책을 집필하는 과정에서 불가피하게 저자가 기존에 수행했던 연구들이 많이 동원되었다. 과거

학술지에 발표했던 논문들의 일부가 이 책의 본문에 인용되었다. 저술의 완성도를 높이기 위해 저자가 심혈을 기울여 수행한 기존의 연구결과를 완전히 배제할 수는 없었다는 점을 밝히며 인용된 연구의 원전을 다음과 같이 밝히는 바이다.

"The Dilemma of a Pro-Business State: the Government-chaebol Relations of the MB Lee Government in Korea", 『사회과학연구』 24(3) 2013; "제도주의 정치경제적 발전국가론과 민주주의", 『21세기정치학회보』; "거버넌스 등장의 국내정치적 요인", 『21세기정치학회보』 17(3), 2007; "한국에서 민주주의 심화가 조정국가의 변화에 미친 영향", 『신아세아』 여름호, 2006; "전두환정부의 산업합리화와 김대중정부의 기업구조조정 비교연구", 『21세기정치학회보』 14(1), 2004; "한국에서 규제국가의 등장과 정부 - 기업관계", 『한국정치학회보』 36(3), 2002; "한국에서의 금융구조개혁과 규제국가의 등장에 관한 논쟁", 『한국사회학』 36(4), 2002; "김대중정부와 비정부조직간의 관계에 관한 연구", 『한국정치학회보』 35(4), 2001; "김대중정부의 경제개혁과 신자유주의적 국가등장의 한계", 『한국정치학회보』 33(4), 1999; "경제적 자유화에 있어서의 국가의 역할: 경제규제의 정치학", 『한국정치학회보』 32(3), 1998; "The Rise of the Labor Party in Korea: Causes and Limits", *The Pacific Review* 19(3), 2006; "Participatory Democratic Logic of Regulating the Chaebol", *Asian Survey* 45(2), 2005.

2013년 8월 7일

이 연 호

※ 본서는 연세대학교 학술연구비의 지원으로 집필되었다.

# 차 례

## 시작하는 글



## 제1장 이승만정부: 1948-1960 대중주의적 권위주의와 수입대체산업화



## 제2장 박정희정부 I: 1963-1972 관료적 권위주의의 등장과 수출주도적 산업화를 통한 불균형성장

## 제6장 김영삼정부: 1993-1997 신우파적 개혁과 경제자유화



## 제7장 김대중정부: 1998-2002 경제민주화와 경제자유화의 동시적 성취



## 제8장 노무현정부: 2003-2007 거버닌스와 민주주의

## 제9장 이명박정부: 2008-2012 친시장주의 대 친기업주의



## 제10장 경제력집중과 복지

## 마무리 글

# 시작하는 글

▌무엇이 문제인가? ▌불균형 경제성장과 민주주의 ▌

# ▌시작하는 글▐

## ❑ 무엇이 문제인가?

대한민국은 경제성장과 민주주의를 짧은 기간 동안 달성한 모범적 발전 사례이다. 1945년 일본의 식민지배에서 벗어난 후 1948년 독립적이고 현대적인 정부를 수립했다. 그로부터 65년여의 시간이 흐른 지금 대한민국은 전 세계적으로 발전한 경제와 정치적 민주주의를 동시에 구현한 국가로 성장했다.

2013년 현재 1인당 국민소득은 US 23,000달러에 달하며 교역규모로는 전 세계국가 중 9위를 차지하고 있다. 1997년 외환이 고갈되는 위기를 겪었지만 현재는 US 3,000억 달러가 넘는 외환을 보유하고 있다. 2008년 전 세계가 또 한번 금융위기에 빠졌음에도 불구하고 한국은 매년 3~5%에 달하는 경제성장을 달성했다. 그 결과 삼성, 현대, LG, POSCO 등 세계적인 규모의 기업을 탄생시켰는데 이중 삼성의 연간 매출규모는 페루나 루마니아의 GDP와 거의 맞먹을 정도이다.[1)]

민주화가 성공적으로 진전되어 정치적으로도 안정되어 있다.

2012년 현재 한국의 민주주의 지수는 167개국 중 20위를 차지했다.[2] 이는 미국(21위), 일본(23위), 스페인(25위), 프랑스(28위) 그리고 이탈리아(32위) 보다 상대적으로 높은 순위이다.

이와 같이 전 세계적으로 유사한 예를 찾아보기 어려울 정도의 정치·경제적 성장을 달성했음에도 불구하고 대한민국의 성공에는 짙은 그늘이 존재한다. 무엇보다도 산업간 발전이 불균형하게 이루어지고 계층간 빈부의 격차가 심화되어 있다. 대기업과 중화학공업분야는 괄목할 만한 성장을 거듭하고 있는 반면 중소기업이 주로 진출하고 있는 여타 산업분야는 발전이 정체되어 있다. 그 결과 나라 전체의 경제적 자원을 지배하는 힘이 재벌의 손에 집중되는 소위 경제력집중현상도 심각한 수준이다. 예컨대 상위 4개의 대기업인 삼성, 현대, LG, SK의 연간매출이 국가 GDP의 51% 규모에 해당할 정도로 경제력이 집중되어 있다.

계층간 빈부격차 역시 심화되고 있다. 소득분배의 불평등정도를 보여주는 Gini계수는 1999년 이래 0.306에서 0.320 사이에서 움직이고 있다. 금융위기 발생이전인 1990년대 초반에는 0.281에서 0.291 사이에서 변동했다. 즉 소득분배 상황이 악화된 채 크게 개선되지 않고 있다는 것이다.[3]

그런데 문제의 핵심은 이러한 지수상의 비교만으로는 잘 규명되지 않는다. 수치상으로 보았을 때 한국의 소득분배 정도가 다른 국가들과 비교하여 과도하게 나쁘다고 보기는 어렵다. 예컨대 2010년 현재 OECD 국가들의 평균 Gini계수는 0.313이었다. 이는 이탈리아, 캐나다, 오스트리아, 일본, 스페인, 영국, 미국, 멕시코보다도 형평의 정도가 양호하다는 것을 의미한다.[4]

보다 중요한 문제는 일반국민들이 느끼는 심리적이고 감정적인 박탈감이다. 국민 대부분이 경제성장의 결실이 공평하게 나누어지지 않았다고 판단한다. 게다가 경제적 성장을 하더라도 분배가 정의롭게 이루어지지 않는다는 인식을 가지고 있다. 또 재벌들은 전 세계적 기업으로 성장하고 있지만 개인들의 경제적 형편은 나아지지 않고 있다는 불만을 가지고 있다. 실제로 한국은 OECD 국가들 중 가장 낮은 사회보장비용을 지출하고 있다.

재벌이나 이를 옹호하는 이들은 국가간 비교지수를 제시하면서 국민들의 이러한 불만이 오도된 것이라고 주장한다. 그리고 대기업이 국가의 경제성장에 기여한 점 그리고 고용을 창출한 업적 등을 국민들이 간과하고 있다고 역설한다.

그러나 이러한 주장들은 문제의 핵심을 잘못 진단하고 있다. 순수하게 경제적인 시각만으로는 우리가 직면하고 있는 부정적인 문제들이 명확하게 규명되지 않는다. 정부와 재벌이 견인해온 우리 경제체제는 비교적 효율성이 높았고 그 결과 경제성장이 이루어졌다. 그러나 정치적인 관점에서 본다면 문제가 다르다.

이스턴David Easton에 따르면 정치란 제한된 사회적 가치societal values를 권위적authoritative으로, 즉 정의롭게 분배하여[5] 갈등의 소지를 없애고 사회를 평화롭게 이끄는 것이다. 그런데 한국의 경우 경제적 자원이 소수의 손에 집중되어 불평등과 갈등이 발생하고 있다. 또 경제적 자원이 정치권력화되어 민주주의를 위협하고 있다.

한국에서 불균형성장은 민주화를 이끌어낸 주요 정치경제적 변수였다. 그러나 민주화 이후에도 불균형성장은 계속되었고 그 결과 경제사회적 불평등도 심화되었다. 이러한 현상으로 인해 참여, 형평, 분배와 같은 민주주의적 원리를 정치적 영역을 넘어 사회 그리고 경제분야로 확산시켜 적용하라는 시민의 압력이 증대하고 있다. 한국에서 발생하고 있는 불균형성장과 불평등의 문제는 경제적 논의의 범주를 이미 벗어나 심리적이고 사회적이며 정치적인 이슈가 되어 있다. 그리고 이성적 논쟁의 범주를 넘어 감성적 갈등으로 발전해 있다. 따라서 경제적 분석만으로는 충분한 설명이 이루어지지 못한다. 이 책은 정치경제적 관점에서 이 문제를 논의하고자 한다.

그러면 왜 이렇게 된 것일까? 이 질문에 대한 해답의 실마리는 우선 정부에 있다. 다시 말해서 한국경제가 불균형성장을 하고 불평등의 문제에 봉착하게 된 원인이 일차적으로 재벌들에게 있지만 근본적으로는 이를 조장한 정부에 결정적인 책임이 있다는 것이다.

보다 적나라하게 표현한다면 우리 국민들의 정서에는 정부에게 속았다는 일종의 배신감이 자리잡고 있다. 이유는 이러하다. 급속한 경제성장을 성취하기 위해 정부는 경제적 자원을 효율적으로 동원할 필요가 있었다. 경제개발 초기에 우리는 기술을 소유하지도 천연자원을 소유하지도 못했다. 단지 잘 교육되고 훈련된 노동력만 풍부하게 보유하고 있었다. 정부는 노동력과 정부가 가지고 있던 금융 등의 발전자원을 효율적으로 활용하여 경제성장을 달성하고자 했다.

이 과정에서 제한된 양의 발전자원이 소수의 산업세력들 예컨대 재벌들에게 집중적으로 공급되었다. 그리고 낮은 수준의 노동비용을 제공하기 위해 노동자들의 임금은 최소한으로 억제되었다. 요컨대 정부는 전략적으로 육성하고자 하는 산업의 성장을 위해 여타분야의 희생을 요구했던 것이다. 그러면서 경제성장이 달성되고 나면 성장의 과실을 전 국민들이 공평하게 나눌 것이라고 설득했다.

경제성장의 시동을 걸었던 박정희 대통령은 1980년대에 들어서면 우리나라가 US 100억 달러를 수출하여 국민들은 1인당 US

1,000달러의 소득을 얻게 되고 마이카my car시대를 맞이하게 될 것이라면서 그때까지 허리를 졸라매자고 국민들을 설득했다. 그리고 검약을 몸소 실천하면서 재벌들도 사치를 누리지 말 것을 명령했다. 심지어 기업은 국민들의 것이며 창업주 개인의 소유가 아니라고 주장했다.

이러한 정부의 설득이 주효했는지는 모르지만 국민들은 경제를 성장시키고자 하는 정부와 대기업의 노력에 적극 협조했다. 낮은 수준의 임금을 감내했고 소득의 상당부분을 저축하여 산업자원화시켰으며 무엇보다도 애국적인 마음에서 국산품을 애용했다. 1997년 금융위기가 발생했을 때 전 국민적 차원에서 금모으기운동을 한 것도 이러한 애국적 충성심의 일면이었다고 할 수 있다.

그러나 국민들의 이러한 노력은 결과적으로 충분히 보상받지 못했다. 성장의 과실도 균등하게 분배되지 않았다. 1997년 이전까지는 정부가 발전자원을 동원하여 대기업들에게 몰아주느라 국민들은 흡족하게 성장의 혜택을 향유하지 못했다. 1998년 이후 IMF의 개입하에 금융위기를 수습하는 과정에서는 경제개혁을 추진하느라 국민들의 분배적 요구는 차선으로 밀려났다.

재벌들은 정부와 국민들의 지원으로 성장했지만 시장구조조정에서 살아남기 위해 전력을 다할 뿐 국민들의 성원에 보답하지 않았다. 약화된 정부의 통제하에서 벗어나자 오히려 자신들의 재산권을 강화하고자 했다. 국민의 기업이 아니라 개인의 기업이라는 색깔을 분명히 하려 했다. 강화되는 해외자본의 공격으로부터 기업의 소유경영권을 보호한다는 것이 명분이었다. 또 기업의 실적을 극대화하기 위해서 고용을 최소화했고 비용절감을 위해서 생산기반을 해외로 이전하는 것도 서슴지 않았다.

이러한 상황변화로 인해 정부가 시장에 개입하는 것은 더욱 어려워졌다. 1980년대 들어 신우파적New Right 패러다임[6]이 전 세계로 확산되면서 시장중심주의가 힘을 얻고 국가의 힘은 상대적으로 약화되었다. 특히 신우파적 경제개혁 프로그램은 정부가 경제에 간섭하지 말 것을 주문했다. 그 결과 중앙은행이 정부로부터 독립하는 등 정부의 재정 및 금융정책 집행능력이 축소되었다. 그만큼 정부가 기업을 통제하고 명령할 수 있는 힘이 약화되었다.

당초 정부와 재벌이 협력적 관계를 유지하는 것을 국민들이 용인했던 이유는 낙수효과trickle down effect에 대한 기대 때문이었다. 즉 경제적 상위계층의 소득이 늘어나면 그 혜택이 하위계층으로 흘러내려 모든 계층이 혜택을 보게 될 것이고 기대했던 것이다.

그러나 국민들은 결과적으로 이러한 효과가 발생하지 않았다고 생각한다. 심지어 낙수효과가 자연적으로 발생하는 것은 불가능하며 이러한 점에서 정부는 그동안 국민들을 오도했다고 생각하고 있다. 바로 이점이 문제의 핵심이다. 국민들은 정부와 재벌간의 관계는 협력을 넘어 사실상 정경유착적 관계를 갖고 있다고 믿고 있다. 정부에게는 재벌을 개혁할 의지도 심지어 개혁할 능력도 없다고 생각한다. 도리어 재벌의 영향력에 의해 정부가 포획될 가능성도 있다고 보고 있다. 재벌은 불평등의 주범이며 사회와 국가에 영향력을 미칠 수 있는 가장 강한 세력이라고 인식하고 있다.

2000년대에 들어 정치적 민주주의를 넘어 경제민주주의를 요구하는 국민들의 목소리가 커지는 것도 이러한 맥락이다. 국가정책 결정과정에 국민들의 참여가 증가하고 경제적 과실이 고르게 분배되어야 한다고 믿고 있다. 재벌로 대표되는 보수세력이 정부에 영향력을 행사하는 한 일반국민들의 이익은 배제될 수밖에 없기 때문이다. 분배는 시장의 힘에 의해 자연적으로 이루어질 수 없으며 따라서 시민의 개입이 불가피하다고 생각하고 있다.

그렇다면 국민들의 이러한 생각이 과연 재벌들이 주장하는 것처럼 오도된 것일까? 이 책은 정치적 측면에서 본다면 국민들의 반재벌적 정서가 충분히 납득할 만한 것이라는 점을 보여주고자 한다. 그리고 불균형 경제성장의 결과로 나타난 경제사회적 불평등을 교정해 달라는 국민들의 열망이 정치적 민주화 나아가 그리고 민주주의의 공고화로 나타나게 된 과정을 분석하려고 한다.

이 책은 우선 1950년대부터 전개된 정부의 경제성장 노력을 분석함으로써 불균형적인 경제성장과 경제사회적 불평등이 조성된 이유를 조명할 것이다. 그리하여 이러한 국민적 요구가 정치적 민주주의를 넘어 사회·경제적 형평을 강조하는 보다 심화된 민주주의를 구현하는데 핵심적인 역할을 하고 있음을 분석할 것이다.

오늘날 한국이 발전된 민주주의를 성취하게 된 가장 중요한 원인은 역설적으로 정부에 의한 전략적 불균형 경제성장정책이라 해도 과언이 아니다. 불균형성장에 의한 국민들의 불만 그리고 산업화에 의한 화이트칼라 그리고 블루칼라 노동세력의 증가가 민주화의 동력이었다.

이 책은 우리나라에서 전개된 불균형 경제성장과 민주화의 관계를 정치경제적 시각에서 분석하고 있다. 민주화를 유발하는 요인을 주로 경제적 현상, 즉 불균형 경제성장과 그에 따른 사회경제적 불평등의 심화에서 찾고 있다. 이러한 작업을 위해 동원될 몇 가지 이론을 간단하게 살펴보면 다음과 같다.

## ❑ 불균형 경제성장과 민주주의

한국의 경제가 균형적이기 보다는 불균형한 성장패턴을 보여주게 된 데에는 박정희정부가 불균형성장이론Theory of Unbalanced Growth을 기본전략으로 도입한 것과 관련이 깊다. 허시만A. O. Hershman의 불균형성장이론은 넉시R. Nurkse의 균형성장이론Theory of Balanced Growth에 대한 비판적 발전이라 할 수 있다. 균형성장이론[7]은 저개발국에서 자본에 대한 수요부족을 타개하기 위해서는 무엇보다도 내수시장의 규모가 확대되어야 한다는 주장에서 출발한다. 그가 본 저개발국의 문제는 국민 개개인의 소득이 낮아 자본의 투자동기가 적고, 자본축적 역시 양적으로 빈약하여 투자가 이루어지지 않음으로써 생산성도 낮아 결국 저소득으로 귀결될 수밖에 없다는 것이었다. 이러한 빈곤의 악순환에서 벗어나기 위해서는 모든 부문에 동시에 투자가 이루어져야 한다고 보았다. 그래야만 각기 다른 부문에서 생산한 재화에 대해 수요가 동시적으로 발생할 수 있기 때문이다. 균형적인 투자가 진행되면 국내시장의 규모가 확대될 것이고 자본에 대한 수요부족문제도 해결될 것이라는 것이 균형성장이론의 주된 내용이었다.

허시만은 이러한 균형성장이론에 대해 비판을 제기하고 있다.[8] 그는 개발도상국의 진정한 문제는 자본에 대한 수요부족이 아니라 투자능력과 의지의 부족이라고 보았다. 따라서 문제의 해결방법은 제한된 자원을 효율적으로 이용하여 투자능력을 극대화하는 것에 있다고 주장했다. 그가 상정하는 방법은 두 가지였다. 하나는 사회간접부문과 민간투자부문 사이에 고의적으로 불균형을 유발하여 취약부문의 투자를 유도하는 것이다. 도로나 항만같은 사회간접부문의 건설은 민간투자부문의 확대를 유도할 것이며 반대로 민간투자부문의 증가는 사회간접자본의 부족을 타개하도록 할 것이다.

다른 하나는 민간부문간에도 불균형을 유발하는 것이다. 즉 민간부문 내에서 전후방 관련효과를 측정하여 타산업과 관련효과가 높은 부문에 투자를 집중함으로써 불균형적으로 성장시키면 다른 부문의 투자확대가 유도될 수 있다. 예컨대 조선업이나 건설산업은 여타산업에 미치는 파급효과가 크므로 이들 산업에 투자를 하면 관련산업의 투자가 순차적으로 확대될 것이다.

허시만의 불균형성장이론은 투자자본의 부족문제로 고심하던 박정희정부에 의해 1963년 민정이양과 더불어 본격적으로 도입되었다. 박정희정부는 수출산업을 중심으로 한 전략산업에 제한된 자원을 집중 투입함으로써 경제성장을 달성하고자 했다. 자연히 불균형성장이론은 수출주도적 산업화이론과 조화를 이루게 되었다. 이는 이승만정부가 수입대체산업화론을 지향했던 것과 대비되었다.

수입대체산업화ISI: Import Substitution Industrialization이론은 환율의 과대평가, 보호관세 그리고 수입쿼터제도 등을 이용하여 국내산업을 보호하고 육성하는 폐쇄적 산업화전략이다. 일반적으로 자유시장경제론에서 상정하는 자유교역이론과 반대되는 입장에 서있다. 경제적으로 강한 국가의 상품이 국내에 수입되면 국내산업이 육성될 수 있는 여지가 없다는 입장이다.

따라서 자국의 환율을 과대평가하여 국내의 생산자들로 하여금 유리한 조건으로 생산재와 원자재를 수입하여 완성품을 제조한 후, 보호된 국내시장에 판매토록 함으로써 산업화를 도모하는 전략이다. 이 경우 수입품은 각종 무역보호장벽으로 인해 차별을 받아 국내판매가 어려운 상황에 처하게 된다. 반면 국산품은 품질이 낮고 가격이 상대적으로 높음에도 불구하고 유리한 판매조건을 갖게 되는 문제가 있다. 이처럼 국내 소비자에게는 불리한 정책이지만 내수산업의 육성 그리고 고용의 확대라는 명분하에 많은 개도국들이 차용하는 이론이었다.9)

균형성장이론은 이승만정부하에서 진행된 수입대체산업화전략의 이론적 기반을 제공했었다. 당초 박정희 군사정부도 쿠데타로 정권을 장악한 직후 이 이론을 활용하고자 했다. 그렇지만 이 이론은 곧 포기되고 불균형성장이론으로 대체되었다. 이유는 두 가지였다. 하나는 국내에 균형성장정책을 추진하기에 충분한 양의 자본이 실제로 존재하지 않았기 때문이었다. 다른 하나는 민간정부로 탈바꿈한 박정희정부가 수입대체산업화를 포기하고 미국이 지지하던 수출중심산업화로 전환했기 때문이었다.

수출중심산업화EOI: Export-Oriented Industrialization는 수입대체산업화전략에 비해 시장친화적 전략이다. 이 전략은 한정된 국내시장을 벗어나 해외시장을 개척함으로써 규모의 경제를 달성하고자 한다. 그리고 해외의 기술과 발전자원을 활용하는 개방적 접근법을 추구한다. 이처럼 해외시장을 지향하므로 수입보다는 수출에 유리한 방향으로 환율이 조정된다. 즉 수출에 유리할 수 있도록 현실화된 환율을 유지하며 정기적으로 평가절하를 시도한다. 심지어 정부는 수출산업을 육성하기 위해 특정산업에 보조금을 제공하기도 한다. 아울러 국내 생산자들이 국내시장에 집착하지 않도록 제도를 운영한다. 예컨대 관세 등 각종 수입제한적 규제를 철폐하여 국내시장에 안주하지 않도록 한다.10)

결국 박정희정부하에서 본격적인 경제성장은 주로 불균형성장전략과 수출중심산업화전략을 통해 시도되었다. 이 두 가지 성장전략은 박정희정부가 수립한 발전국가 모델의 중요한 부분을 차지했다. 발전국가 모델의 본질은 중상주의론이다. 중상주의란 국가가 법과 규제 등을 이용하여 시장에 독점을 조성하고 위험회피적 시장행위자들로 하여금 경쟁이 아니라 독점에서 창출되는 지대를 추구하도록 조장하도록 함으로써 국가의 부를 축적하는 성장전략이다.[11]

따라서 발전국가론은 시장중심적이라고 볼 수는 없지만 반시장적이지는 않다. 엄밀하게 말한다면 저발전국에는 제도화되고 자본이 충분하게 축적된 시장이 존재하지 않으므로 이를 조성하기 위해서는 국가의 적극적인 역할이 필요하다는 입장이다. 자유주의적 경제학이 상정하는 정치로부터 분리된 경제가 아니라 정치화된 경제를 상정하고 있다. 국제적인 경쟁이 가능한 수준에 도달할 때까지 정치적인 힘을 동원하여 전략적으로 시장을 육성하자는 전략이다.[12]

이러한 맥락에서 발전국가론은 프리드리히 리스트Friedrich List의 지적유산을 승계하고 있다. 리스트는 경제의 발전단계를 국가적 경제national economy와 세계적 경제cosmopolitical economy로 구분하고 있다.[13] 후자는 아담 스미스Adam Smith가 상정하는 개인중심의 경제이며 자유경쟁이 가능할 정도로 성숙화된 선진국의 경제이다.

반면에 개발도상국은 이러한 여유가 허락되지 않는 열위의 경제이며 선진국의 경제적 공세에 취약한 경제이다. 따라서 개인보다는 국가 전체의 이익을 중시하는 전자, 즉 국가적 경제를 구사해야 한다고 리스트는 역설한다. 특히 공업화의 달성이 필수적인데 이를 달성하기 위해서는 개인의 이익이 다소 희생되는 것이 불가피하다고 주장한다. 정부도 공업과 상업을 육성하기 위해 국내의 시장을 각종 규제를 동원하여 보호하고 육성해야 한다고 강조한다. 왜냐하면 해외의 경쟁력 있는 상품이 국내시장을 잠식하지 못하도록 해야 하기 때문이다. 이러한 보호육성정책을 통해 국내의 산업이 육성되고 성숙화되면 비로소 선진국의 산업과 경쟁할 수 있도록 국내시장을 개방해도 된다는 것이 리스트의 주장이다.

발전국가론은 대체로 리스트의 이러한 견해를 수용하고 있다. 비록 사회주의 경제론처럼 국가가 시장을 대체해야 한다고 주장하지는 않지만 국가가 시장과 사회를 이끌어 감으로써 국가발전을 신도하는 소위 국가주도적 전략state-led strategy이 반드시 필요하다는 점을 역설한다.[14)]

국가주도적 전략의 가장 중심적인 구성요소는 국가의 시장간섭능력이다. 그런데 여기서 특기할 것은 국가의 시장간섭이 케인즈주의적Keynesian인 처방과는 내용상 다소 차이가 있다는 점이다.

우선 케인즈주의적 이론에 대해 알아보자. 케인즈주의가 제시하는 시장간섭은 시장의 수요와 공급 메커니즘을 인위적으로 왜곡시키는 것이다. 케인즈의 이론은 시장의 자동기능에 동의하지 않는다. 시장이 자동적으로 최적 상태의 균형을 스스로 유지하는 것은 불가능하며 따라서 국가의 시장에 대한 간섭이 필요하다는 것이다. 이때 케인즈 이론이 상정하는 국가의 시장간섭은 세율의 조정이나 재정정책을 통해 수요를 자극하는 거시적 간섭이다.[15)] 다시 말해 유단적 간섭이다.

하지만 발전국가가 상정하는 시장간섭은 이와 나르다. 진략신업을 육성하기 위한 선택적selective 간섭이다. 케인즈주의의 간십은 무엇보다도 완전고용을 달성하거나 증대시키기 위한 간섭이며 이를 통해 노농사에세 복지를 제공히고 소비능력을 부여하려는 시도이다. 반면에 발전국가론의 리스트주의적 간섭은 전략산업을 육성하기 위해 민간부문의 정책결정과정에 간섭하여 거래비용을 축소하기 위한 간섭이다. 따라서 노동자의 복지적 요소는 당장의 중요한 목표가 아니다. 그보다는 국가적 전략산업을 육성하기 위해 개인의 이익은 희생되어도 좋다는 입장이다.

이러한 맥락에서 발전국가론은 국가가 지배하는 시장guided/governed market을 상정한다.[16] 국가가 육성하고자 하는 전략산업부문에 자원이 집중될 수 있도록 발전자원의 분배를 시장원리에 맡기지 않고 국가가 주도한다. 또 전략산업의 육성을 위해 보호와 육성정책을 집행하고 보조금을 지급하기도 한다.

끝으로 발전국가론은 수출중심산업화와 수입대체산업화를 적절하게 혼합하여 추진하는 이중게임double game을 추구한다.[17] 전반적으로 시장확대정책을 추진하기 때문에 수출대체산업화를 중시하지만 그렇다고 해서 수입대체산업화를 완전히 포기하는 것은 아니다. 리스트가 제시하듯이 국가주의적 경제상태를 벗어나기 위해서는 국내산업의 육성이 필수적이라고 간주한다. 그런데 국내산업의 육성은 완전한 시장개방을 통해서는 달성될 수 없다고 보고 있다. 따라서 전체적으로는 수출주도적 산업화를 통해 시장확대를 시도하지만 특정산업의 육성을 위해서는 수입대체산업화를 병행한다.

발전국가는 이처럼 자율적 시장과 정치화된 시장의 조화를 시도한다. 따라서 국가가 시장을 지배하고 통제할 수 있기 위해서는 정치적 힘, 즉 권력이 요구된다. 이를 위해 강한 국가자율성state autonomy을 강조하고 있다. 단적인 예로 경제정책을 수립하고 집행하는 과정을 사회나 시장의 영향력으로부터 절연insulate시킬 수 있는 권력을 국가가 보유하는 것이다. 그리하여 국가의 경제정책을 고위정치인과 관료엘리트들이 공익(즉 국가적 이익)에 부합하는 방향으로 수립하고 이를 일관성 있게 추진하는 것이다.[18] 이를 위해서는 정책을 수립하는 관료들의 높은 자질이 필요하고 국가는 이에 요구되는 정보를 획득할 수 있어야 하며 정치인들은 강력한 정책추진력을 보유해야 한다.

발전국가론은 동아시아의 발전국가들이 남미나 여타지역의 개발도상국들에 비해 강한 자율성을 보유할 수 있었던 이유로서 사회적으로 강력한 자본세력이나 부르주아계층이 존재하지 않았던 점을 지적한다. 발전국가의 정부가 자원을 동원하여 새로운 자본세력을 육성함에 따라 이들은 정부에 순종적일 수밖에 없었다. 또한 냉전체제하에서 공산주의 진영과 경쟁하기 위해 자유주의 진영에서도 강력한 정부의 필요성이 강조되었던 시대적 상황도 국가의 자율성을 강화시켜 주는 요인으로 작동했다.

그러나 국가자율성의 이상적인 의미에도 불구하고 현실의 세계에서 발전국가론은 관료적 권위주의bureaucratic authoritarianism와 제도적 친화성을 갖을 수밖에 없다.[19] 발전국가론이 지향하는 높은 자율성의 근원은 결국 대통령이 행사할 수 있는 강력한 정치적 권력과 이를 뒷받침하는 관료엘리트들의 폐쇄적인 정책입안 및 집행능력이었다. 우리나라의 대통령은 소위 제왕적 대통령이라 할 만큼 강력한 권력을 보유했고 이를 통해 각종 정책현안에 관련된 이견들을 통합적으로 조정할 수 있었다. 또한 고시출신 엘리트들로 구성된 관료들은 군출신 엘리트들과 연합하여 대통령의 의사를 정책화시켜 추진했다. 이 과정에서 정부의 육성대상이 되었던 대기업들을 제외한 중소기업, 중산층 그리고 무엇보다도 노동자들의 이익은 공업화의 달성을 통한 부국강병의 실현이라는 중상주의적 목표를 위해 종종 희생당했다.

물론 발전국가론에 대한 수정적 견해는 국가자율성이 국가의 사회에 대한 일방적 억압능력에 있지 않고 정부엘리트들과 민간엘리트들간에 학연 및 지연으로 얽힌 네트워크에 기인한다고 주장한다. 소위 배태된 자율성embedded autonomy이론은 공공부문의 엘리트와 민간부문의 엘리트가 정책에 관련된 이슈를 설계하고 추진함에 있어 서로 긴밀하게 상의하고 협조한 것이 국가자율성의 증가로 나타났다고 주장한다.[20] 공공부문의 엘리트들이 민간부문이나 시민에 대해 착취적이기 보다는 자비로운 태도를 보일 수 있었던 이유도 배태된 자율성 때문이라고 주장한다.

이러한 수정적 주장에도 불구하고 발전국가는 여전히 상층부 엘리트들간의 결탁적 속성 그리고 재벌과 같은 특정사회세력과 권위적 정부간의 유착이라는 문제에서 자유롭지 못했다. 강력한 사회세력들과는 달리 일반시민들은 권위주의적인 정책수립 및 집행과정에 접근할 통로를 마련하거나 정치적으로 정부를 견제할 수 없었다.

반면에 시장간섭능력, 정책과정의 관리에 대한 독점 그리고 각종 규제수단의 보유 등으로 인해 국가가 권위주의적인 방식으로 권력을 행사할 수 있는 여지만 확대되었다. 규제수단을 보유한 정치 및 관료엘리트들이 인허가를 대가로 금전적 보상을 획득하는 부패도 발생했다.

나아가 재벌의 정치경제적 힘이 증가하면서 정부와 기업간에 활성화된 네트워크는 국가의 자율성을 오히려 약화시키기도 했다. 기업이 정치인과 관료를 포획하는 수단으로 활용되는 양상이 점점 더 빈번하게 나타나기 시작했다. 정부는 국내산업을 보호·육성해야 한다는 중상주의적 명분과 재벌들의 강화된 로비능력에 침투되어 지속적으로 발전자원을 전략산업에 집중 투입했다. 그 결과 전략산업부문을 중심으로 불균형성장이 심화되었고 해당 산업부문을 수행하는 재벌은 괄목할 만한 속도로 성장을 거듭했다.

1997년 겨울에 발생한 아시아발 금융위기로 인해 발전국가의 한계는 극명하게 부각되었다. 물론 그보다 앞선 1990년 사회주의 진영이 붕괴하면서 국가중심주의적 지적 전통은 이미 심각한 타격을 받았다. 경제분야에서는 1980년대부터 확산되기 시작한 신자유주의적 사조가 전 세계의 경제를 움직이는 핵심 패러다임으로 자리잡았다. 아울러 정치사회분야에서는 권위주의 체제의 경제관리 능력에는 한계가 있을 수밖에 없다는 주장이 더욱 힘을 얻기에 이르렀다.[21] 냉전체제가 붕괴하면서 체제경쟁 차원에서 자유선진국들이 개도국에 베풀었던 권위주의적 통치방식에 대한 잠정적 동조가 점차로 철회되기 시작했다.

미국을 비롯한 자유주의 진영의 선진국들은 공산진영과의 체제경쟁에 승리하기 위해서 개발도상국 정치지도자들이 권위주의 또는 비자유주의적 민주주의 통치방식을 활용하는 것을 묵인했었다. 1960년대부터 발전해온 소위 미국식 정치발전론은 개도국 정부가 질서수립능력을 보유해야 한다는 입장을 견지했다. 경제적 발전에서 파생되는 따른 정치·사회적 변화를 감당할 수 있는 능력을 정부가 보유해야 한다는 것이다. 그렇지 못할 경우 고동인 성취한 경제적 성장은 결국 퇴보할 수밖에 없다는 입장이었다.

이러한 맥락에서 헌팅톤Samuel Huntington 같은 학자는 정부가 공적인 이익을 정의할 수 있기 위해서는 외부의 정치사회적 영향력으로부터 정부를 절연해야 한다고 주장한 바 있다. 특정사회집단의 이익이 그들의 정치사회적 영향력으로 인해 공익으로 탈바꿈되는 되어서는 안 된다는 것이었다. 그리고 이 과정에서 엘리트들의 역할이 매우 중요함을 강조했다.[22]

그러나 이러한 정부와 엘리트 중심의 논리는 개발도상국 정치지도자들로 하여금 그들의 권위주의적 통치를 정당화할 수 있는 명분을 제공했다. 권위주의적 정부의 지도자들은 민주주의가 질서보다는 혼란을 야기하며 변화하는 정치사회적 상황에 민첩하게 대응하기 어렵게 만들 뿐만 아니라 국가의 이익을 위한 장기적인 투자도 어렵게 만든다고 비판했다. 경제발전을 위해서는 시민의 과도한 참여를 통제하고 시장과 사회에 개입할 수 있는 국가가 필요하다고 주장했다.[23] 미국 및 서방국가들도 자신의 진영에 속한 개발도상국들이 경제적 성장을 달성하는 한 정치적으로 권위주의를 실행한다 하더라도 불가피하다는 입장을 보였다.[24]

서구의 역사적 경험에 바탕한 근대화이론 역시 이러한 입장을 간접적으로 정당화시켜 주었다. 즉 시장의 확대로 인해 재산권을 보유하며 계몽되고 교육받은 시민계층이 형성되면 경제적 자유주의와 정치적 민주주의는 자동적으로 달성될 것이라고 생각했다. 따라서 다소 권위주의적 방식으로라도 질서를 유지하여 경제적 성장을 성취할 수 있다면 개발도상국의 비민주성은 잠정적으로 용인될 수 있다는 입장이었다.

그러나 사회주의 진영이 붕괴되면서 선진국 정부들은 권위주의적 정부를 지지해야 하는 정치적 부담을 더 이상 지려하지 않았다. 게다가 권위주의가 민주주의보다 경제발전에 도움을 줄 것이라는 가설을 부정하는 연구도 다수 산출되기 시작했다. 민주주의와 경제발전간의 상관관계를 뒷받침하는 사회적 자본이론과 거버넌스 이론이 그 예이다.

이 이론들은 국가가 강압적으로 자원을 동원하여 경제적 발전이 이루어지는 데는 한계가 있으며 사회부문에 사회적 자본이 풍부하게 축적될 때 비로소 경제발전이 지속적으로 이루어 질 수 있다고 주장한다. 국가가 사회를 선도하려 하고 통제하는 입장에 서기보다는 시장과 사회가 활성화되도록 하는 것이 경제발전에도 도움이 된다는 것이다. 경제발전을 위해서는 어느 정도 권위주의적 정치체제가 필요하다는 발전국가론과는 반대로 민주주의의 친시장성을 주장하는 이론이다.

사회적 자본이란 신뢰, 규범, 네트워크 등과 같이 협조를 도모함으로써 사회의 효율성을 제고할 수 있는 사회조직의 제 양상들을 지칭한다.[25] 시장을 포함하는 민간부문 그리고 시민사회에 이러한 사회적 자본이 풍부하게 축적되면 될수록 효율이 제고될 것이다. 가족이 아닌 타인에게도 신뢰를 부여할 수 있고 규범을 잘 준수하며 구성원간의 협력이 잘 도모되는 사회는 거래비용이 낮을 수밖에 없다.

사회적 자본이론은 개인적 이익을 추구하는 것을 속성으로 하는 시민사회에서도 신뢰에 기반하여 협력이 이루어지면 상호간의 이익이 조절되어 결국 모든 사람이 함께 이익을 보는 상황으로 발전할 수 있다고 주장한다. 결국 사회적 자본이 성숙한 시민사회가 조성되면 민주주의는 혼란이 아니라 지속적인 경제발전을 가져오는 요인으로 작동할 수 있다는 것이다. 즉 사회적 자본은 민주주의와 경제발전을 동시에 가져오는 핵심동력이다.

거버넌스 이론은 사회적 자본이론에 기초하여 민주주의적 정체와 경제발전간의 긍정적 관계를 보다 구체적으로 주장한다. 거버넌스Governance 이론은 국가와 시장이라는 이분법적 구도에서 벗어나 시민사회를 제3의 섹터로 설정한다. 거버넌스란 '국가, 시장 그리고 시민사회에 속하는 행위자들이 투명하고 민주적으로 정책을 수립하고 집행하기 위해 수평적인 네트워크를 형성하여 수립한 유형 또는 무형의 제도로 구성된 통치체제'로 정의될 수 있다.26)

삼자간의 관계를 대립적인 것으로 보기 보다는 상호보완적이며 호혜적인 것으로 간주한다. 민주주의적 가치를 강조하는 거버넌스 이론은 신뢰에 기초한 네트워크가 협력적 행위를 촉진시켜 사회를 안정시키고 시장에서 거래비용을 감소시켜준다고 주장한다. 법에 의한 지배the rule of law를 공고하게 하여 재산권과 계약의 안정적인 집행을 보장함으로써 시장의 안정적인 작동에 기여한다. 민주주의적 가치가 강조되어 투명성을 강조함으로써 부정부패가 초래할 수 있는 정치적 비용의 낭비를 예방한다. 아울러 자발적인 시민사회단체가 정책의 수립 및 집행에 참여함으로써 정부의 예산을 절감시켜 공적인 자금의 소비를 절약시켜 줄 수 있는 장점도 있다고 주장한다.

사회자본론과 거버넌스 이론에 비추어 본다면 한국에서 발전국가 모델의 기여는 제한적으로 해석될 수밖에 없다. 경제발전 초기에는 발전국가가 권위주의적 체제를 통해 질서를 수립하고 발전자원을 효율적으로 동원하여 경제성장을 이끌어 낼 수 있었다. 그러나 발전국가의 수명은 제한적일 수밖에 없었다.

압축적인 경제성장을 위해 추진해온 불균형경제성장정책은 오히려 발전국가의 존재기반을 약화시키는 결과를 가져왔다. 불균형성장정책은 산업간, 기업간, 지역간 그리고 계층간 불평등을 심화시켰다. 게다가 중산계층과 노동자들로 하여금 상대적 박탈감을 느끼게 함으로써 발전의 중요한 요소인 국가통합[27]을 위태롭게 하는 문제를 야기했다. 이들의 불만은 결국 탈권위주의를 유발했고 민주화를 불러왔다.

일반적으로 경제성장 초기 단계에서 소득불균형을 비롯한 경제적 불평등현상이 발생하는 것은 다소 일반적인 것이기도 하다. 이유는 간단하다. 소득이 적은 전통적인 부문에서 소득이 높은 근대적 부문으로 노동이 이동하기 때문이다.[28] 그렇다고 해서 경제성장을 위해서 사회경제적 불평등이 반드시 필요하다는 것은 아니다. 장기적으로 보았을 때 오히려 불평등은 경제성장에 부담을 주는 요소로 작동한다. 분배요구를 증대시키고 부유층에 과대한 세금부담을 안김으로써 생산활동의 동기를 저하시킨다. 또한 정치적 불안정과 제도를 동요시켜 사적 재산권이나 투자에 대한 보호를 약화시킨다. 또한 저소득계층들의 자본접근력을 약화시켜 빈곤의 악순환에 빠지게 할 수 있다.[29]

보통 민주주의적 정치체제하에서는 국민들이 형평성을 제고하는 정책을 선호한다. 반면에 권위주의적인 국가의 엘리트들은 정치경제적 자원을 독점하고픈 강한 동기를 갖게 되고 이러한 상황이 변화하는 것을 거부하는 성향을 보인다. 권위주의적 엘리트들이 권력과 부를 독점하고자 하는 욕구는 종종 부패로 연결되고 이는 다시 불평등을 심화시키는 결과를 유발한다.[30] 그런데 위에서 언급한 바와 같이 불평등은 경제적 번영을 가로막는 장애물로 작용하기 쉽다.

한국에서 사회경제적 불균형이 어떻게 민주주의를 신선시키는 촉매제의 역할을 했는지 이러한 관점에서 이해할 수 있다. 권위주의 정권하에서 형성된 불평등구조, 특히 소득상의 격차, 그리고 제도화된 부패가 국민들로 하여금 탈권위주의를 희구하게 했고 이는 민주주의로 이어졌다. 민주주의는 부패를 척결하고 형평을 제고할 것이라는 희망을 국민들에게 심어주었고 시장이 자율적으로 성장할 수 있는 정치적 환경을 마련해 주었다. 그 결과 과거처럼 높지는 않지만 지속적인 경제성장이 이어졌다. 그리고 불평등을 해소하기 위해서는 더 심도 있는 민주주의가 필요하다는 합의가 공고해졌다.

불균형성장에 관련된 문제가 해결될 수 있는 기회가 전혀 없었던 것은 아니었다. 뒤에서 보겠지만 박정희 대통령의 갑작스러운 죽음에 따른 성장우선정책의 포기와 전두환정부의 경제안정화정책의 도입이 계기가 될 수 있었다. 그리고 금융위기 발생이후 발전국가 모델이 해체될 때 또 다른 기회를 맞이했었다. 그러나 이러한 기회에도 불구하고 역대정부들은 이 문제를 해결하지 못했다.

무엇보다도 불균형성장문제의 핵심을 차지하고 있는 정부와 재벌이 이 문제를 해결할 수 있는 의지를 충분히 가지고 있지 못했다. 먼저 역대정부는 무엇보다도 경제성장을 성취하여 정치적 정통성을 확보하기 급급했다. 경제성장을 성취하기 위해서는 수출을 주도하고 있는 재벌기업의 역할이 필요했다. 또 정권의 통치력을 강화하기 위해서는 재벌의 정부에 대한 협조와 정치적 지지가 요구되었다.

재벌기업들 역시 성장을 지속하고 해외의 기업들의 공격으로부터 자신을 보호하기 위해서는 정부의 지원과 보호가 필요했다. 민주화가 이루어진 이후 양자의 관계는 다소 객관적인 관계로 변화했지만 양자간의 결탁적 관계는 완전하게 청산되지 않았다. 심지어 재벌에로의 경제력집중이 심화되고 경제적 자유화가 진전됨에 따라 재벌들이 자신들의 이익을 보호하기 위해 정부를 이용하는 양상마저 점차 강화되었다.

역대정부가 추구했던 중상주의적 전략이나 시장중심적 전략 모두 불균형성장을 유발하거나 심화시켰다. 두 전략 모두 자본의 축적을 강조하는 반면 분배에는 상대적으로 관심이 적거나 없었다. 중상주의 전략은 국가공동체주의적 속성을 가지고 있다. 국가의 부를 증대시켜 선발국을 따라 잡는데 전력한다. 따라서 계층간의 불균형은 해결할 문제로 거의 상정되지 않는다. 공동체의 구성원들 특히 노동자들의 희생을 정당화하고 강요한다. 선발국을 따라 잡을 때까지 불균형을 시정하려는 노력은 시도되지 않는다. 자본의 축적, 시장의 확대, 산업의 육성이 가장 중요한 목표이다.

시장중심적 전략 역시 불균형성장의 문제에 관심을 가지지 않는다. 불균형을 시정하기 위해 분배정책을 시도하는 것은 오히려 자원의 낭비를 가져온다고 보고 있다. 예컨대 부자에게서 세금을 걷는데 정부의 행정력을 동원하기 보다는 부자들이 자본을 축적하도록 돕는 것이 경제성장에 도움이 된다는 것이다. 또한 분배중심의 정책은 개인의 이익추구 욕구를 약화시켜 시장의 성장에 방해가 된다고 간주한다.[31)]

이러한 상황에서 중산층이나 노동계층의 소득정체 그리고 재벌을 비롯한 경제적 지배집단에 대한 상대적 박탈감 그리고 정부에 대한 불신은 정치체제의 변화를 요구하는 압력을 증가시켰다. 기존의 한 연구에 따르면 계층간 소득격차가 심화된 상황에서 신흥경제집단이 자신들의 재산이 국가에 의해 잘 지켜지지 않거나 심지어 갈취당한다고 느낄 때 민주화의 가능성은 증대한다고 한다.[32)] 한국의 상황이 이와 다르지 않았다. 중산층과 노동계층 사이에서 자신들의 재산권이 제대로 보호되지 않고 있다는 불만이 팽배해졌다. 이러한 경제적 요인들은 결국 탈권위주의의 모순을 드러내는 정치적 사건과 융합되어 민주화를 유발하는 주요 요인으로 작동했다.

한국에서 불균형 경제성장은 분배와 형평 그리고 참여로 요약되는 민주주의적 가치에 대한 국민들의 열망을 증폭시키는 결과를 가져왔다. 민주주의적인 가치를 맹종해서가 아니라 권위주의적이고 중상주의적인 성장방식에 대한 실망과 회의가 민주주의라는 대안을 추구하게 만들었다. 민주주의가 권위주의보다 경제성장을 더 잘 도출할 것이라는 확신은 없었지만 권위주의적 정치에 의한 불균형성장은 더 이상 국민들의 지지를 받지 못했다. 정의로운 절차와 공정한 분배에 대한 욕구가 증가했다. 그리고 성장우선주의라는 명분하에서 권위주의적 정치가 제도적으로 저지르는 부패에 대한 환멸도 증폭됐다. 이로써 한국에서 중상주의적 성장전략 그리고 경제자유화에 기초한 시장중심적 성장전략은 결국 정치적 뿐만 아니라 경제적 민주화라는 압력에 직면하기에 이르렀다. 민주주의의 도래는 불균형경제성장의 불가피한 결과였다.

한국의 사례를 보면 역설적으로 불균형경제성장이야 말로 민주화를 가능케 한 가장 중요한 구조적 요인이었다. 소득불평등에 대한 중산층 및 노동계층의 불만 그리고 이들의 상대적 박탈감, 불균형성장을 강요한 권위주의적 정부에 대한 반감 그리고 산업화를 통해 광범위하게 형성된 신흥부유집단의 확대가 민주주의를 불러왔다.

놀랍게도 민주화 이후 한국의 경제는 단순히 양적인 성장뿐만 아니라 질적인 성숙화를 경험했다. 1987년 정치적 민주화의 원년을 거쳐 1997년 금융위기의 발생을 기점으로 발전국가는 사실상 종언을 고했다. 그럼에도 불구하고 한국의 경제는 민주주의적 정부하에

[그림] 한국의 경제성장률

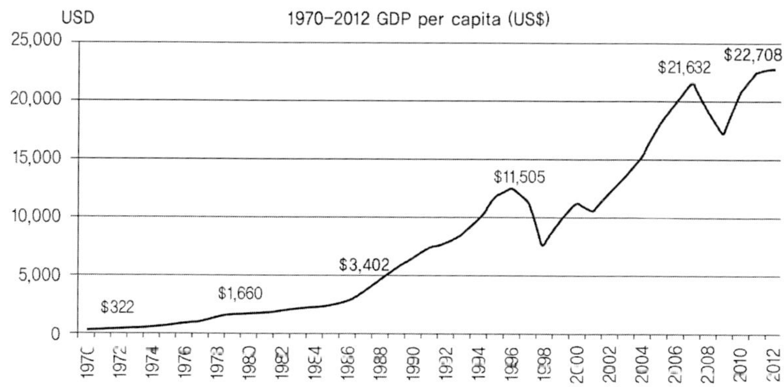


서 지속적으로 성장했고 안정화되었으며 체질도 강해졌다. 그림에서도 보듯이 민주화가 이루어진 1987년 US 3,402달러였던 1인당 GDP가 2012년에는 US 22,708달러로 증가했다. 나아가 경제적 자유화와 민주화의 개념이 정권별로 번갈아 도입되면서 효율적 성장과 분배의 문제가 본격적으로 논의되었다. 성장을 넘어 분배까지 포함하는 진정한 발전을 이루어가고 있다.

그러면 한국은 근대화이론의 적실성을 지지하는 사례인가? 서구의 역사적 경험에 기초한 근대화이론은 경제적 부의 확대에 따른 부르주아계층의 등장이 결국 18~19세기의 자유주의 그리고 20세기 민주주의의 시대를 열었다고 주장한다.[33] 한때 한국은 권위주의 체제하에서 경제성장이 지속되는 그래서 근대화이론의 가정을 반박하는 사례로 인용되기도 했다. 그러나 현재의 시점에서 과거를 정리해 보건대 거시적인 관점에서 한국 역시 근대화이론의 설명에서 크게 벗어나는 사례는 아닌 것으로 보인다.

물론 서구의 역사적 경험과 비교할 때 중요한 차이점이 존재한다. 결론에서 다시 논의하겠지만 한국에 진정한 의미의 부르주아 계층이 존재했다고 보기는 어렵다. 재벌, 중산층 그리고 상급노동자를 포함하는 신부유집단New Rich은 존재했지만 이들은 자유주의적 이데올로기로 무장한 부르주아계층은 아니었다.

그러나 이들 신흥부유집단이 민주주의의 도래에 기여한 공로는 지대했다. 서구의 부르주아처럼 재산권을 보유하고 있었고 교육을 통해 자유의 가치를 인식하고 있었다. 1987년 중산계층과 화이트칼라 노동자들이 박종철군 고문치사사건 그리고 이한열군 피살사건을 계기로 권위주의 정권타도를 위한 정치적 저항에 참여하지 않았더라면 민주화는 이루어지지 않았을 것이다. 이들이야 말로 경쟁이 이루어지고 재산권이 보장되는 자유화된 경제 그리고 정치사회적 형평이 보장되는 민주주의를 담보하는 핵심적 사회세력이었다.

결과적으로 본다면 한국의 발전국가 역시 자승자박의 길을 걸었다고 볼 수 있다. 틸리C. Tilly가 지적한 바와 같이 서구의 근대화 과정에서 전쟁은 부의 확대 그리고 경제성장의 주요한 동력이었다.[34] 나아가 시민계층을 형성하고 경제를 자유화시키며 민주주의를 이끌어낸 근본적인 동인이었다. 냉전시기의 정점에서 경제성장을 시작한 한국도 근본적으로 이와 다르지 않았다. 국가의 안보를 유지하고 유사시 전쟁을 수행할 수 있는 능력을 구비하기 위해서는 경제적 자원이 필요했다. 또한 신속하게 산업화 또는 공업화가 추진되어야 했다. 경제성장은 시장의 확대를 위해서도 필요했지만 무엇보다도 국가의 안보를 보장하기 위해 필요했다.

박정희정부가 발전국가 모델을 수립하여 불균형경제성장정책을 시작한 것도 전쟁이라는 요인과 매우 밀접한 관계가 있다. 이후 집권한 정부들 심지어 진보적 성격의 김대중 그리고 노무현정부조차도 전쟁과 안보라는 변수에서 완전히 자유롭지 않았다. 1987년 이후 민주화가 시작되고 경제적 자유화가 진전되었지만 역대정부가 불균형경제성장전략을 완전히 포기하지 못했던 가장 중요한 이유는 안보라는 요인 때문이었다.

남북한은 물론 4대 강국이 대립하고 있는 한반도에서 전쟁이라는 요인은 한국의 경제성장방식을 제약하는 가장 중요한 정치적 변수였다. 국가의 생존을 보장하기 위해서 경제적 성장은 반드시 성취되어야 했다. 안보를 확보하기 위해서 경제적 성장은 가장 중요한 요소였다. 경제성장의 효율적 성취를 지향하다 보니 고착되어버린 불균형성장의 유산을 청산할 여유를 갖지 못했다. 예컨대 재벌은 한국의 경제를 이끄는 중요한 행위자이면서 동시에 국가의 안보를 지키기 위한 전쟁물자를 생산해 내는 주체였다. 한국에서 재벌은 불균형경제성장의 가장 중요한 표상이었지만 이들을 청산하는 것은 경제적으로도 안보적으로도 불가능한 일이었다.

그런데 전쟁을 염두에 둔 경제성장정책은 기대하지 않은 뜻밖의 결과를 가져왔다. 정부지출의 확대는 공업, 상업 무역의 확대를 유발했다. 재화가 정부로부터 시장으로 이전되었고 중산층 그리고 상위계급 노동자를 포함하는 신부유계층이 등장했다. 증가한 자산을 소유한 이들은 자유와 형평의 확대를 요구했고 결국 권위주의 국가는 이들의 정치적 압력에 못이겨 경제적 자유화와 민주화를 추진하고 억압을 철회하는 길을 걸었다. 한국의 권위주의적 국가는 결국 국민들의 불만을 통제하는 억압비용이 민주화를 용인하고 분배에 동의하는 비용을 상회하는 상황에 봉착했던 것이다.[35]

한국에서 불균형성장정책이 경제성장을 효율적으로 도출한 측면이 있었다. 그러나 권위주의적 발전국가도 형평을 추구하는 국민들의 욕구를 장기적으로 억누르지는 못했다. 성장의 과실이 국민들에게 골고루 분산되지 못하는 현실에 대한 불만을 가져왔고 이는 참여, 형평 그리고 분배를 강조하는 민주화의 압력으로 발전했다. 이에 권위주의적 체제는 결국 국민의 변화요구를 수용하고 민주화를 용인했다. 민주주의적 체제는 국민의 분배요구에 부응하였고 안정과 지속적 경제성장을 유지했다. 한국에서 민주주의의 발전은 불균형경제성장정책이 당초 의도하지 않았던 뜻밖의 다행스러운 결과물이었는지도 모른다.

제 1 장

이승만정부: 1948-1960

# 대중주의적 권위주의와 수입대체산업화

▌대중주의적 권위주의의 등장 ▌권위주의의 정치경제 ▌권위주의와 수입대체산업화 그리고 사회경제적 불평등의 시작 ▌

이승만정부: 1948-1960

# 1 대중주의적 권위주의와 수입대체산업화

## ❑ 대중주의적 권위주의의 등장

이승만은 1948년 국회의장 및 초대 대통령으로 선출되었다. 제1공화국 이승만정부의 정치경제적 색깔에 관해서는 논란이 많다. 우선 제헌헌법은 이념적 차원에서 사회주의적인 요소와 자본주의적인 요소가 혼재되어 있었는데 전자가 다소 강하게 내재되어 있었다. 예컨대 자유주의 시장경제가 아니라 국가의 강력한 개입을 통한 균등경제체제의 달성을 추구했다. 이를 두고 미 정부당국은 우리의 건국헌법을 국가사회주의헌법state socialism으로 규정하기까지 했었다.[1)]

정치제도적인 측면에서 볼 때도 이념적 성격이 모호했다. 전체적으로는 민주주의적 요소를 가지고 있었다. 하지만 제1공화국 정부가 진정한 의미의 민주주의적 정권은 아니었다. 대중주의적 성격과 가부장적 권위주의의 성격도 강했다. 자유와 참여 그리고 형평을 강조하는 서구적 민주주의와는 많은 면에서 달랐다.

미국에서 고등교육을 받았던 이승만이 민주주의보다는 권위주의적 정치를 구사하게 된 이유는 무엇이었을까? 이승만이 대통령으로 선출되었던 데에는 개인의 신화적 명성과 인기에 기인한 바가 컸다. 그는 무엇보다도 국내외적으로 저명했던 독립투사 중 한 명이었다. 3.1운동 직후 수립된 한성임시정부의 집정관 총재, 통합임시정부의 임시대통령, 상해임시정부의 국무총리, 블라디보스톡 임시정부의 국무총리를 역임했다. 그리고 한국인 최초로 미국 프린스턴 대학교에서 박사학위를 취득한 서구적 지식인이었다.

국내의 정치적 기반은 약했지만 그는 이처럼 국제화된 명성을 가지고 있었다. 그가 해방 후 귀국하자 좌우를 망라하고 여러 정당이 그에게 자신들의 지도자가 되어줄 것을 요청했었다. 심지어 박헌영의 공산당도 이승만의 영입에 관심을 가지고 있었다.[2)]

이승만이 정치적으로 부상하는 초기 과정에서 가장 적극적으로 지원을 보냈던 정당은 한민당이었다. 한민당은 보수적인 성격의 정당이었다. 호남의 지주들과 중산계층의 지지를 받았다. 일제시대에 관료를 역임했던 사람들이 다수여서 친일적인 성격도 강했다. 헌법제정과정에서 국회의장이었던 이승만이 내각제 제헌에 반대하자 한민당은 그의 편을 들어 대통령제로 제헌을 주도했었다.

그러나 초대 대통령으로 당선된 이후 내각을 구성하는 과정에서 이승만은 한민당 인사를 배제했다. 한민당 내에 친일인사가 다수라는 점 그리고 미 군정하에서 관리를 역임했던 인물이 많았다는 점을 이유로 내세웠다.

그러나 무엇보다도 중요했던 이유는 그가 한민당에 대해 느끼고 있던 잠재적 위협 때문이었다. 한민당의 주축은 호남출신이 지주들이었고 이들을 중심으로 조직된 정당이었으므로 결국에는 자신의 정권을 위협하는 세력이 될 것이라는 우려를 가지고 있었던 것이다.3)

결국 국내의 조직적인 정치세력을 결여하고 있던 이승만은 자신의 독립적 친위세력을 확보하려고 했고 이는 그의 정권이 권위주의화 하는데 중요한 원인이 되었다. 대통령으로 선출되고 난 후 이승만은 정권을 강화하기 위한 작업에 매진했다.

실제로 이승만의 국내 정치기반은 매우 취약했다. 1950년 6월 19일 개원한 제2대 국회에서 이승만정권에 대한 반대세력이 급증하기 시작했다. 정치적 경험이 일천했던 정부는 빈번하게 실정과 부패를 저질렀다. 국민군방위사건이나 거창양민학살사건 등을 통해 이승만정권의 무능함에 대한 비판이 고조되었다.

국회 내에서 이승만에 대한 반대세력이 증가하자 제헌헌법이 규정한 바에 따라 이승만이 간접선거로 국회에서 대통령에 재선될 가능성이 희박해졌다. 이를 만회하기 위해서 이승만은 자신의 권력기반이 될 정당을 창설하고 대통령을 직접선거로 선출하기 위한 개헌을 시도했다. 기존의 정당에 참여하기 보다는 자신의 정치적 인기에 기반하여 새로운 정당을 만들고 국민적 지지에 호소하여 대통령선출을 시도함으로써 대중주의적 권위주의를 본격화했다. 1951년 8월 15일을 기점으로 신당창당운동을 전개한 이승만은 1952년 3월 자유당을 창설하고 스스로 당수에 선출되었다.

이보다 앞선 1951년 11월 이승만은 대통령직선제와 양원제를 골자로 하는 개헌안을 국회에 제안했으나 부결되었다. 그러자 이승만은 데모를 유도하여 집회를 열어 지지자들로 하여금 국회를 규탄하도록 했다. 이에 반발하여 국회에서는 민국당 등이 주도하여

2/3가 넘는 압도적 찬성으로 내각책임제 개헌안이 제출되었다. 국회 밖에서는 민족자결단, 백골단, 땃벌레 등의 어용집단들이 이를 비판하는 데모를 벌였다. 그러나 이승만정부의 통제하에 있던 경찰은 국회를 보호할 아무런 조치도 취하지 않았다.

이승만은 제2대 대통령선거를 앞둔 1952년 5월 피난수도 부산에서 잔여공비소탕이라는 명분하에 계엄령을 선포하고 국회의원을 연행했다. 그리고 공권력을 동원하여 의사당을 포위하고 기립표결을 강행한 끝에 출석의원 166명 중 찬성 163표로 대통령직선제 개헌안을 통과시켰다.[4] 소위 '부산정치파동'이라 불리는 이 사건을 계기로 이승만정부의 권위주의적 정치가 본격화되었다. 국민의 대표인 국회가 무시되고 대중적 인기에 편승하여 이승만 개인의 권력을 강화하는 작업이 본격화되었다. 한국전쟁의 발발에 따른 전시적 상황을 이용하여 이승만은 자신의 권력을 강화시킬 명분을 획득하였다.

이승만은 부산정치파동 후 제2대 대통령선거에 출마하여 당선되었다. 이어 개최된 3대 국회의원선거에서 자유당 역시 승리했다. 승리에 도취한 이승만과 자유당은 초대 대통령에 한해 재선 이상의 대통령출마를 허용하는 개헌안을 제출했다. 당초 본 개헌안은 1954년 11월 27일 재적의원 203명, 출석의원 202명 중, 찬성 135표, 반대 60표, 기권 7표로 개헌정족수인 재적의원 2/3, 즉 136표에 한 표가 부족한 135표를 얻어 부결되었다. 그러나 자유당은 이튿날 4사5입의 논리를 적용할 경우 개헌정족수는 135표라 주장하며 개헌안을 강제 통과시켰다. 이로써 한국정치에서 민주주의의 진전이 좌절되고 권위주의가 고착화되었다.[5]

이승만정부의 권위주의화는 자유당의 창립 그리고 발전과 더불어 심화되었다. 당초 이승만정부는 친일엘리트가 주축이 된 정부의 관료층을 완전하게 장악하지 못했다. 국가관료들은 정치엘리트들로부터 상당한 독립성을 유지하고 있었다. 그런데 자유당이 정착되고 교육자, 전직관료, 법률가, 정치인 등이 각료로 충원되면서 관료에 대한 정치적 통제가 점차로 용이해졌다. 자유당 내에서도 관료출신의 엘리트 정치인 비중이 늘어나면서 관료에 대한 정치적 통제가 활성화되는 경향을 보였다.[6] 이러한 점에서 본다면 이승만정부의 권위주의는 뒤에 등장할 박정희정부와는 달리 관료적 성격을 덜 갖고 있었다. 오히려 관료주의를 정치적으로 통제하기 위한 방편으로 권위주의가 활용되었다.

1957년 전당대회를 계기로 자유당은 이기붕 중심의 과두체제로 전환되었다. 또 권위주의를 강화하기 위해 1958년 12월 보안법을 개정했고 언론과 야당을 탄압했다. 정당성을 상실한 정권을 유지하기 위해서는 권위주의적 통치를 강화하는 것 이외에 달리 방법이 없었다. 이어 1960년 3월에 개최된 제4대 대통령선거에서는 대규모 부정선거를 자행하기에 이르렀다. 3월 15일에 발생한 마산데모가 4.19시민혁명으로 발전하고 결국 4월 26일 이승만은 대통령직에서 하야했다.

## ❑ 권위주의의 정치경제

이승만정부가 권위주의화 한데에는 개인적인 요인과 구조적인 요인이 복합적으로 작용한 것으로 보인다. 우선 남북한의 대립 그리고 전쟁이라는 특수상황에서 강력한 정치지도력을 행사하고자 했던 개인의 정치적 욕구를 고려할 필요가 있다. 1945년 해방이후 북한은 김일성을 중심으로 신속하게 국가수립 작업을 시작하여 1950년에는 전쟁을 일으킬 수 있을 만큼의 공업적 기반과 군사력을 보유하기에 이르렀다. 또한 토지개혁을 성공적으로 마무리함으로써 계층간의 갈등을 봉합하는데도 상당히 성공했다.

반면에 민주주의를 표방한 남한은 그렇지 못했다. 1948년에 들어서야 정부를 구성했고 새로이 취임한 이승만의 정치적 권력도 공고하지 못했다. 경제 역시 산업적 기반이 북한에 비해 취약하여 미국의 원조에 의존하는 등 종속성을 탈피하지 못하고 있었다. 무엇보다도 정부의 재정이 취약하였고 경제적 불안정성이 매우 심했다.

반면에 지주세력과 과거 친일세력을 중심으로 한 부르주아계층은 정치·경제·사회적으로 강력한 영향력을 행사하고 있었다. 따라서 국내 정치기반이 취약했던 이승만정부는 토지자본의 힘을 약화시키고 이들을 새로운 산업자본으로 대체하고자 했다.[7] 게다가 1950년 북한의 도발로 전쟁이 발발함에 따라 이승만은 자신의 정치적 실패를 감추면서 동시에 권력을 강화하고자 하는 시도에 박차를 가했다.

이승만정부는 정권을 공고화시키기 위한 일련의 시도로서 토지개혁, 귀속재산 불하, 그리고 수입대체산업화를 통한 공업의 육성을 추진했다. 당시의 경제적 개혁은 이승만정부의 권위주의적 공고화작업의 일환으로 추진되었다고 할 수 있다.

토지개혁은 1948년 대한민국정부가 수립되면서 논의가 시작되었으나 1950년 3월 확정되어 한국전쟁이 발발한 6월 직전에 분배가 완료되었다. 토지개혁의 기본구조는 정부가 지주로부터 토지를 수용하여 가급적 낮은 가격으로 소작농들에게 불하하는 것이었다.

정부에게 재정적 부담이 될 수 있는 토지개혁이 실행되었던 이유로 우선 미국정부의 압력을 꼽을 수 있다. 당시 이승만정부는 국방력의 강화를 추구했다. 반면 군사적 이익의 측면에서 한반도를 보고 있던 미국정부 특히 미 군당국은 남한의 정치경제적 안정화를 가장 중요시 했다. 미국정부는 남한사회의 안정을 도모하기 위해 토지개혁과 일본인 귀속재산의 민간불하가 집행되는 것이 매우 중요하다고 보았다. 또한 국제연합의 남한정부 승인을 위해서도 이는 매우 중요한 정책이 아닐 수 없었다.[8)]

아울러 토지개혁은 이승만정부의 정권강화를 위해서도 필요한 작업이었다. 국민들의 지지를 확보할 수 있는 인기정책이었을 뿐 아니라 지주세력의 힘을 약화시키고 이들이 주축이 된 한민당을 견제할 수 있는 정치적 목적도 있었다. 이승만정부는 지주계층의 권력을 와해시킴으로써 식량정책에 대한 정부의 영향력을 회복할 것을 모색했던 것이다. 당시 식량정책의 실패는 정부의 재정을 악화시키는 주된 요인이었다.

귀속재산 불하 역시 이승만정부의 권력을 강화시킬 수 있는 정책으로 활용되었다. 미 군정은 해방이후 일본인이 소유했던 기업을 몰수했다. 이 기업들의 자본금 규모는 해방당시 한국 내 전 법인자금의 80~90%에 해당되는 규모였다. 미 군정은 적산enemy property이라고 불렸던 이들 일본인 재산 중 2,268개를 매각한 후 나머지를 한국정부에 귀속시켰다. 이승만정부는 이를 다시 민간인들에게 염가로 불하하였는데 보통 시장가격의 약 25%에 불과했으며 대금 상환기간도 15년 정도로 매우 길었다. 이승만정부는 지주들이 토지수용을 대가로 받은 자금을 산업자금의 매입에 사용하도록 유도함으로써 토지자본의 산업자본화를 꾀했다. 적산을 저렴하게 불하받은

자본가들은 정치자금을 이승만정부와 자유당에게 제공했고 이 자금은 정권강화 작업에 활용되었다.[9)]

이승만정부 기간의 거의 대부분에 걸쳐 실행된 수입대체산업화 역시 이승만정부의 권위주의화와 깊은 관계가 있다. 이승만정부는 수립직후부터 공업화를 추구했다. 공업화를 추구함으로써 국방관련 산업을 육성하고 장차 수출산업이 조성될 기반을 마련하고자 했다.

이승만 자신은 기본적으로 미국식 시장경제를 지지했다. 1948년 정부수립 당시 다양한 경제이념이 경쟁을 벌였었다. 좌파적 사회주의 경제론, 미국식 자유시장경제론 그리고 일본식 우파적 통제경제론이 그것이다. 토지개혁 이전에는 미국식 시장경제파와 일본식 통제경제파가 사회주의에 대항하여 연합을 형성했다.

그러나 그 이후에는 미국식 시장주의를 지향했다. 미국의 원조를 확보하기 위해서는 일본식 통제경제를 버리고 미국식 자유시장경제로 가야한다는 입장이 강하게 대두되었다. 이승만은 1949년 '통제경제를 자유경제로 전환할 것'을 천명했다. 한국을 체제경쟁의 성공모델로 만들겠다는 트루만의 계획에 따라 시장주의가 강조되었고 이승만정부는 원조제공자인 미국과의 관계를 고려하여 이를 수용했다.[10)]

하지만 그렇다고 해서 정부수립 이후 정립된 남한의 경제가 전면적인 시장경제였다고 보기는 어렵다. 장기적으로는 비교우위론에 입각한 시장경제를 지향했지만 그 과정에 도달하기 위해서는 정부주도의 공업화가 필요하다는 입장이 병존했다. 산업화를 성공적으로 수행하고 있던 북한과의 경쟁을 의식하여 사회간접자본과 공업의 육성에도 관심을 기울였다.

기간산업과 공업을 중심으로 한 자립경제를 추구해야 한다는 이승만정부의 구상은 해방이후에도 지식인사회에서 강한 영향력을 행사하고 있던 친일파 엘리트나 미국정부의 일부 그룹에 의해 지지를 받았나. 친일중간파들은 일본을 모방한 경제발전전략이 모색되어야 한다고 주장했다. 그리고 궁극적으로 일본과 연결된 경제체제를 만들어야 한다는 입장을 개진했다.

미국 경제협조처ECA: Economic Cooperationa Administration(마샬플랜을 책임지던 대통령 직속기관) 역시 한국의 자립적 재건을 지지했다. ECA의 입장은 남한에서 정부가 수립되고 나면 미군을 철수시켜야 하며 소련의 남한지배를 방지하기 위해 남한의 자립적 재건이 필요하다는 것이었다. 사용가능한 자금, 인원, 장비의 범위안에서 국방경비대를 증강시키고 이를 위해 남한정부에 정치, 군사 및 경제적 원조를 제공해야 한다고 주장했다.

국무성과 ECA는 일본이 남기고 간 산업자본이 많아 한국의 산업화가 가능하며 미국은 이를 지원해야 한다는 입장이었다. 대규모 원조를 제공하는 것이 단기원조보다는 비용은 더 소요되지만 장기적으로는 자립경제가 수립되어 비용이 축소되는 효과가 있다고 주장했다. 이는 유럽과 일본재건에 막대한 비용을 지출하고 있던 미국정부의 재정적 부담을 결과적으로 줄여주는데 기여할 것이라는 논리도 제시되었다.[11]

소련과의 체제경쟁에 본격적으로 돌입한 트루먼 대통령 역시 대규모 원조를 통한 부흥, 나아가 자립경제의 구현이 필요함을 의회에 역설했다. 트루먼 대통령의 한국 및 대 아시아 원조계획은 이데올로기적 요소를 강하게 내포하고 있었다. 트루먼은 1949년 하원외교위원회에 보낸 메시지에서 한국의 중요성을 다음과 같이 강조했다.[12] 첫째, 한국은 민주주의와 공산주의가 대결하는 실험장이다. 둘째, 남한의 생존과 자립은 아시아 민중에게 영향을 미친다. 셋째, 공산주의의 선전에 시달리는 동남아시아 민중을 고무한다. 넷째, 남한은 공산주의에 대항하는 민주주의의 등불이 되어야 한다. 미국은 한국에 안정적인 원조를 제공함으로써 한국을 아시아의 안정화에 기여하는 민주주의의 성공 사례로 만들고자 했다.

그러나 남한의 자립적 부흥계획은 결국 좌절되고 말았다. 무엇보다도 아시아지역 통합전략을 구상하고 있던 육군성의 반대가 주효했다. 1949년 중국이 공산화되자 일본과 인도를 중심으로 아시아의 경제질서가 재편되어야 한다는 주장이 국가안보위원회NSC를 통해 제기되었다. 이러한 맥락에서 보면 비료공장과 같은 공업화시설이 한국에 들어서는 것은 일본과의 중복투자에 해당했다. 일본재건프로그램과의 중복을 피함으로써 비능률을 극복하고 미국정부의 재정도 절약해야 한다는 주장이 강하게 대두했다.[13] 이는 ECA 원조계획과 정면으로 배치되는 것이었다.

일본 육군성을 중심으로 제시된 새로운 전략은 일본을 중심으로 지역통합을 시도하는 것이었다. 한국을 비롯한 아시아의 여타지역을 일본경제의 배후지로 만들자는 것이었다. 일본경제를 부흥시키기 위해서 한국 및 아시아 국가에 제공되는 원조물자도 일본을 통해 공급되어야 한다는 일본중심의 재편정책이었다. 이러한 입장에서 볼 때 ECA가 한국을 농업경제에서 공업경제로 탈바꿈시키려는 시도는 잘못된 것이며 일본경제에 통합시키는 것이 가장 효율적이라는 것이 그들의 입장이었다.

결국 ECA의 남한재건정책은 1950년 6월 발발한 한국전쟁으로 인해 무산되었다. 미국의 대한원조는 경제원조보다는 군사원조 중심으로 전환되었고 군사적 고려가 대한정책에 있어 매우 중요한 요소로 자리잡게 되었다.

이러한 상황하에서 이승만정부는 선택의 기로에 놓였다. 미국정부 내 특히 국방성당국이 강조하는 바와 같이 국내의 사회경제적 안정이 성취되지 않으면 외부가 아닌 내부적 요인으로 인해 남한이 안보적 위협에 처할 수 있었다. 그만큼 1948년 정부수립을 전후해서 남한의 경제는 고율의 인플레이션으로 인해 매우 불안정했다. 그리고 미국의 지원을 지속적으로 확보하기 위해서는 경제안정화와 미국식 시장경제 모델을 수용하지 않을 수 없었다. 한국전 이전에는 미국의 원조에 의존할 경우 대미종속이 심화될 것이라는 비판적 견해도 존재했다. 그러나 전쟁의 폐허속에서 미국의 원조가 유일한 재원이라는 현실론이 한국전쟁 이후 지배하게 되었다.[14)]

미국의 안보중심적 시각과 안정화정책으로 인해 미국과의 갈등이 심화되었지만 이승만정부는 큰 틀에서 미국의 입장을 수용할 수밖에 없었다. 그렇다고 해서 산업화를 통한 자립경제의 달성이라는 목표를 완전히 포기하지는 않았다. 이승만정부가 표면적으로는 자유시장에 입각한 미국식 시장경제를 도입한다고 하면서도 1950년대 전반에 걸쳐 수입대체산업화를 추진한 것도 이러한 이유에서였다. 기간산업은 정부가 그리고 경공업은 민간기업이 귀속재산 불하 및 금융지원을 통해 담당하는 방식으로 공업화를 추진했다.

그러나 수입대체산업화가 끝까지 지속되지는 않았다. 정부 말기인 1958년 4월에 경제개발계획의 수립을 위한 산업개발위원회가 미국의 지원으로 발족했다. 이어 1960년 4월에는 경제개발 3개년계획을 정부안으로 확정했다. 정권의 교체로 인해 비록 추진이 되지는 못했지만 자립경제, 생산력 증대, 무역수지 개선, 중화학 중심의 불균형성장계획을 수립했다. 이는 기존의 균형성장론에 입각한 수입대체산업화로부터 가능한 한 진일보하려는 시도였다. 그리고 수입대체산업화를 통해 축적된 기술을 바탕으로 궁극적으로는 수출산업을 육성하겠다는 의도를 내포한 것이었다.

미국은 일본중심의 지역통합전략을 수용하는 범위 내에서 한국의 경제개발계획을 수용한다는 입장을 고려하기 시작했다. 일본중심의 지역통합전략을 관철시키기 위해서는 한국정부에게도 당근을 제공해야 한다는 주한 유엔사령부측의 논리가 미국정부를 설득시켰다. 이승만정부는 경제개발계획 수립의 대가로 강력한 경제안정책을 집행하고 일본과의 정치경제적 관계를 개선할 것을 미국에 약속했다.[15)]

경제형태라는 측면에서 볼 때 이승만정권의 경제는 자유기업의 원리에 바탕을 둔 경제체제이며, 산업화전략의 관점에서 볼 때 전체적으로 수입대체에 의한 산업화를 지향했다고 볼 수 있다. 요컨대 자유시장경제와 수입대체산업화가 공존했다. 이승만정부가 정권의 권위주의화를 심화시킨 이유는 국내외 안보적 상황과 산업화의 추진이라는 두 가지 요소가 동시에 작용했기 때문이었다.

## ❑ 권위주의와 수입대체산업화 그리고 사회경제적 불평등의 시작

그러면 왜 이승만은 집권기간 동안 수출대체산업화가 아닌 수입대체산업화를 주로 추진했던 것일까? 우선 수출대체산업화를 추진할 수 있는 정부의 능력이 결여되었다는 점이 정치경제적으로 중요한 요인이었다. 정부가 해방이후부터 1961년까지의 기간 동안 추진한 경제정책의 일관된 목표는 절대빈곤의 악순환이 야기하는 부정적 효과를 극소화하고 경제적 정체상태에서 벗어나는 것이었다. 그러나 이승만성부는 획기적 경제성장을 달성할 수 있을 만한 여력을 여러 면에서 결여하고 있었다. 무엇보다도 수출산업을 발굴 육성할 수 있을 만한 능력을 보유하지 못했다.

아울러 당시의 경제구조가 미국 원조의존경제였다는 점도 간과할 수 없다. 무역에 필요한 외환 특히 달러를 조달할 수 있는 유일한 창구가 미국의 원조였다. 수출을 통해 달러를 획득할 수 있는 능력이 극히 제한되어 있었기 때문에 달러를 최대한 절약하는 산업화전략이 필요했고 따라서 수입 대신 국내생산을 시도하는 수입대체산업화가 채택되었다.

그런데 이승만정부는 수입대체산업화 마저도 정부가 아닌 민간주도로 추진할 수밖에 없었다. 정부의 재정여력이 극도로 미약했기 때문이었다. 미국의 원조도 산업화를 도모할 수 있도록 도와주는 내용이 아니었다. 원조는 주로 소비재로 구성되었다. 이승만 정부는 미국으로부터 공업부문의 원조를 요청했으나 이는 제대로 제공되지 않았다. 원조를 통한 사회안정에만 관심을 갖고 있던 미 군사당국은 한국이 경제자립기반을 마련하고자 하는 노력에 전적으로 동의하지 않았다. 원조가 공장건설이나 산업장비 도입에 사용되는 것을 견제했다. 미 군사당국은 한국을 공산세력을 봉쇄하기 위한 안정된 군사기지로 활용하는데 주로 관심이 있었다.[16)]

미국은 집단안보체제에 속하는 우방국들이 많은 양의 국방비를 지불함으로써 발생하는 정치·경제적 갈등을 해소하도록 돕기 위해 원조를 제공했다. 따라서 한국에 제공된 원조의 상당부분, 즉

80% 이상이 구호사업을 위한 소비재였으며 이는 인플레이션의 완화와 재정안정을 위한 자원으로 주로 사용되었다.

한 예가 PL480호 원조라 불리는 미 공법 480조에 따른 잉여농산물 도입이었다. 이 원조는 수원국에 무상현물원조를 제공하여 해당국 정부가 이를 내수시장에 판매하고 그 이익금으로 국방 등 여타부문에 사용하는 것이었다. 이 원조의 80% 이상이 국방비를 충당하는데 전입되어 정부의 재정적자를 감소시키는데 큰 역할을 했다. 또 미국측 사용분에 있어서는 주한 미국기관의 경비, 풀브라이트 장학금 및 기업지원기금으로 사용되었다. 이처럼 원조의 대부분이 국방비나 재정안정의 용도로 사용되다보니 공업화 육성을 위한 자금으로는 사용될 여유가 크게 없었다.

결과적으로 재정적 여유가 없었던 이승만정부는 민간주도에 의한 소극적 수입대체산업화에 만족할 수밖에 없었다. 사회간접자본의 건설은 정부가 담당했지만 기타산업의 육성은 민간자본에 의존해야 했다. 따라서 이승만정부의 경제운영에 있어서 민간부문에 대한 의존도가 대체로 높았다. 국가의 능력이 제한적이기도 했지만 미국식 자유주의 이념에 부응하는 시장주의적 경제를 추구해야 한다는 이념적 제약도 있었다. 일본 식민유산으로 남겨진 귀속재산을 정부가 보유하지 않고 민간에 불하한데는 매각대금을 이용해 정부의 재정을 보강한다는 의미도 컸다.

이러한 맥락에서 볼 때 국가의 시장간섭을 선세도 한 사회주의식 계획경제나 전전 일본식 통제경제는 미국의 주도하는 자유주의적 이념에 부조화한 모델이었다. 이승만정부도 할 수만 있다면 정부가 경제발전을 기획하며 발전자원을 직접조성하고 할당하는 국가주도적 산업화전략을 추진하고 싶었을 것이다. 그러나 미국의 반대는 물론 정부의 역량과 재원의 부족으로 그런 전략을 추진할 수 없었다. 대신 이승만정부는 수입대체산업화를 민간주도로 추진하되 참여기업에 자원을 몰아주고 그 대가를 획득하여 정부와 정당을 운영하는 방식을 선택했다. 이처럼 정부에 의한 자원착취적 경제체제를 가동하기 위해서는 권위주의적 정체의 수립이 불가피했다.

그런데 정치적 권위주의와 민간주도의 수입대체산업화는 불가피하게 산업간·계층간 불균형을 심화시키는 결과를 낳았다. 수입대체산업화는 국가가 육성하려는 산업부문에 국가의 발전자원을 집중 투입함으로써 자원의 분배가 왜곡될 수 있다는 문제가 있다. 즉 특정전략산업분야에만 자원이 집중되는 것이다. 그런데 이처럼 집중된 자원을 정책수단을 통해 공공부문으로 재투입하지 않으면 국가의 자원이 민간기업의 수중에 정착하고 결국 산업발전의 불균형을 유발하기 쉽다. 이런 문제를 해결하기 위해 정부는 자본계층에 고율의 세금을 부과하거나 주요 전략산업부문을 국유화하여 자원을 공공부문으로 회수한다.

그러나 이승만정부의 수입대체산업화는 국가의 시장개입능력과 동반되어 이러한 선순환을 도모하는 데 실패했다. 즉 정부가 투입한 발전자원이 민간기업의 손에 귀착된 채 순환되지 못했다. 결국 한국경제의 불평등한 구조가 형성되는 계기가 이미 이 시기에 잉태되었다.

이승만정부가 수입대체산업화를 촉진하기 위해 민간기업에 제공한 정책적 지원은 결코 미미하다 할 수 없다. 무엇보다도 수입대체산업화를 촉진하기 위한 저리(低利), 즉 낮은 이자율정책을 꼽을 수 있다. 저리정책은 다시 높은 인플레이션을 유발하여 경제불안정을 유발하는 주된 요인이 되었다. 전쟁수행과정과 복구과정에서 통화량이 매년 90~160%까지 증가하여 이 비율을 웃도는 만성적인 인플레이션이 발생했다.

그럼에도 불구하고 이승만정부가 이 정책을 고집한 이유는 수입대체를 통한 산업화의 열망 때문이었다. 정부는 민간기업의 투자 촉진을 위해 저금리정책을 지속했다. 정부는 투자를 촉진하기 위해 정책적으로 이자율을 낮추었는데 당시 계속되는 물가상승에 의해 1956년까지 실질금리는 마이너스 수준이었다. 따라서 이자율은 금융비용으로서의 의미를 상실하였고, 융지를 반아 실물투자를 하면 그 자체로서도 부를 축적할 수 있었다.[17)]

더구나 융자과정 자체도 시상의 합리적인 금융제도에 의존하지 않고 정치적 영향력에 따라 운영된 까닭에 자원분배기능이 효율적으로 작동되지 못했다. 이 시기에는 국민들의 기초적인 삶을 영위하기 위한 소비재 중심의 수입대체산업화가 진행되었다. 따라서 기업은 정치적 연을 이용하여 금융기관으로부터 낮은 이율로 대출받아 소비재산업에 투자하여 부를 축적할 수 있는 좋은 기회를 맞았다.

아울러 정부는 수입대체산업화를 촉진하기 위해서 정책적으로 원화를 과대평가함으로써 환율체계를 왜곡시켰다. 국내통화가 정부정책에 의하여 과대평가된 까닭에 환율체계가 왜곡되어 1953~1960년 사이의 공정환율은 외화의 희소가치를 반영한 임시장가격의 1/2~1/4 밖에 되지 않았다. 따라서 외환관리하에서 외화를 배정받거나 물자를 수입한 업자는 결과적으로 상당한 이득을 보게 되었다. 당시 정부는 산업시설에 대한 투자를 유도하기 위하여 완제품보다는 생산시설에 투입되는 원자재를 수입하고자 하는 기업에게 우선적으로 외화를 배정하였다. 따라서 기업은 가급적 적은 투자로 공장을 건설할 수 있는 동시에 제품판매가 보장되는 산업에 투자하고자 했다.[18)]

그 결과 민간주도의 수입대체산업화는 소비재산업을 중심으로 진행되었는데 이에 참여한 기업들은 정부의 지원과 국내시장의 보호라는 혜택을 만끽할 수 있었다. 산업화를 위해 민간자본을 활용함에 따라 소수의 자본가들에게 혜택이 주어졌던 것이다. 그 결과 정부의 혜택을 받은 기업과 그렇지 못한 기업간의 불균형이 통제할 수 없을 정도로 빠르게 심화되었다. 선택된 자본들은 이상에서 언급한 혜택 외에도 귀속재산 불하상의 혜택과 해외원조상의 혜택을 통해 급속하게 성장했다. 1945~1960년까지 총 US 29억 5천만 달러에 달하는 해외원조 수혜는 당시 생필품 부족으로 허덕이던 우리 경제와 기업이 성장할 수 있는 부의 원천이었다. 위 금액의 대부분은 경제재건을 목적으로 한 AID원조의 형태로 집중 투입되었는데 이 자금과 정부보유외환을 동원하여 면방, 판유리, 비료화학 공장 등이 건설되었다.

이승만정부가 민간주도의 수입대체산업화를 추진한데는 불가피한 이유가 있었다. 장기적으로 수출산업을 육성하기 위한 유일한 방법이었는지도 모른다. 권위주의가 수입대체산업화를 유발한 것인지 아니면 그 반대인지는 확실치 않다. 그러나 분명한 것은 정부가 발전자원의 분배권한을 활용하여 권위주의적 정권을 공고화하고자 했다는 점이다. 당시 수입대체산업화는 정부가 큰 비용과 노력을 들이지 않고 경제권력을 장악할 수 있는 훌륭한 수단이기도 했다. 그 결과 정부가 발전자원을 민간에 특혜분배하는 과정에서 정경유착과 부패가 만연했다. 권위주의적 정권과 그에 의한 수입대체산업화는 사회경제적 불평등을 유발했으며 이는 이승만정부의 중요한 정치경제적 특성이라 할 수 있다.

제 2 장

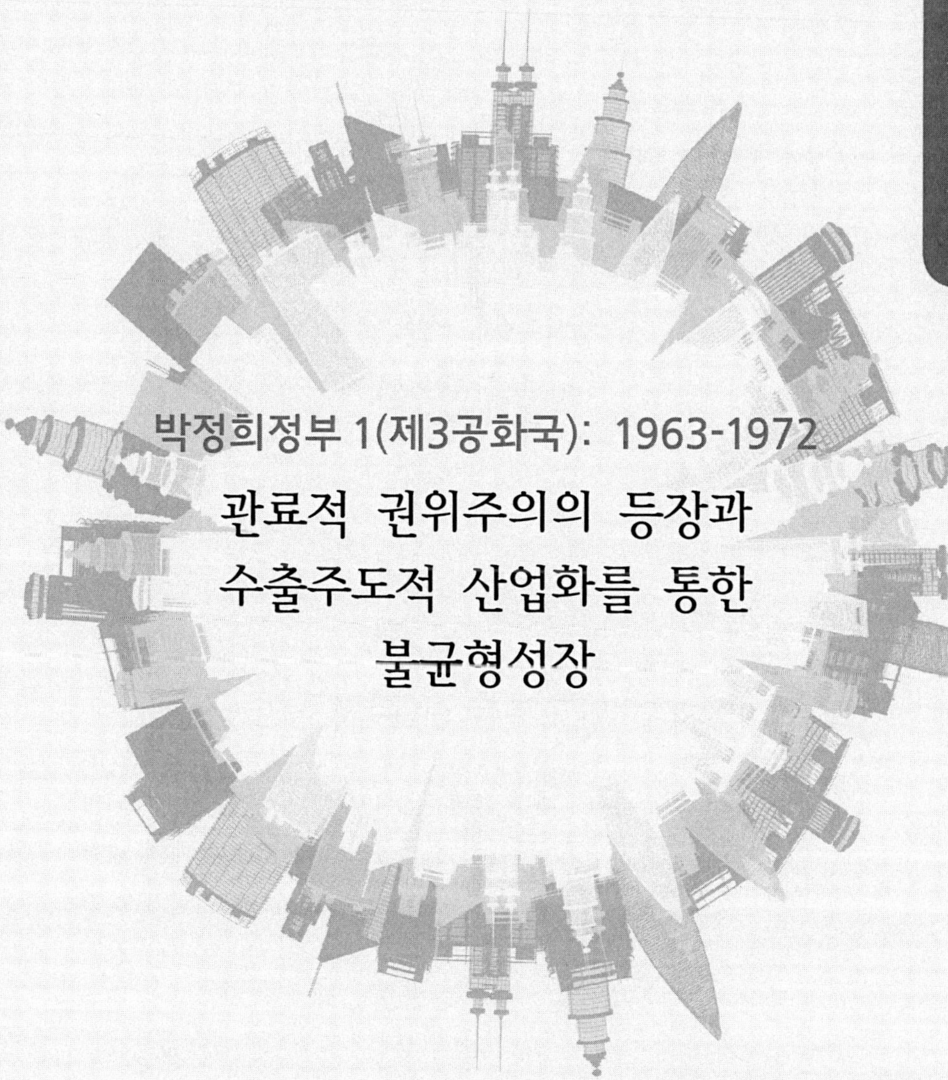

박정희정부 1(제3공화국): 1963-1972

# 관료적 권위주의의 등장과 수출주도적 산업화를 통한 불균형성장

▌군의 정치참여와 관료적 권위주의 정권의 등장 ▌관료적 권위주의 정부와 불균형성장정책 ▌한국형 발전국가의 형성 ▌수출주도적 발전국가와 불균형성장 ▌

## 박정희정부 1(제3공화국): 1963-1972

# 2 관료적 권위주의의 등장과 수출주도적 산업화를 통한 불균형성장

### ❑ 군의 정치참여와 관료적 권위주의 정권의 등장

박정희정부는 군사쿠데타가 발생한 1961년에 사실상 수립되었다. 쿠데타가 발생한 주요 원인은 민간정부의 무능과 부패에 대한 군부엘리트들의 실망 그리고 군부 내 파벌투쟁이었다. 앞장에서 기술한 바와 같이 이승만정부는 대중주의적 권위주의의 성격을 가지고 있었다. 이러한 특성은 자유당이 과두적 체제를 형성하여 행정부에 정치적 영향력을 행사함으로써 보다 극명하게 부각되었다.

이승만정부는 자유당을 통해 국회를 우회하여 국민들과 직접 소통하고자 했다. 대의기관으로서의 국회의 기능은 별로 존중되지 않았다. 자유당을 매개로 대중을 동원하고 이를 통해 정치적 정당성과 리더십을 확보하고자 했다. 그런 의미에서 대중주의적 권위주의 정권이었다.

이어 등장한 윤보선 – 장면정부(1960. 8~1961. 5)는 권위주의를 청산하고 민주주의를 구현하려 시도했었다. 그러나 자유당을 대체한 민주당 내부의 신구파간 권력투쟁이 극심하여 정치적 안정을 이루어내지 못했다. 윤보선은 당내 구파를 장면은 신파를 대표하여 정권을 양분했는데 양파벌간의 대립이 감정적 갈등으로 치달아 치유되기 어려운 국면에 봉착하고 말았다. 장면정부는 자유민주주의, 자본주의, 복지주의, 국제주의, 인도주의, 반공통일 등의 구호를 내세웠지만 이를 실제로 구현할 수 있는 능력을 갖추지 못했다. 4.19 시민혁명의 과업을 달성할 수 있는 리더십을 행사하기엔 역부족이었다.

사회계층적 관점에서 볼 때 중하위계층 출신이 주류를 형성하고 있던 군부의 눈에 비친 민간인 정부, 즉 이승만정부나 장면정부는 무능한 정부였다. 무엇보다도 정부가 사회적 이익에 포획되어 공적인 이익을 도출하고 집행할 수 있는 능력을 결여한 정부였다. 군부엘리트들의 지배적인 이데올로기는 민주주의나 공산주의라기보다는 민족주의였다. 이들에게 민주주의는 효율을 결여한 혼란스러운 그래서 발전도상국에는 합당하지도 않고 바람직하지도 못한 서구적 정치제도일 뿐이었다.[1)]

이들이 민간정치인들을 무시했던 이유가 없지는 않았다. 이들은 조직 및 위기관리능력을 갖고 있다는 자부심이 있었다. 현대적 국가를 수립하고 한국전쟁을 경험하는 과정에서 군은 당시 우리나라에서 가장 선진화된 조직으로 발전해 있었다. 한국을 냉전이 전초기지로 인식하고 있던 미국에게 군은 가장 필요한 공적 조직이었다. 따라서 미국이 군에 집중 투입했던 자원의 양은 여타부문에 비해 실로 막대한 것이었다.

이러한 미국의 지원을 바탕으로 군은 국내에서 가장 앞선 행정능력, 건설능력 그리고 조직관리능력을 보유한 효율적 집단으로 성장했다. 미국의 지원으로 설립한 육군사관학교는 국내에서 가장 앞선 교육 프로그램을 제공한 국립교육기관 중의 하나였다. 군은 미국의 선진화된 지식과 기술을 가장 앞서 받아들인 집단이었다.2)

군부가 가지고 있던 이러한 능력에도 불구하고 군에 대한 민간사회의 존중은 그다지 높지 못했다. 무엇보다 군은 열위계층의 엘리트들이 모여 있던 다소 사회적으로 취약한 집단이었다. 이러한 연유로 개혁적 성향의 젊은 장교들은 박탈감이 매우 심했다. 민간정치는 부패하고 비효율적이라는 불신이 강했다. 그리고 부패한 정치인들이 자신들의 운명을 좌우하는 현실에 대한 불만이 매우 컸다. 따라서 젊고 바르고 유능한 자신들이 국가운영에 참여해야 한다는 의식이 점점 더 팽배해갔다.3)

1961년 5월 16일에 발생한 군사쿠데타는 이러한 당시의 상황을 반영한 사건이었다. 민간인에 의해 운영되는 정치 시스템이 제대로 운영되지 못한다는 명분으로 군부가 정치체제를 점령한 것이었다. 이들은 정치체제를 장악하자 새로운 형태의 권위주의적 정권을 수립했다. 이승만정부나 장면정부와는 달리 민간관료 엘리트들과 연합하여 관료적이고 권위주의적인 정권을 수립했다. 이승만정부가 정치를 통해 행정을 통제하고 운영하는 방식을 택한 반면 박정희 군사정부는 효율과 행정을 중시하고 이를 위해 정치를 도구적으로 이용하는 방식을 택했다.

이로서 민군엘리트 연합체제가 수립되었다. 1963년 박정희 군사정부는 민정이양이라는 명분하에 스스로 민간정부로 탈바꿈했다. 이로써 군사정부는 유사 군사정부로 전환되었다. 박정희정권은 자신에게 부족했던 정치적 정당성과 행정·기술적 전문성을 보충하기 위해서 지식인, 전문인, 기술인으로 구성된 민간엘리트들을 충원했다. 그러나 군과 민이 동등하게 지분을 행사하는 정권은 아니었다. 민군엘리트의 연합정권이라기 보다는 여전히 군사정권의 성격이 강했다. 권력의 핵심은 박정희 자신과 그를 보좌하는 군인들이었다.

정치체제의 성격은 권위주의적이었다. 그리고 이론적으로 본다면 1930년대 유럽에서 자유주의에 대한 반동으로 이탈리아, 독일 그리고 스페인 등에서 발생했던 파시즘과 유사점이 많은 정권이 수립되었다. 파시즘은 극우파적 국가사회주의의 성격을 갖는다. 파시스트 정치체제의 핵심은 국가이다. 좌파적 사회주의가 노동자를 체제의 주인공으로 간주한 것과는 달리 총통과 국가에 최고의 권위를 부여한다. 그리고 국가와 사회의 관계를 위계적으로 조직화한다. 자유적 가치를 수반한 자유민주주의 정치는 비효율적이며 공산주의 세력과 대결할 수 있는 능력을 결여하고 있다고 역설한다.

개인의 권리와 자유를 존중하는 자유주의를 비판하는 파시즘은 국가주의적 공동체주의를 주장한다. 개인은 국가의 부속물에 불과하며 국가공동체의 이익을 위해 개인의 이익은 희생될 수 있다고 간주한다. 국가의 구성원들은 각자에게 부여된 공동체의 목적을 구현하기 위해 최선을 다해야 한다. 또 계층간의 차별이나 희생이 강요된다 하더라도 공동체의 이익을 위해서 이를 기꺼이 감내해야 한다고 주장한다.[4]

박정희를 비롯한 당시의 군부엘리트들은 일본 식민통치 그리고 만주와 일본에서의 사회화과정을 거치는 동안 민주주의 체제보다는 강력한 리더십을 행사하는 파시스트적 체제를 보다 긍정적으로 받아들였던 것으로 보인다. 박정희는 1940~1945년의 기간 동안 만주군관학교와 일본육사에서 교육을 받았으며 만주국군 장교로 임관하여 복무했다.

만주국은 일본관동군이 1931년에 만주사변을 일으키고 중국북동부를 점령한 뒤 수립한 괴뢰국이었다. 일본왕의 직속부대였던 관동군은 일본의 대륙진출을 선도하는 첨병이었으며 일본 군국주의를 대표하는 상징적 존재였다. 만주국은 국가사회주의적 방식의 계획경제를 구사하며 조속히 수립되었고 고도의 동원체제를 운용했다. 이러한 만주국의 군관으로 근무하며 박정희는 군주도의 총력동원적이고 속도전적인 국가발전방식을 학습했던 것으로 보인다. 그는 1868년 메이지 유신이래 일본이 서구적 근대화를 조속히 달성하고 세계대전에 참여할 만큼 강력한 국력을 보유하게 된 동력이 민주주의가 아니라 국가주의적 동원제체제 덕분이었다는 인식을 가지고 있었다. 메이지 유신과 만주국에 대한 그의 긍정적 인식은 1961년부터 박정희가 새로이 건설하고자 했던 대한민국의 밑그림을 그리는데 중요한 역할을 했다.[5)]

따라서 박정희와 군부가 수립한 제3공화국 정부는 파시스트적 체제와 유사했다. 중앙정보부와 군부가 제공하는 강력한 사회통제력을 바탕으로 자유민주주의적 정치를 최소화하고 관료적 통치를 극대화했다. 국가의 행정조직은 박정희 대통령을 중심으로 중앙집권화되고 탈정치화되었다.

공화당과 같은 여당은 대중동원을 위해 매우 중요한 정치조직이었지만 정권이 공고화됨에 따라 점차 권위주의 정권의 하수인으로 전락했다. 국민의 의견을 정부에 전달하기 보다는 정부의 명령을 국민에게 강요하는 기능을 수행했다. 국민의 대의기관으로 그리고 정치의 본거지로 기능해야 할 국회 역시 정부의 통제로 인해 법안에 대한 토론과 심의를 제대로 수행하지 못했다. 무엇보다도 입법부로서 행정부를 견제하지 못했다.

내각의 각료들 역시 당이나 국회의 통제로부터 거의 완벽하게 독립된 채 오직 대통령의 국정수행을 보좌하고 관료조직을 통솔하는 역할만을 수행했다. 박정희정부는 권력의 기반을 강화하기 위해 정당보다는 행정관료조직을 활용했다. 관료, 정보부, 군부, 경찰 등 국가행정 관료조직을 이용하여 공화당을 비롯한 정치제도를 자신의 권력에 종속시켰다. 박정희는 정치의 낭비성을 항상 강조하며 정치의 축소를 주장했다. 그에게 필요한 것은 정치보다는 통치였다.[6)]

박정희 군사정권은 권력기구를 독점하여 정치적 권력과 경제적 지배의 기반을 다짐으로써 높은 국가자율성을 구사했다. 정권내의 엘리트 대부분이 지배계급 출신이 아니었다. 이 점에서 남미에서 비슷한 시기에 등장했던 군사정권과 달랐다. 많은 경우 남미의 군사정권은 계층적으로 경제적 지배세력과 밀접한 관계를 가지고 있었다. 반면에 한국의 군사정권은 지주를 포함한 지본가집단의 정치적 도구가 아니었다. 오히려 이들은 계급적 자율성과 물리적 권력을 바탕으로 자본세력을 통솔할 수 있는 힘을 보유했다.

박정희정부의 사례가 정치경제 발전연구에서 관심을 끌었던 이유는 정부의 속성이 여전히 권위주의적이었음에도 불구하고 이승만정부때와는 달리 경제적 성장을 도출하는데 성공했기 때문이다. 이승만의 권위주의적 정부는 산업화를 진전시킴에 있어서 그리고 경제적 성장을 도출함에 있어서 성공적이지 못했다. 이승만정부도 말기에 경제계획을 수립한 바 있었으나 이를 제대로 추진하지는 못했다. 그렇다면 양 정권이 시행한 권위주의적 정치의 차이는 무엇이었을까?

그 해답은 유사한 권위주의 체제였음에도 불구하고 두 정권이 보유한 국가적 능력의 차이가 현격하게 달랐다는 점에 있었다. 즉 이승만정부는 경무대와 정당이 행정조직을 통제하는 권위주의였다면 박정희정부는 청와대와 국가행정조직이 정당과 국회를 통제하고 조정하는 형태였다. 박정희정부는 청와대와 중앙행정조직의 질적 역량을 제고하여 사회와 시장에 대한 통치능력을 증대시켰다.

반면에 이승만정부는 경제・사회적 이익에 포획된 정치행위자들이 자신의 이익을 제고하기 위해 행정엘리트들을 다시 포획하는 구조를 형성했다. 이러한 상황에서 이승만정부의 자율적 국가조직 운영능력은 저하될 수밖에 없었다.

박정희 군사정부는 1963년 민간정부로 전환되는 과정에서 관료적 권위주의를 가능케 하는 정치제도적 변화를 모색했다. 1962년에는 정치활동정화법을 입법하여 야당을 통제할 수 있는 제도를 마련했고 여당인 민주공화당을 창당했다. 공화당은 사실상 박정희의 사당으로 발전했다. 예컨대 운영자금의 상당부분은 박정희에 의해 마련되었다. 정부의 관료체제가 활성화됨에 따라 민주공화당의 역할은 더더욱 형식적인 것으로 변모했다. 공화당의 역할은 국민의 이익을 대표하기 보다는 정부의 입장을 국민들에게 대변하는 쪽으로 편향되었다.

선거법도 개정되었다. 소선거구 단순비례대표제를 비례대표제로 전환하여 전체 의석의 25%를 충원했다. 이는 지명도가 떨어지는 군출신인사를 국회에 진입시키려는 조치였다. 제1당의 득표율이 50%를 초과하면 득표율에 따라 각 당에 의석을 배분했다. 그렇지 않은 경우 제1당에 비례대표정원의 절반을 우선적으로 배정했다. 이로써 여당은 손쉽게 국회에서 다수당이 될 수 있는 제도적 장치를 마련했다. 1962년 12월 31일에는 정당법도 제정되었다. 이로써 신당등록을 엄격하게 했다. 제2당까지만 용납하고 제3당부터는 배제되었다. 지역구에서 3석이나 5% 미만의 득표율은 넘지 못하면 비례대표 배분자격을 박탈했다.7)

관료행정조직도 대폭 강화했다. 이승만정부하에서는 상당수의 고위공무원들이 정치적 연줄과 배려를 통해 충원되었다. 1960년 현재 국장급의 1.3%, 과장급의 4.6%만이 고등고시를 통해 임용되었을 뿐이었다.8) 1949년 고시행정과로 시작한 공무원채용시험은 그다지 제도화되지 못했다. 반면에 박정희정부는 기존의 공무원채용고시를 1963년 3급 공개경쟁채용시험으로 발전시켜 능력위주로 공무원을 채용하기 시작했다. 이로써 국정의 중심은 청와대와 이의 명령을 일사분란하게 수행하는 행정조직으로 사실상 단일화되었다. 행정조직에 많은 권한을 부여하고 대신 중앙정보부, 군보안부대 등을 통해 이들을 감시하여 일탈현상이 발생하는 것에 대비했다.

국가행정조직의 강화를 가장 단적으로 보여주는 예가 1961년에 수립된 경제기획원이다. 국가경제의 기획, 예산, 외자도입기능을 기획원에 독점적으로 부여하여 국가의 시장에 대한 리더십을 공고히 했다. 이 조직은 정당과는 달리 상대적으로 민간사업단체와의 연계가 약하여 자율성이 강하다는 특징을 가지고 있었다. 기획원장관은 경제부총리의 직위를 동시에 겸함으로써 경제개발계획과 관련한 광범위한 경제정책 조정권한을 행사할 수 있었다. 정부부처 중 핵심부처로 격상시켜 경제정책에 관한한 청와대, 기획원 그리고 일반부처로 이어지는 상명하달식의 위계적 조직을 구축했다. 따라서 기획원은 제도운영의 묘를 살려 제도가 공식적으로 규정한 것 이상의 권한을 행사할 수 있었다.9)

## ❑ 관료적 권위주의 정부와 불균형성장정책

발전국가론이 지적하듯이 국가의 능력과 자율성의 향상이 박정희정부의 경제적 성공을 가능케 한 요인이었다. 그러나 국가주도적 성장전략은 불균형성장전략을 수반했고 이는 결국 이승만정부 때보다도 더 강하게 경제사회적 불평등을 심화시키는 결과를 초래했다. 특히 도농간의 불균형, 대중소기업간의 불균형 그리고 소득분배상의 불균형이 이 기간에 비롯되었다.

박정희정부가 이승만정부에 비해 강한 자율성과 국가능력을 보유할 수 있었던 이유는 다음과 같은 몇 가지 요인에 기인했다. 무엇보다는 군부가 기반이 되었던 정권의 구성원들은 계층적으로 높은 자율성을 누렸다. 이승만정부 말기에는 자유당이 강해지면서 정부의 자율성이 심하게 훼손되었다. 정치인과 사회세력간의 관계가 밀착되어 정부의 정책은 종종 재벌 등 기득권층의 이익을 강하게 반영했다.

반면에 박정희정부는 사회의 기득권층으로부터 계층적으로 자유로웠다. 전통적으로 군인들은 중하층 출신이 다수였다. 지주 등 상류계층 출신은 소수였다. 따라서 양자간에는 계층적으로 수평 네트워크가 별로 발달하지 않았다. 아울러 냉전체제하에서 안보를 담당하는 군의 역할이 강조되고 관료적 권위주의가 제도화된 것도 정부를 강화시킨 한 원인이었다. 자유당과 대중적 지지에 기반했던 이승만정부가 대중주의적 권위주의 정부였던 것과는 큰 차이가 있었다.

그리고 무엇보다도 이승만정부가 한 때 민영기업화했던 은행을 박정희정부가 국유화한 점은 국가가 시장에 대한 통솔력을 강화하는데 크게 기여했다. 정부가 지원하고자 하는 기업에 대한 파격적 융자가 가능해졌고 정책금융을 집행할 수 있는 능력도 보유하게 되었다.

1961년 집권한 박정희 군사정부는 당초 민족주의적 이념하에 내자를 동원함으로써 경제개발을 추진하려 했다. 1962년 5월 긴급통화조치를 단행하여 지하에 숨겨져 있던 민간자본을 동원함으로써 투자자금을 조달하려는 계획을 가지고 있었다. 그러나 예상한 것만큼 민간자본이 도출되지 않아 실패하고 말았다.

박정희 군사정부가 초기에 시도한 전략은 소위 '내포적 공업화론'이라는 것으로 앞장에서 서술한 균형성장이론과 수입대체산업화전략이 복합된 것이었다.[10] 박정희를 비롯한 군부의 엘리트들은 민족주의적 속성을 가지고 있었으며 국가가 시장에 대해 강력한 리더십을 행사해야 한다는 일본식 통제경제적 사고를 가지고 있었다. 따라서 그들의 입장에서 보았을 때 이전의 민간정부들이 구사한 리더십은 매우 유약한 것이었다. 미국을 모방한 시장주의가 도입되어 국가의 시장개입이 적극적으로 이루어지지 않았던 점에 대해서도 비판적이었다.

내포적 공업화론은 일본식 통제경제의 요소가 강하게 배어 있는 산업화전략이었다. 국가가 시장을 통제하고 이끌어 산업화를 달성한다는 국가주도적 논리를 강하게 내포했다.[11] 당연히 미국적인 시장경제론과 서리가 있었다. 이승만정부는 거시적으로 미국식 시장경제를 근간으로 했지만 산업육성을 위해서 수입대체산업화를 병행하여 추진한 바 있었다.

박정희 군사정부는 이러한 정책적 조합에 비판적이었다. 이 경우 수입대체산업화는 민간의 주도로 진행될 수밖에 없는데 결국 국가의 효율적인 리더십의 결여로 인해 성공적 정책추진이 불가능하다고 보았다. 따라서 수입대체산업화를 수행하기 위해서는 국가가 강력한 경제리더십을 보유해야 한다는 입장이었다. 전전의 일본이 그랬던 것처럼 국가가 주도하여 산업화를 이끌어야 한다는 것이었다.

내포적 공업화론은 정권의 인기를 끌어올리기 위한 정책이기도 했다. 이승만정부가 정권 말기 미국식 시장중심주의 그리고 안정화로 선회한 것에 대한 반발이었다. 박정희 군사정부는 1950년대 미국의 압력에 의해 강력하게 집행되어 오던 재정안정계획을 중단하고 '한미합작경제위원회'의 기능도 무시했다. 군사정부는 제1차 5개년계획(1962~1966)의 초기 2년 동안 정부재정 투자융자에 의한 재정확대정책을 구사했다. 금융부문에서는 투자촉진을 위해 금리인하가 시도되었다. 이는 정부의 능력을 제고하는 정책이기 보다는 대중의 요구에 영합하는 매우 소극적인 성장전략이었다. 재정확대정책은 인플레이션을 유발하는 등 대가를 치러야 하는 부작용도 만만치 않았다. 그럼에도 불구하고 시민들로부터 정치적 정통성과 인기를 획득하고자 했던 군사정부에게는 불가피한 정책적 선택이었다.

그러나 내포적 공업화정책은 결국 실패로 귀결하고 말았다. 지하금융을 공식화하여 내자를 조성하고자 시도했던 통화개혁이 실패로 끝이 났다. 균형성장정책과 국가주도적 수입대체산업화를 추진하기 위해서는 막대한 자금이 필요했다. 그러나 이승만정부와 마찬가지로 박정희 군사정부도 이를 확보하는데 실패했다. 저금리정책은 통화를 팽창시켜 인플레이션만 유발했다. 게다가 1963년도에는 흉작으로 인해 쌀값파동마저 발생했다.

사실 미국은 박정희 군사정부가 일본식 통제경제체제로 회귀하는 것에 대해 우려를 가지고 있었다. 신고전주의적 경제 패러다임을 수용했던 미국의 입장은 재정안정정책을 고수하라는 것이었다. 군사정부가 설정한 7%대의 경제성장률은 지나치게 높을 뿐 아니라 경제안정에도 도움이 되지 않는다고 보았다. 국무성을 중심으로 한 미국정부의 생각은 미국의 무상원조와 내핍을 통해 한국이 강점을 가지고 있는 농업과 기반산업을 발전시키는 것이 적절하다는 것이었다. 전력과 같은 사회간접자본의 건설은 필요할지 몰라도 박정희정부가 산업육성을 위해 제철소나 정유공장 등을 건설하여 자금을 고갈시키는 일은 없어야 한다는 입장이었다.[12)]

당초 군사정부의 사회주의적 성격에 대해 의혹을 가지고 있던 미국은 군정연장을 반대하며 원조를 삭감하려 하였고 그 결과 외환부족의 문제가 더욱 심화되었다. 1960년의 무상원조액은 US 2억 2천 5백만 달러였던 것이 민정이양이 이루어진 1963년에는 US 1억 1천 9백만 달러, 1965년에는 US 7천 1백만 달러로 감소했다.[13)] 결국 정권 내에서도 내포적 공업화론자들에 대한 비판이 격화되었고 통제경제론자들은 권력투쟁에서 패배하여 일부 퇴진하기에 이르렀다.[14)]

민정으로 전환한 이후 박정희정부는 절충적 입장에서 새로운 경제개발전략을 모색했다. 일단 박정희정부는 1963~1964년 기간 동안 내포적 공업화전략과 팽창적 재정정책의 부작용을 인식하고 확대정책에서 안정우선정책으로 회귀했다. 무엇보다도 균형발전론과 수입대체산업화전략 중심에서 탈피하여 불균형발전론과 수출주도적 산업화전략을 채택했다. 후자의 선택은 전자에 비해 정부의 우수한 행정능력을 요구하는 정책이다. 전략산업 중심의 집약적 성장을 추구하므로 비전략산업분야의 반발이 발생할 수 있는 가능성이 높다. 또 보호장벽을 약화시키고 개방적 시장구조를 구축해야 함에 따라 국내의 일자리가 위협받을 수 있는 가능성도 상대적으로 높다. 게다가 경제안정화를 위해 재정긴축정책을 병행하는 경우가 많아 시민들의 소비가 위축될 수 있다.[15)]

그러나 박정희정부는 팽창적 재정정책의 문제점을 이미 경험한 터였다. 게다가 이승만정부 말기부터 미국으로부터의 원조도 감소추세에 있었다. 따라서 수출산업을 중점 육성하는 전략의 도입이 불가피했다. 외환의 공급을 더 이상 원조에 의존하지 않고 수출을 통해 벌어들일 수 있는 수출주도적 전략이 요구되었다.

그럼에도 불구하고 전략산업을 육성하기 위한 수입대체산업화를 완전히 포기하지는 않았다. 박정희는 일본을 단기간 내에 세계적 열강으로 성장시킨 정부주도적 통제경제전략의 강점을 인식하고 있었다. 게다가 박정희에게 경제개발계획을 자문했던 관료들이나 국내의 기업인들 역시 수입대체산업화를 통한 산업화전략의 필요성을 강력하게 개진했다.[16)]

결과적으로 박정희정권은 발전전략의 수정에도 불구하고 1962년 1월 5일에 발표한 경제개발 5개년계획에 당초 포함되었던 정유, 철강, 화학공업 등 기초공업과 비료, 시멘트, 화학섬유산업의 건설계획을 결코 완전히 포기하지 않았다. 그리고 미국이 박정희정권의 이러한 자립적 산업화전략에 대해 비판적이었으므로 개발자원을 마련할 수 있는 새로운 자금공급처를 찾아 나섰다. 박정희가 우선적으로 협조를 타진한 국가는 자립적 산업화의 경험을 가지고 있는 독일과 일본이었다.

1962년 12월 '차관교섭사절단'을 구성해서 서독으로 파견하여 경제협력 및 기술협력에 관한 의정서를 맺고 7천 5백만 마르크의 재정차관을 확보했다. 이를 시작으로 1964년 박정희 대통령이 독일을 방문할 때까지 2억 382만 8천 마르크의 차관을 독일로부터 도입했다.[17] 아울러 미국이 대한원조를 줄여가면서까지 종용했던 한일국교정상화안을 받아들여 1965년 6월 22일 한일기본협약을 체결하고 일본으로부터 무상자금 US 3억 달러, 정부관차관 US 3억 달러 그리고 민간상업차관으로 US 1억 달러 이상을 제공받기로 합의했다. 후일 대일청구자금의 일부는 포항제철을 건설하는 자금으로 사용되었다.

요컨대 박정희정부는 표면적으로는 미국이 제시하는 시장안정화정책을 추진하면서도 내부적으로는 산업기반 구축계획을 지속적으로 추진했다. 아울러 수출주도적 산업화전략을 추진하면서 동시에 전략산업 육성을 위한 수입대체산업화전략를 병행하였다. 소위 이중게임double-game[18]으로 불리는 이 성공적인 전략은 후일 한국형 발전국가의 중요한 특징으로 자리잡았다. 미국의 대한원조가 축소되는 상황에서 수출주도적 산업화는 외환을 자립적으로 획득할 수 있는 효율적 방법이었고 여기에서 획득된 외환은 독일 및 일본 등 해외에서 들여온 차관과 더불어 전략산업 육성에 필요한 자금의 일부가 되었다. 이승만정부가 미국원조에 주로 의존하여 수입대체산업화를 추진한 것과 달리 박정희정부는 수입대체산업화 추진에 필요한 자금을 다양한 방식으로 보다 원활하게 획득하는 역량을 보여주었다.

## ❑ 한국형 발전국가의 형성

발전국가란 국가가 전략적 간섭을 통해 시장을 지도guide함으로써 압축적 경제성장을 달성하는 발전전략이다. 여기서 간섭이란 정부가 시장의 자원배분에 개입하여 가격을 의도적으로 왜곡하고 전략적으로 중요한 산업을 보호하며 나아가 보조금 등 지원정책을 통해 육성하는 것을 포함한다.

한국의 발전국가는 높은 자율성을 발휘하면서 정책과정을 사회세력의 영향력으로부터 격리insulate시키고 정책을 일관성 있게 추진하는 데 성공한 것으로 평가받고 있다. 특히 한국의 발전국가는 정확한 판단력을 바탕으로 경제성장계획을 수립하고 성취하는 데 탁월한 능력을 보여주었다. 자원을 전략적 육성산업부문에 선택적으로 투입하는 능력도 뛰어났다. 그리고 무엇보다도 수출중심적 산업화를 근간으로 하면서도 전략산업 육성을 위해 부분적으로 수입대체산업화를 병행하는 능력을 보유했다.[19)]

발전국가는 박정희정부가 민간정부로 전환하면서 본격적으로 수립되기 시작했다. 수출중심적 산업화로의 정책적 전환을 위해서는 국가의 강력한 경제행정 리더십이 요구되었다. 1963년 12월 민정이양을 기점으로 국가의 능력과 자율성이 제고된 소위 강한 국가를 본격적으로 수립하기 시작했다. 정부는 국제수지의 위험상태를 극복하기 위해 수출보조금정책, 수입링크제, 구상무역제도를 실시했다. 수출금리 인하 등 수출지원책도 강화했다. 아울러 외자도입을 적극적으로 추진하는 등 국제적 자본협력의 확대를 도모했다. 금융대출은 통화가치의 안정을 위하여 가급적 억제되고 재정안정계획이 부활되어 안정기조를 견지하는 정책들이 강구되었다. 물가억제를 위하여 중요 물자의 가격통제를 실시했다.[20)]

이러한 일련의 조치들은 시장의 반발을 불러일으킬 수 있었다. 따라서 정부의 강력하고 체계적인 리더십이 요구되었다. 균형성장론과 수입대체산업화가 인기영합적인 정책이었던 반면 불균형성장이론과 수출중심적 산업화는 그렇지 않다는 점도 강하고 능력있는 정부를 필요로 했다. 전자가 상정하는 국가의 시장간섭은 융단적이고 총체적인 간섭인 반면 후자는 선택적 간섭selective intervention이라는 점에서 보다 높은 수준의 정부능력이 요구되었다. 정부가 전략산업의 육성을 위해 선택적으로 간섭하려면 미래를 정확하게 판난하고 계획을 수립할 수 있는 능력을 가지고 있어야 했기 때문이다.

박정희정부가 이승만정부에 비해 높은 정도의 국가능력을 보유하고 있었다는 사실은 무엇보다도 사경제와 공적경제를 동시에 운영할 수 있는 능력과, 수출중심적 산업화와 전략산업의 육성을 위한 수입대체산업화전략을 병행할 수 있는 능력을 모두 보유했다는 점으로 입증될 수 있을 것이다.

우선 정부는 1964년부터 본격적으로 자유화와 안정화정책을 추진했다. 시장을 통해 자원분배를 효율적으로 하고 수출주도적 산업화를 추진하기 위해서였다. 그리고 경제개발에 필요한 자금을 얻기 위해 해외로 눈을 돌렸다. 1965년에는 한일협정 타결로 대일청구자금을 확보했다. 월남전에 병력과 민간인 사업자를 파견했고 독일에 광부와 간호사를 송출했다. 원양어업에도 적극적으로 뛰어들었다. 1966년에는 외자도입을 제도화하기 위해 외자도입법을 입법했다.[21)]

이처럼 대외지향적인 자유화정책을 추진하면서도 동시에 강력한 시장개입적 조치를 도입했다. 무엇보다도 이승만정부하에서 민영화되었던 시중금융기관을 다시 국유화했다. 이로써 박정희정부는 금융기관에 대한 인사권을 장악했고 정책금융을 집행함으로써 관치금융을 제도화했다. 중앙은행인 한국은행은 재무부에 종속되었다.

이처럼 정부가 금융기관에 대한 통제권을 다시 확보한 이유는 금리를 현실화하면서도 기업에게 유리한 조건의 금리를 선택적으로 제공할 수 있어야 할 필요성 때문이었다. 이승만정부는 투자를 촉진하기 위해 의도적으로 저금리정책을 고수했었다. 그러나 이 정책은 자원분배의 왜곡은 물론 통화의 과다팽창을 유발했다. 박정희정부도 초기에는 저금리정책을 폈지만 1965년에 들어 경제안정화정책의 일환으로 그리고 국내 자금동원을 촉진한다는 명분으로 현실화시켰다. 그리하여 대출금리는 16%에서 26%로 그리고 예금금리는 15%에서 30%로 인상되었다. 게다가 대출금리와 예금금리간의 격차를 매우 근소하게 유지하거나 심지어 후자를 전자보다 높게 유지하는 소위 역금리정책을 구사하기까지 했다.[22] 그 이유는 예금금리를 인상할 경우 예금은 증가할 수 있으나 대출금리 역시 상승할 수 있기 때문이었다. 이는 투자촉진에 장애요인이 될 수 있었다.

박정희정부는 예금금리 인상에 따른 투자저하를 예방하고 수출산업 육성을 위한 정부의 선택적 그리고 전략적 간섭능력을 제고하기 위한 방법으로 금융기관을 다시 국유화하는 방법을 택했던 것이다. 역금리체제하에서는 금융기관이 경영상 손해를 볼 수 있었다. 손실에도 불구하고 금융기관이 유지되기 위해서는 정부의 재정적 지원이 필요했다. 따라서 금융기관의 국유화가 대안으로 채택되었다. 실제로 국유화 이후 은행들은 정부의 재정지원을 받아 손실을 해결하고는 했다.

박정희정부가 제시한 네 가지의 경제성장전략을 살펴보면 전임정부들에 비해 왜 능력이 강한 국가가 필요했는지 이해할 수 있다. 첫째, 박정희정부는 공업화를 통한 경제성장을 추진했다. 서비스업이나 1차 산업이 아니라 노동집약적 산업 특히 공업을 육성하여 경제성장을 도모하는 전략을 채택했다.

둘째, 정부의 시장통제와 지도를 통한 성장을 도모했다. 한국정부는 여타 국가들보다 강력한 정부의 역할을 자처했다. 대만처럼 계획의 안내와 지시에만 머물지 않고 정부가 직접실행에 참여했다. 그만큼 높은 전략적 간섭능력을 보유했다. 경제개발계획을 지속적으로 수행하기 위해서 1961년에 설립된 경제기획원과 같이 강력한 경제관료조직도 설립했다.

셋째, 주요 투자에 있어서 정부는 간섭을 통해 민간의 투자결정을 보완하거나 대체했다. 은행처럼 공공성이 짙은 산업은 국유화했다. 심지어 주요 전략산업에 대해서는 중요 의사결정 주체가 사기업인 경우에도 정부가 깊이 간여했다.

끝으로 분배보다 성장을 우선시 했다. 재분배연합이 형성되는 것을 정부가 통제하고 자본축적을 극대화하는데 전력했다.[23] 이로써 한국형 발전국가가 서서히 형성되어 갔다.

## ❑ 수출주도적 발전국가와 불균형성장

수입대체산업화에서 수출대체산업화로 전환하기 위해서는 보다 높은 수준의 정부능력이 필요했는데 박정희정부는 이러한 조건을 만족시키는데 비교적 성공했다. 결과적으로 불균형성장정책과 수출대체산업화가 주축을 이루는 산업정책을 추진했다. 그리고 이를 위해 보다 정교하고 강력한 국가의 시장간섭이 시행되었다. 그 결과 이승만정부 시기에 비해 보다 효율적으로 산업자본을 육성할 수 있었다. 그러나 동시에 산업간·계층간 격차 역시 심하게 이격되는 현상이 불가피하게 발생했다.

우선 박정희정부는 산업자본 육성을 위해 수출촉진책을 집행함으로써 자본의 축적을 지원했다. 이승만정부하에서는 수입대체산업화를 추진하던 기업들이 혜택을 누렸다면 박정희정부하에서는 수출중심적 산업화에 참여한 기업들이 혜택을 향유했다. 우선 1960년대 초반에 시도된 내포적 산업화정책이 야기한 상업차관 원리금 상환난을 타개하기 위해서라도 정책의 전환이 필요했다. 정부는 외화를 획득하기 위한 방편으로 수출을 적극적으로 장려했다. 세재, 관세, 은행융자 등의 측면에서 수출기업에 대한 지원책을 강구했다. 관세를 포함한 세제상의 특전으로 인해 수출기업은 급속하게 자본을 축적하고 규모를 확대할 수 있었다. 자금부족과 고금리에 시달리고 있던 상황에서 수출기업에 대한 융자우대책은 금융기관에서 융자를 획득할 수 있었던 기업과 그렇지 못한 기업간에 영업상의 격차를 획기적으로 가져왔다.

둘째, 정부는 지원대상 기업들에게 내외자 분배상의 특혜를 제공했다. 정부에 의한 금융지원 대상이 되었던 사업은 정부의 정책적 육성사업이었던 정유, 화학비료, 화학섬유, 시멘트 그리고 섬유산업 등이었다. 기업자금의 원천은 은행차입과 외자차입이었다. 5~7%에 불과한 외화차관의 낮은 금리와 15~26%대에 달하는 국내대출금의 현격한 금리간 차이로 인해 외자를 분배받을 수 있었던 기업과 그렇지 못한 기업간에는 엄청난 수익상의 차이가 있었다. 아울러 시중은행과 사채시장간의 금리차로 인하여 은행에서 융자를 받을 수 있었던 기업과 그렇지 못한 기업간의 수익상 차이도 매우 컸다. 당시 사채시장의 금리는 은행 대출금리의 평균 2배를 훨씬 상회하는 연 40~60%에 달했다. 게다가 14~30%에 달하는 인플레이션까지 감안하면 은행의 실질 대출금리는 매우 낮았다.[24)]

셋째, 수출기업들은 내수시장에서도 독과점적 시장지위를 향유할 수 있었다. 정부는 수출에 매진하는 대가로 기업들에게 국내시장에서의 독점적 지위를 제공했다. 정부는 자본축적 효율을 제고하고 과열경쟁에 따르는 집단도산을 막는다는 명분하에 투자인가정책을 통해 경쟁을 제한했다. 이로써 재벌은 초창기 독점기간 동안 독점적 가격을 설정하여 초과이윤을 획득했다. 아울러 가격을 담합하여 초과이윤을 획득하기도 했다.

이외에도 베트남특수 그리고 국내 사회간접자본 건설에 참여할 수 있는 기회가 정부에 충성적인 기업들에게 제공되었다. 이들은 정부가 야심적으로 추진하던 경제개발계획에 주도적으로 참여함으로써 정부가 제공하는 발전자원을 배타적으로 획득하는 혜택을 누렸다. 특히 높은 인플레이션으로 인한 부동산 가격상승으로 비경상적 수익을 통한 자본축적이 이루어졌다.

요컨대 박정희정부는 이전의 민간정부들에 비해 개선된 정부능력과 강한 자율성을 획득하는 데 성공했다. 그리고 이를 바탕으로 시장을 적극적이고 체계적으로 통솔하는 리더십을 발휘했다. 그 결과 경제성장을 도출하는 데 성공했지만 문제점도 없지 않았다.

무엇보다도 불균형성장정책에 따른 사회경제적 불평등이 심화되기 시작했다는 점을 지적할 수 있다. 정부에 의해 새로이 선택된 기업들에게 배타적으로 발전자원이 할당되었던 것이다. 그 규모나 강도는 균형성장정책을 추구하던 이전정부 때와는 달랐다. 보다 집약적으로 수출산업에 대한 지원이 제공되었다. 정부의 이러한 지원을 수혜한 기업들은 점차로 재벌이라는 대기업으로 성장해 갔다.

불균형성장정책과 수출중심적 산업화전략 그리고 전임 민간정부와는 비교할 수 없을 정도로 강력하고 효율적인 국가의 시장간섭능력을 바탕으로 비대칭적 성장이 진행되기 시작했다. 이러한 경향은 박정희정부의 권위주의화가 심화되고 중화학산업화가 추진된 제4공화국 소위 유신체제하에서 그 강도와 폭을 더해갔다.

제3장

박정희정부 2(제4공화국): 1972-1979

# 유신체제와 중화학공업화

▌유신체제: 심화된 관료적 권위주의 ▌유신체제와 중화학공업화 ▌중화학공업화와 불균형성장의 심화 ▌

## 박정희정부 2(제4공화국): 1972-1979

# 3 유신체제와 중화학공업화

### ❑ 유신체제: 심화된 관료적 권위주의

1972년 10월 박정희 대통령은 유신헌법의 통과를 강행하고 그 해 12월 제8대 대통령으로 선출되었다. 이로써 보다 심화된 관료적 권위주의 체제인 유신정권이 탄생했다. 이보다 앞서 1969년에는 세 번째 대통령 임기에 도전하기 위해 3선 개헌을 시도했으며 1971년 대선에서 승리하여 제7대 대통령에 취임했었다. 당초 박정희 대통령은 세 번째 임기가 마지막일 것임을 호소했으나 그 약속은 지켜지지 않았다.

박정희 대통령이 왜 이렇게 무리한 방법을 동원하면서까지 유신체제를 수립하고자 했는가에 관해서는 여러 가지 논쟁이 있었다. 이 문제에 대한 해답을 구하기 위해 한 때 남미의 경험을 기초로 수립된 관료적 권위주의 이론의 적용여부가 검토되기도 했다. 오도넬G. O'Donnell이 주장했던 관료적 권위주의 이론[1]은 경제결정론의 입장에 서 있다.

즉 중화학공업화와 같은 산업화의 심화를 추구하기 위해 국가-

자본-다국적기업간의 권위주의적 연합체제가 수립되었다는 것이다. 해외의 기술과 자본이 투자되기 위해서는 국내의 정치적 · 경제적 안정이 보장되어야 하고 이를 위해서 관료와 군이 연합한 강력한 권위주의 체제가 필요했다는 것이 본 이론의 주장이었다. 그러니까 경제적 요인이 권위주의적 정치를 불러왔다는 설명이다.

그러나 한국에서의 관료적 권위주의 정권의 수립 사례는 이러한 경제결정론보다는 정치안보결정론의 관점에서 보다 더 잘 설명될 수 있다.[2] 앞장에서도 기술하였듯이 사실 관료적 권위주의 체제는 이미 제3공화국하에서 수립되었다고 보는 것이 옳다. 권위주의 체제를 수립하기 위한 민군간의 연합은 이미 제3공화국하에서 완성되었다.

군사정부의 본질을 가지고 있던 박정희정부는 당초부터 민주주의나 국가의 간섭이 배제된 자유주의적 시장경제에 대한 신뢰를 가지고 있지 않았다. 국가가 위계적 통솔력을 가져야 한다는 파시스트적 사고를 가지고 있었다. 게다가 국가의 발전을 위해서는 일부의 국민들이 희생될 수도 있다는 국가공동체주의적 사고도 나타났다. 국가전체의 이익을 위해서 개인이 희생될 수 있다는 사고야말로 권위주의 체제의 핵심적 본질이었다.

박정희정권의 관료적 권위주의스러운 속성은 제3공화국을 거치면서 서서히 강화되어 제4공화국의 유신체제로 극명하게 나타났다. 유신체제의 등장에 가장 영향을 준 요소는 국내외적 정치위기 특히 안보위기였다. 1960년대 후반 들어 북한의 도발로 인해 남북한간에는 전투적 도발이 빈번하게 발생했다. 1968년에는 북한의 특수부대가 청와대를 습격하려 했던 1.21사태가 발생했다. 같은 해 11월에는 울진, 삼척지구에 무장공비가 침투했으며 다음해에는 미국의 정찰기 EC-121기가 북한군에 의해 격추되었다.

이러한 군사적 긴장속에서 1971년 미국의 닉슨 대통령은 괌독트린을 발표했다. 이는 동아시아에서 미군이 영구히 철수할 것임을 시사하는 것이었다. 미국은 일본을 방위선에 포함시킨 반면 한국과 대만은 제외시켰다. 같은 해 주한미군 제7사단이 철수하고 미국과 중국이 외교적 화해를 시도했다.

주변의 국제정치적 정세 변화는 박정희뿐만 아니라 북한의 김일성체제에도 영향을 주었다. 1972년에 남북한은 대화를 시도하여 긴장을 완화시키는 한편 대내적으로는 체제강화 작업을 추진했다. 또 군비를 증강하여 전쟁에 대비했다.[3] 따라서 유신체제는 이러한 정치안보적 맥락에서 수립되었다고 보는 것이 보다 설득력이 있다. 중화학공업화도 이러한 이유에서 추진된 산업화심화전략이었으며 동시에 방위산업육성전략이었다.

유신체제의 정권구조는 박정희의 일인지배구조였다 해도 과언이 아니었다. 이전의 제3공화국은 당초 박정희를 정점으로 한 군출신 정치인들의 집단적 지배체제로 시작했다. 그러나 시간이 지나면서 이들 정치인들의 기반이 되었던 공화당의 역할이 점차로 약화되었다. 그 대신 권력이 대통령 자신과 청와대의 측근 보좌역 그리고 행정부의 관료들에게 집중되었다. 쿠데타 후 민간정치인과 전문가를 대거 영입하며 시작된 유사 민간체제의 성격이 점점 더 짙어졌다.

이러한 경향은 유신체제하에서 더욱 분명해졌다. 일인체제하에서 대통령의 권한은 절대적인 것이었다. 유신헌법은 대통령을 입법, 사법, 행정의 삼부위에 군림하는 국가적 지도자로 규정했다. 대통령선출권한은 '통일주체국민회의'라는 어용 대통령선거인단에 위임되었으며 대통령의 종신임기가 실질적으로 보장되었다. 대통령은 국회해산권과 국회의원 1/3의 추천권을 가짐으로써 국회의 정부견제기능을 무력화했다. 동시에 판사임면권, 긴급조치권을 부여 받아 대통령은 안보, 입법, 사법에 이르는 국정의 모든 분야를 직접 장악했다.

유신체제하에서 국가의 중추는 대통령 자신과 그 보좌기관(경호실, 중앙정보부, 보안사, 수경사, 비서실, 경찰, 검찰), 군부, 기술관료 집단이었다. 특히 군부를 통치함에 있어서 박정희는 개인적 통제방식을 활용했다. 예컨대 하나회라는 군내파벌조직을 조성하여 자신에게 충성하는 군부 내 친위조직을 형성했다.

대통령의 개인적 권력이 이처럼 증대된데 비해 국민의 정치적 자유와 시민권은 크게 제약되었다. 표현, 집회, 언론, 결사의 자유가 제한되었다. 노동의 권리, 법적 절차에 관한 권리들도 정부의 통제를 받았다. 유신정권은 개인의 자유와 권리를 제약할 목적으로 통일과 국가발전을 위해서는 낭비를 배제해야 한다는 명분을 내세웠다. 행정의 효율성과 질서유지라는 명분이 특히 강조되었다. 박정희는 한국적 민주주의라는 개념을 내세우면서 외형적 제도만 민주주의를 모방한 비자유적인 형태의 민주주의 모델을 제시했다. 유신체제의 가장 큰 특징은 국가공동체의 번영을 위해 개인의 이익, 무엇보다도 자유와 권리가 제약되는 것을 정당화했다는 점이었다.

소위 한국적 민주주의는 고도의 정치적 탄압과 불법체포 그리고 고문을 정당화했다. 유신체제하에서 대통령이 행사할 수 있었던 긴급조치권은 대통령의 이러한 권위주의적 권한행사를 정당화해주었다. 1974년 1월의 제1호 긴급조치는 유신헌법에 대한 비판을 금지했다. 이후 이듬해 5월 13일까지 총 9개의 긴급조치가 발동되어 정권과 대통령에 대한 비판을 완전히 금지시켰다.

유신체제하에서 정당정치는 이로써 더욱 위축되었다. 대통령을 선출하는 통일주체국민회의 의원들(2~5천명)은 정당에 가입할 수 없었다. 따라서 정당이 대통령의 선출에 미칠 수 있는 영향은 매우 제약되었다. 게다가 국회의석의 1/3은 대통령이 임명한 유정회 의원들로 채워졌다. 국회의 권한축소는 정당의 역할위축으로 이어졌다. 국회가 정부를 감시할 수 있는 권한인 국정감사권도 폐지되었다.

박정희는 1972년 12월 23일 제8대 대통령으로 선출되었고, 1978년 7월에는 2,578명의 통일주체국민회의 대의원 중 2,577명의 찬성으로 재선출되어 제9대 대통령에 취임했다. 1973년에 시행된 국회의원선거에서 공화당은 73석, 신민당이 52석, 통일당이 2석을 차지했다. 그러나 대통령의 직접적인 후원세력인 유정회 국회의원이 1/3을 차지하여 의석분포는 정치적으로 거의 의미가 없어졌다.

유신체제하에서 안보와 군사화가 차지하는 비중은 유사한 관료적 권위주의 정권의 등장을 경험했던 남미의 경우보다 월등히 높았다. 한국은 일종의 파시스트적 병영국가로 탈바꿈했다. 군국주의가 팽배했고 국가의 발전목표는 부국강병이라는 중상주의적 목표로 집약되었다. 특히 북한의 전쟁도발에 대응할 수 있는 군사력을 보유하는데 국가의 능력이 집중되었다. 1968년 4월에는 향토예비군이 창설되었고 1969년에는 학생들을 대상으로 교련교육이 결정되었다. 1975년 7월에는 국회에서 안보에 관련된 4개의 법률, 즉 사회안전법(사상범관리), 민방위법, 방위세법(방위산업) 그리고 교육법개정(학도호국단)이 통과되었다.

유신체제를 물리적으로 지지하고 있던 군의 민간부문에 대한 개입도 보다 적극적으로 변화했다. 소위 신직업주의New Professionalism가 등장했다. 군교육기관에서 민간정치는 물론 각종 사회적 이슈들을 적극적으로 다루기 시작했다. 군부는 외부의 적뿐만 아니라 내부의 적으로부터의 위협을 강조하기 시작했다. 국가방위와 국가발전을 안보개념에 포함시켜 안보의 개념을 확대했다.[4]

이러한 안보중심의 통치방식은 정권의 파시스트적 속성과 밀접한 관계가 있다. 파시즘은 유기체적 국가관Organic Statism을 바탕으로 한 공동체주의를 강조한다. 모든 사고의 출발점은 개인이 아니라 국가였다. 유기체적 국가관은 개인과 공동체가 하나임을 상정한다.[5] 유신정부는 국가공동체적 권위주의를 정당화하기 위해 임금에 대한 백성의 충성을 강조한 한국의 유교적 전통도 활용하고자 했다. 궁극적으로 최고 영도자인 자신에 대한 국민의 무조건적 충성을 요구했다.

박정희는 국가의 생존과 발전을 위해서는 효율적인 정치체제가 필요하며 그것이 유신체제라고 주장했다. 서구의 자유주의나 민주주의는 한국의 현실에 맞지 않는다고 강조했다. 박정희는 한국의 역사와 문화에 적합한 한국적 정치체제를 마련해야 하며 따라서 10월 유신을 통해 새로운 형태의 민주체제를 확립하게 되었다고 역설했다.[6] 행정부와 입법부의 유기체적 협력을 가능케 하는 능률적인 체제를 구상했던 것이다. 안보의 능률, 질서의 국가발전 및 생존에 대한 그의 집착이 민족주의적 신념에 의해 더욱 강화되었다.

유신체제라는 관료적 권위주의 정권의 등장으로 인해 민주주의는 물론 정치라는 개념자체가 실종되었다. 반면 통치가 이를 대체하였고 국가의 정치력보다는 행정력의 증가가 괄목하게 나타났다. 박정희는 개인적 권력의 확대를 위해 군인을 포함한 기술관료들을 적극 활용했다. 관료들은 박정희의 비호를 받으면서 경제성장정책을 입안 집행하여 권위주의적 통치의 기반을 조성했다. 따라서 행정관료들의 권한이 급격하게 증가했다. 특히 국가의 행정적 권한을 통해 재벌을 육성하기 시작하자 관료들은 시장을 통솔하는 실질적인 권한을 보유하게 되었다.

반면에 정치권력은 통치자의 주변에 위치한 대통령 비서실, 경호실, 중앙정보부 등의 실권자들만이 배타적으로 행사할 수 있었다. 이들은 권력 먹이사슬의 최정점에서 행정관료 및 조직을 감시하고 정치적으로 통제했다. 자유민주주의 체제하에서는 입법부인 국회가 행정부를 견제한다. 그러나 유신체제하에서는 대통령과 그의 친위조직이 행정관료조직을 감시하고 통제했다.

유신체제에 대한 국민들의 저항이 없었던 것은 아니었다. 그러나 정부의 노동통제정책으로 인해 유신의 전 기간 동안 노동운동은 대규모화하거나, 조직적·장기적으로 전개되지 못했다. 정부는 노동통제를 위해서도 유기체적 국가관을 적극 활용했다. 공동체주의를 도입하여 노사간의 가족주의적 화합을 강조했다. 그렇다고 해서 노사가 평등하다고 보지는 않았다. 노동은 분명히 회사의 위계적 통제하에 있었다. 노동이 회사에 충성함으로써 갈등을 예방하고 화합을 도모해야 한다고 보았다.

유신정권에 정면으로 도전한 유일한 세력은 학생들이었다. 1973년 10월 서울대 문리대생들의 시위로 유신체제에 대한 직접적인 도전이 시작되었다. 그러나 1975년 5월에 발효된 긴급조치 9호로 정치적 탄압이 증가하자 학생운동 역시 한계를 맞이할 수밖에 없었다. 이어 남침땅굴의 발견, 인도차이나 공산화사태 등 안보문제가 첨예화되자 반체제운동도 일시적으로 둔화되었다.

유신체제하에서 재야운동은 학생운동만큼 강하지도 체계적이지도 못했다. 대중적 조직을 갖춘 정치적 저항이었기 보다는 중간계급출신의 지식인, 구정치인, 명망가들의 주도로 이루어진 민주화 선언과 정부비판이 주류를 이루었다. 요컨대 학생시위나 재야의 반정부운동은 정권을 타도할 만큼 강하지 않았다. 국가의 정치적 탄압이 워낙 강했다. 따라서 반체제운동이 대중적・조직적 운동으로 발전할 수는 없었다.

## ❑ 유신체제와 중화학공업화

안보환경의 악화와 더불어 강력한 관료적 권위주의 체제의 등장은 경제체제의 변화에도 영향을 주었다. 박정희정부는 수출중심 산업화와 병행하여 주요 전략산업을 대상으로 수입대체산업화를 선택적으로 추진했다. 이로써 1960년대와 비교해 볼 때 국가의 시장에 대한 간섭은 보다 심화되었다. 박정희정부는 보다 심화된 권위주의적 체제의 존재를 정당화하기 위해 중화학공업화를 선언하고 총력적 지원전략Big Push과 수입대체산업화를 강력히 추진했다.

1970년도를 전후하여 박정희는 이미 장기집권계획을 모색하고 있었다. 정권을 연장하고 정치체제를 강제로 안정화시킬 수 있는 제도적 개혁을 추진했다. 북한과는 비밀리에 남북대화를 추진하여 1972년 7.4공동성명을 이끌어냈다. 이에 앞서 1970년 8월 15일에는 김일성에게 어떤 체제가 좋은지 선의의 경쟁을 하자고 제안했다. 국내적으로는 유신헌법을 선포하여 권위주의적 지배체제를 강화했다. 그리고 대외적으로는 미군이 철수하더라도 독자적으로 전쟁을 수행할 수 있는 군사력을 확보하는 작업에 착수했다.

이러한 일들을 성취하기 위해서는 경제산업체제도 변화해야 했다. 과거의 경공업 중심의 수출산업만으로는 이러한 체제강화 작업을 완수할 수 없었다. 중공업을 육성하여 생산재를 수입대체하는 한편 군수장비를 생산할 수 있는 능력을 보유해야 했다. 한국에서의 중화학공업화 또는 산업구조의 심화는 이러한 정치안보적 목표를 달성하기 위해 도모되었던 것이다.[7)]

제4공화국의 정치와 경제를 지배한 개념은 단연 전쟁이었다. 실제로 전쟁이 발발하지는 않았지만 전쟁이 발발할 수도 있다는 전제하에 정치와 경제체제가 재조직되었다. 이로써 국가는 통치에 전념하게 되고 민주적 정치는 실종되었다. 경제는 통치에 필요한 자원을 산출해 내기 위해서 국가에 의해 동원되었다.

틸리Tilly는 근대국가의 형성과정에서 전쟁이 차지한 역할에 관해 설명한 바 있다. 전쟁은 국가를 만들고 국가는 전쟁을 만들어낸다고 그는 주장한다.[8)] 서양에서 중세이후 근대국가가 형성되는 동안 대규모 전쟁이 빈번하게 발생했다. 그러자 국가는 전쟁수행에 필요한 자원을 산출하기 위한 경제적 제도들을 만들어내야 했다. 전쟁은 비용이 많이 소모되는 사업이었으므로 이를 수행할 자원을 생산할 능력을 갖춘 국가들만이 생존할 수 있었다. 따라서 충분한 세금을 산출할 수 있는 발달된 경제가 필요했다. 그리고 전쟁수행에 요구되는 도구와 장비들을 생산하는 과정에서 얻어진 지식들은 상업과 공업을 육성하는데 중요한 자원으로 활용되었다.

박정희정권 특히 유신정권하에서 전쟁이라는 요소야 말로 정치와 경제의 성격을 규정하는 요소였다. 3선 개헌을 추진하는 과정에서 극대화된 야권의 정치적 도전 그리고 닉슨독트린에서 파생된 안보적 위협은 박정희를 비롯한 정권주체들의 위기의식을 고취시켰다. 이와 더불어 경제적 상황도 매우 긴박하게 돌아갔다. 그동안 성취해온 경제적 기반을 근본적으로 뒤흔들 수 있는 위기상황이 전개되었다.

1971년 브레튼 우즈Bretton Woods체제의 붕괴로 국제 금융 시스템이 불안정해졌다. 우리 경제도 즉각적으로 영향을 받았다. 우리 기업들의 재무구조는 1960년대 후반의 고이자율정책 및 원화의 계속적인 평가절하로 이미 악화된 상태였다. 또한 공식적인 자금시장에 대한 정부의 엄격한 통제와 공식자금시장의 초과수요가 존재하여 비공식자금시장, 즉 사채시장에서 조달된 기업자금은 은행대출을 훨씬 능가하는 상황에 이르렀다.

경제체제의 대외의존적 경향도 심화되었다. 한국의 경제성장에 있어 무역과 외국자본의 기여가 증가했다. 특히 수출산업을 육성하는 과정에서 외채가 급증했다. 심화된 대외의존적 경제하에서 국내경기는 국제적 환경변화에 민감하지 않을 수 없었고, 따라서 빠르고 효과적인 통제가 정부의 경제정책결정에 있어 핵심적 관건이라는 인식이 정권주변에서 확산되기 시작했다.

이러한 상황에서 1973년에 발생한 제1차 석유파동으로 1974~1975년에 걸쳐 세계경제가 침체기에 접어들었다. 석유파동은 수출을 악화시켰다. 석유수출국을 제외한 모든 나라의 무역신장률은 1962~1973년 사이 연평균 8.8%에서 1974년 이래 3.5%로 감소하여 세계적인 불경기가 초래됐다. 신보호무역주의, 자원민족주의의 등장으로 전 세계의 교역증가는 둔화되고 GNP성장 역시 둔화되었다.

제3차 경제개발계획(1972~1976) 기간 동안 정부의 기본목표는

'조화된 성장과 안정/균형의 추구'로 설정되었지만 실제로는 성장 및 확대위주의 경제정책이 시도되었다. 구체적인 계획으로서 농어촌경제의 혁신적 개발 및 식량자급(새마을운동), 수출의 획기적인 증대, 중화학공업의 건설, 국토자원의 효율적 개발과 수출공업단지의 조성 등이 설정되었다. 자립경제의 확립을 목표로 하였음에도 불구하고 산업육성을 위해 외자에 의존한 투자재원조달이 불가피했다.

제4차 경제개발계획(1977~1981)에서는 국가의 항구적 안전보장과 국민생활의 양적·질적 성장을 동시에 추구했다. 이를 위해 중화학공업화를 추진하면서 동시에 방위산업을 육성했다. 아울러 능률향상과 기술개발전략을 도모하였으며, 자립경제의 확립을 위한 투자재원의 국내조달 및 국제수지 균형제고를 위한 노력이 진행되었다.

1973년 시작된 중화학공업화는 대한민국이 당면한 안보와 경제의 문제를 동시에 해결하기 위한 전략이었다. 우선 안보차원에서 미군이 철수할 경우 생기게 될 공백을 메꿀 수 있는 군수장비의 국산화가 필요했다. 박정희정권은 예비군을 창설하였는데 이들을 무장할 무기가 부족했다. 군수장비를 생산하기 위해서는 중화학산업 능력이 필수적이었다.[9)]

아울러 중화학산업화는 무역수지를 개선하기 위해서도 필요했다. 1970년대에 들어 경공업제품의 수출확대가 한계에 부딪치고 자본재수입이 급증하면서 수출주도형 성장전략이 위기를 맞게 되었다. 그런데 수출을 확대하고 무역수지를 개선하기 위해서는 수입에 의존하던 자본재 및 생산재를 국산화할 수 있는 산업능력이 마련되어야 했다. 이러한 이유로 박정희정부는 방산산업을 육성하고 기

계설비 등 생산재를 가공하는데 필요한 중화학공업을 육성하고자 했던 것이다.[10)]

그러나 박정희정부가 추진하던 수출산업 중심의 불균형성장전략은 한계를 노출하기 시작했다. 경제개발계획을 이끌던 경제기획원 자신이 이를 가장 잘 인식하고 있었다. 한국경제 관료집단 중 상대적으로 시장주의자들이 가장 많이 포진하고 있던 기획원의 당초 계획은 정부주도에 의해 경제성장이 시작되고 나면 장기적으로 시장중심주의로 선회해야 한다는 입장이었다. 그리하여 1970년대에 들어서 경제안정화와 효율화 그리고 복지를 강화하는 정책을 제안했지만 박정희 대통령은 이를 수용하지 않았다.[11)]

유신정부는 시장주의와 안정화라는 대안 대신에 중상주의적 정책을 도입함으로써 위기를 돌파하고자 했다. 이로써 경제기획원의 시장중심적 대안은 안보라는 요소에 압도되어 사실상 매장되었다. 대통령은 청와대 비서실과 상공부로 하여금 중화학공업화를 추진토록 명령했다. 국제교역에 있어서 비교우위를 무시한 채 중화학산업화 중심으로 경제운영의 방향이 전환되었다. 정치안보 논리가 시장논리를 제압한 것이다. 비록 해외시장에서 당분간 경쟁력이 없고 수출가능성이 낮더라도 군수산업의 육성과 생산재의 수입대체화, 즉 산업구조의 고도화라는 두 가지 목표를 동시에 달성할 수만 있다면 정부는 중화학산업화라는 모험을 시도할 가치가 있다고 보았다. 박정희는 중화학산업을 보유해야 비로소 독립적인 국가로 자리매김할 수 있다는 생각을 가지고 있었다.[12)]

## ❑ 중화학공업화와 불균형성장의 심화

국가정책을 결정하는 메커니즘은 유신체제하에서 대통령을 중심으로 더욱 집중화되었다. 경제계획을 수립하며 그나마 시장중심적 시각을 제공하던 경제기획원은 중화학공업육성정책이 본격화하면서 서서히 대통령의 관심에서 배제되었다. 그 대신 청와대의 경제수석을 비롯한 참모, 산업육성을 담당한 상공부 그리고 자금을 마련할 재무부가 주축이 되어 총체적 지원전략을 마련했다.[13)]

민간기업들도 당초에는 중화학공업화에 난색을 표했다. 경제계는 우리 경제의 공업화정도나 기술축적 수준에 비추어 볼 때, 중화학공업화를 추진하기에는 어느 정도의 준비기간이 필요하다며 정부의 중화학공업화정책을 반대했다. 당시 기업사정은 전경련이 특단의 사채부담 경감조치를 정부에 요청할 정도로 재무구조가 악화되어 있었다.[14)]

그럼에도 불구하고 박정희정부는 급박한 안보환경을 돌파해야 한다는 명분으로 중화학공업화를 추진했다. 그리고 이를 위한 준비작업으로 기업들의 사채경감을 위한 특단의 조치를 집행했다. 1972년 발표한 '경제안정화와 성장에 관한 긴급조치', 소위 8.3조치라는 것이었다. 이 조치로 비공식자금시장, 즉 사채시장에서 조달된 차입금의 경우 3년 거치 5년 상환에 매달 1.35% 이자지불로 계약조건이 파격적으로 변경되었다. 장기 고이자 은행대부금은 3년 거치 5년 상환 연리 8%의 장기저리대부로 대체해 주는 동시에 은행의 일반대출 이자율을 2% 낮추어 주었다. 8.3조치 이후 개선된 기업의 자금사정에 힘입어 국내투자는 38% 증가하였으며 1973년의 경우

GNP가 14.1%나 성장했다.[15)]

정부는 1973년 1월 중화학공업육성방안을 발표하고 중화학공업추진위원회를 발족했다. 철강, 전자, 정유, 조선, 기계, 비철금속을 주요 육성산업으로 정하고 지정된 기업 이외의 기업들이 시장에 진입하는 것을 규제했다. 1973년 말 제1차 석유파동으로 잠시 중단하였다가 1976년 경기호전과 함께 다시 중화학공업육성에 박차를 가했다.

이에 따라 재벌기업들은 중화학공업 투자를 경쟁적으로 증대시켰다. 중화학공업에 참여하는 기업들은 정부로부터 특단의 지원을 제공받을 수 있었다. 중화학부문에 진입하는 것은 확대성장을 부장하는 일종의 보증수표였다. 따라서 대기업들은 성장잠재력이 크고 정부의 지원도 약속된 중화학산업에 관심을 집중시켰다. 그 결과 10대 재벌의 경우 전체 제조업 자산 중 중화학공업이 차지하는 자산비중이 1972년의 70.6%에서 1979년 84.7%로 높아졌다.[16)]

중화학공업화를 추진함으로써 박정희정권의 시장통제력은 더욱 강화되었다. 중화학공업화에 참여한 민간기업들의 대정부의존 역시 더욱 심화되었다. 동시에 부족한 발전자원이 몇몇 재벌들에게만 집중적으로 지원되었다. 중화학공업과 종합무역상사에 대한 특혜적 정부지원이 소수의 재벌에 집중되는 경향을 보였다. 결과적으로 중화학공업화의 추진으로 인해 제3공화국 정부에 의해 시작된 불균형성장은 더욱 가속화되는 양상이 나타났다.

유신체제하에서 재벌기업들은 정부의 보호에 힘입어 괄목할 성장을 경험했다. 다른 특혜도 많았지만 특히 이들은 금융상의 혜택을 차별적으로 많이 수혜했다. 1960년대 말부터 전 산업에 걸쳐 자본에 대한 부채의 비중이 과중되었다. 대출금에 대한 막대한 이자를 부담하여야 했으므로 기업의 재무구조가 급속히 악화되었었다.

1970년대에도 낮은 은행이자율과 높은 비공식금융시장, 즉 사채시장의 이자율간의 차이가 여전히 존재하는 이중이자율구조가 지속되었다. 이 시기에도 실질대출금리가 마이너스 수준에 있었던 해가 많아 일단 은행대출을 받으면 그 자체만으로도 기업은 이익을 확보할 수 있었다. 따라서 우월한 대정부 교섭력을 갖춘 재벌이 유리한 위치를 점했다.

1970년대에 10대 기업집단 자산증가분의 78.8%가 부채에 의존하여 이루어졌는데 이는 재벌의 자금확보능력을 반증하는 것이었다. 이 시기 재벌들은 8.3조치에 의한 특혜와 정부가 전략적으로 추진하는 사업의 참여에 따른 정책금융의 수혜, 수출시의 수출금융 수혜 그리고 차관도입 등을 통해 대규모로 사업자금을 확보했다.[17]

특히 기업의 부채부담, 특히 사채부담을 덜어주려고 시행한 8.3조치로 인하여 부채의 의존도가 높았던 재벌들의 이자부담이 파격적으로 경감되었다. 특히 중소기업에 비하여 재벌의 외부자본 의존도가 높았기 때문에 부채 및 이자경감 효과가 재벌에 집중되어 나타났다. 재벌들은 이 기간 중 전체 대출규모의 59%를 점하는 정책금융의 대부분을 수혜했다. 정책금융은 금리가 상대적으로 저렴했는데 한 예로 1975년 당시 중화학분야의 대출금리는 연 12%였던 반면 예금금리는 14~15%였다. 인플레이션율이 25.2%였으므로 일단 대출을 받으면 금융비용이 상당히 절감될 수 있었다.[18] 게다가 정부중계에 의한 차관도입도 급증했다. 이 기간 중 총기업자금의 14.6%가 차관에 의한 것이었는데 10대 재벌들이 국내은행 이자율보다 훨씬 낮은 이율의 차관을 상당부분 선점했다.[19]

또한 재벌기업들은 제2금융권으로 확장함으로써 성장의 기회를 마련할 수 있었다. 1970년대에도 시중은행 주식의 대부분이 정부소유하에 있었으므로 재벌은 보험, 증권, 단자회사 등의 제2금융권으로 확장을 시도했다. 이외에도 재벌기업들은 중동건설시장에 참여할 수 있는 기회, 부동산을 확보할 수 있는 기회 그리고 국내시장을 독점할 수 있는 기회를 보장받았다. 이를 통해 고속성장을 달성할 수 있었으며 그 결과 불균형성장구조는 더욱 심화되었다.[20]

비록 정부는 국가공동체의 생존을 강조하면서 불균형성장을 정당화하려 했지만 다른 한편에서는 심리적·물질적 박탈을 경험한 계층이 점점 더 확대되고 있었다. 고도의 경제성장을 달성하는 이면에는 인플레이션이라는 그림자가 존재했다. 명목상 임금은 상승했지만 실질적으로 임금은 증가하지 않았다. 노동자들의 삶은 궁핍해지고 계층간의 소득격차는 점점 더 넓어졌다.[21]

전체적으로 보았을 때 한국이 대만에 비해 국가의 간섭정도가 강했다. 특히 1970년대 박정희정부가 야심적으로 중화학공업화를 추진하는 과정에서 이러한 양상은 극명하게 나타났다. 당초 한국경제의 기획, 예산 그리고 외자도입을 담당했던 경제기획원은 시장친화적이고 민간주도적인 중화학공업화를 제안했었다. 경쟁국 대만이 차용했던 전략이었다. 1940년대 말 극심한 인플레이션을 경험했던 대만은 경제안정화를 매우 중시했으며 따라서 국가의 과도한 간섭이 야기할 경제불안정화를 경계했다. 따라서 한국에 비해 중화학공업화에 있어서 정부의 개입수준이 낮았고 그나마 1970년대 후반에 들어서는 실용주의적 기술관료들의 입장이 개진된 국가주도의 기술집약적 산업화전략으로 전환한 바 있었다.[22]

정부주도의 경제성장전략이 유발하는 문제를 다른 부처에 비해 객관적으로 인식하게 된 경제기획원은 장기적으로 시장의 자율성을 제고하는 방향으로 경제운영방식이 전환되어야 한다는 입장이었다.[23] 그러나 박정희는 이를 수용하지 않았다. 반대로 국가의 중상주의적 시장간섭을 대폭강화하는 총력추진전략Big Push을 도입하여 중화학산업의 수입대체화를 시도했다.

그 이유에 대해서는 여러 가지 설명이 가능할 것이다. 그러나 박정희정권이 장기집권을 고도의 경제성장을 통해 정당화하고자 했다는 점에 특히 주목할 필요가 있다. 대만보다 강하게 중화학공업화를 추진하는 과정을 보면 국가간섭이 강해진 원인을 이해할 수 있다.

박정희정권의 시장간섭수단 중 가장 괄목할 것이 재정 및 금융지원정책이었다. 대만은 환율정책에 보다 강조점을 둔 반면 박정희정권은 재정 및 금융정책을 적극 활용했다. 다시 말해서 대만은 간접적 지원정책을 주로 사용한 반면 박정희정부는 직접금융지원정책을 선호했다.

수출산업 그리고 중화학산업을 추진하는 기업에 지급된 정책금융이 그 예이다. 정책금융은 사실상 국유화된 은행에 의해 저리로 대부된 자금이다. 이율이 낮았으므로 정책금융을 사용하면 기업은 금융비용을 현격하게 절약할 수 있었다. 이는 일종의 보조금 효과를 가져왔다. 정부가 자금을 시중금리보다 낮게 저리로 제공함으로써 절약되는 만큼의 금융비용은 일종의 보조금 역할을 했다.

정책금융은 표면적으로 금융정책의 한 부분이지만 사실상으로는 국가의 재정을 사용하는 특성을 갖고 있었다. 명목금리나 시장금리보다 낮은 이율로 제공되므로 그만큼 국책은행의 수입은 줄어들게 되고 부족분은 결국 정부의 재정으로 보완될 수밖에 없었다. 사업의 실패로 손실이 발생할 경우 일차적으로 그 부담은 재정의 관리자인 정부, 궁극적으로는 납세자들에게 전가되었다.

대만은 주로 환율을 정기적으로 평가절하함으로써 수출을 지원하는 방식을 택한 반면 박정희정부는 재정적 부담을 적극적으로 감당했던 것이다. 이러한 방식은 정부의 자금을 전략적 육성대상에 집중적으로 투입할 수 있다는 장점이 있지만 불균형성장이 심화되고 도덕적 해이나 사회적 부정의의 문제를 유발할 수 있다는 점에서 많은 문제를 내포하고 있었다.24)

1970년대 후반들어 제2차 석유파동으로 인해 스테그플레이션이 발생하자 정부의 금융 및 재정적 지원정책의 문제는 보다 심각하게 들어났다. 국내물가가 상승하고 원화의 가치가 상승하면서 정부의 지원에도 불구하고 기업들의 이자부담은 더더욱 증가했다. 박정희정부가 1979년에 긴축정책으로 일부 선회한 것도 이러한 한계를 인식한 결과였다.

재정적 그리고 금융적 지원에 의한 대기업 중심 성장전략은 정기적으로 위기에 봉착하게 되고 이를 타개하기 위해 정부는 다시 자원을 투입하는 악순환이 반복되었다. 정부의 지원에 힘입어 재벌은 차별적으로 성장을 구가했지만 그로 인한 부담은 중소기업과 노동자들에게 전가되었다. 이로 인해 형평과 평등을 요구하는 국민의 목소리가 점점 더 커질 수밖에 없었다.

박정희정부가 1970년부터 시작한 새마을운동은 산업화로 인해 발생한 노동간 불평등의 심화를 교정해보려는 시도였다는 관점에서 이해할 수 있다. 경세성장으로 인해 초기에는 경제적 형평이 다소 완화되기도 했지만 성장의 속도를 더 할수록 불평등의 정도가 심해지고 있다는 점을 정권의 담당자들도 깨닫고 있었다. 유신체제의 중화학공업화를 거치면서 이러한 사회경제적 불평등의 문제는 심각함의 무게를 더해 갔다. 박정희정권의 불균형성장정책이 사회경제적 불평등의 문제로 본격 전이되기 시작한 것이다. 국민들이 느끼는 경제적 불평등과 상대적 박탈감은 유신체제를 붕괴시키는 환경적 요인으로 자리잡아 가고 있었다.

제 4 장

## 전두환정부(제5공화국): 1981-1987

# 권위주의적 정부의 경제안정화

▌군부에 의한 권위주의의 연장 ▌권위주의적 정부의 안정화정책 ▌중화학산업 투자조정 ▌안정화정책과 불균형성장의 심화 ▌

전두환정부(제5공화국): 1981-1987

# 4 권위주의적 정부의 경제안정화

## ❑ 군부에 의한 권위주의의 연장

유신체제는 1979년 10월 26일 김재규 당시 중앙정보부장이 박정희 대통령을 살해함으로써 막을 내렸다. 중앙정보부는 권위주의 체제를 지탱하는 가장 중요한 친위조직이었다. 김재규는 박정희 대통령이 가장 신뢰하던 인물 중 하나였다. 결국 유신체제는 외부의 힘에 의해서가 아니라 내부의 모순에 의해 몰락하고 말았다.

박정희정권이 급작스럽게 붕괴함으로써 민주주의적 민간정부가 등장할 것으로 예측했지만 결과적으로 그렇지 못했다. 전두환정권이라는 또 다른 권위주의 체제에 의해 대체되었다. 다만 1988년 노태우정부의 등장과 함께 정치경제분야에서 민주화가 조금씩 진전되기 전까지 약 8년의 기간 동안 한국은 민주주의의 등장을 가능케 할 경제적 변화를 경험했다. 경제발전 초기에는 정치가 경제를 좌우했지만 서서히 시민사회와 시장의 힘이 확대되면서 오히려 경제가 정치적 변화를 유발할 가능성을 보여주었다.

그토록 견고해 보이던 유신체제가 왜 갑자기 붕괴하게 되었는가에 대해서는 심층적인 고찰이 필요하다. 물론 직접적인 요인은 김재규에 의한 박정희의 암살이었다. 그러나 여러 가지 요인이 복합적으로 작용했다. 우선 상정해 볼 수 있는 것은 경제적 요인이다. 박정희정부의 불균형성장정책으로 인해 산업부문간 그리고 지역간 격차가 심화됨으로써 사회경제 전반에 걸쳐 국민들의 상대적 박탈감이 증폭되고 있었다. 특히 희생을 강요당하고 있던 노동계층의 불만이 상당히 고조되었다.

그러나 경제적 요인이 직접적인 정치변동의 원인이 되었다고 보는 데는 다소 한계가 있다. 경제적 요인은 정치변동을 가능케 한 환경적 요인 또는 구조적 요인으로 작용했다고 보아야 한다. 자신의 수하에 의해 박정희 대통령이 암살되었던 사건은 권위주의와 민주주의 세력간의 대립 그리고 한미관계의 악화라는 정치적 구조를 통해 보다 명료하게 설명될 수 있다. 김재규에 의한 암살은 이러한 구조적 변동의 시작을 촉발시킨 사건이었다는 점에서 의의를 갖는다.

앞에서 언급한 바와 같이 유신체제는 파시스트적 성격이 강한 권위주의 체제였다. 유신체제의 수립과 함께 한국의 정치체제는 박정희라는 개인을 중심으로 위계적으로 조직화되었다. 민주주의는 점점 더 퇴보했다.

닉슨 독트린의 발표로 인해 냉각되기 시작한 한미관계는 민주주의와 인권을 강조하는 민주당 카터정부의 등장으로 인해 더욱 악화되었다. 카터는 미군의 철수를 추진할 것임으로 공언했고 박정희정부는 이를 막으려고 시도했다. 월남파병까지 감행했던 박정희의 미국에 대한 불신감은 극에 달했다. 박정희의 반발은 한미관계를 더욱 악화시켰다. 게다가 박동선 로비사건이 터짐으로써 한국내 인권침해 사례가 다시 부각되고 로비에 대한 청문회가 개최되었다. 그리고 대한군사원조도 삭감되었다. 요컨대 박정희의 암살은 민주주의 퇴보에 따른 국내정치의 긴장증가 그리고 한미관계의 이완이라는 요인이 복합된 가운데 발생한 사건이었다.

그러면 또 하나의 의문은 박정희정권 몰락이후 왜 민주적 정권이 들어서지 않고 권위주의적 군사정권이 다시 들어섰는가 하는 점이다. 박정희가 피살당한 후 국무총리였던 최규하가 대통령직을 승계했다. 이때까지만 해도 새로운 정치일정에 따라 민간인 정부가 들어설 것으로 기대됐다. 기존헌법에 의해 대통령으로 선출된 최규하 대통령은 잔여임기를 채우지 않고 빠른 시일 내에 헌법을 개정하여 새 헌법에 따라 대통령을 선출할 것으로 예상됐다.

김대중을 비롯한 민주정치인사의 가택연금이 해제되었고 긴급조치 9호도 해제됐다. 정치적 자유화에 의해 정당이 재활성화되자 김종필을 중심으로 공화당이 그리고 김영삼의 지도하에 신민당이 활동을 본격 시작했다.

그러나 정치세력이 재편되는 과정에서 군부 내에서 발생한 암투는 군부가 다시 정치에 전면적으로 참여하는 사태로 발전했다. 민간정치세력은 충분한 수권역량을 결여하고 있었고 학생세력은 조직화되어 있지 못했다.

1979년 10.26사태에 이어 발생한 12.12쿠데타는 이처럼 민간분야에서 역량을 갖춘 정치세력이 자리잡지 못한 상황에서 발생했다. 군부 내에서 암투가 발생하고 있었고 이러한 갈등이 밖으로 분출되어 정권장악으로 발전했다. 10.26사건을 처리하는 과정에서 정규육사출신 하나회 파벌과 구육사출신의 비하나회가 격돌했다. 그 결과 1961년 5.16쿠데타처럼 군부 내의 갈등이 다시 한 번 정치참여

로 발전하는 현상이 되풀이 되었다.[1)]

이후 민주화를 향한 정치개혁 일정은 군의 개입으로 사실상 불가능해졌다. 신군부를 대표하는 전두환세력의 급부상으로 최규하정권은 사실상 무력화되었다. 1980년 4월 14일 전두환 보안사령관이 중앙정보부장직을 차지함으로써 국가의 실질적인 최고 권력자로 등극했다. 이후 정부의 무력화, 군부권력의 공고화, 여야정치인세력의 분열이 혼재하는 소위 안개정국이 전개됐다.

정치사회의 분열은 심각했다. 3김씨의 경쟁 특히 김대중과 김영삼간의 반목은 결정적인 문제를 유발했다. 두 사람은 각기 자신이 야당의 대통령후보가 되어야 한다는 주장을 굽히지 않았다. 신민당 총재로서 당권을 장악하고 있던 김영삼은 재야세력이 당으로 흡수되어야 한다는 생각을 가지고 있었다. 반면에 재야세력의 지지를 받고 있던 김대중은 자신이 정권교체의 주역을 담당해야 한다는 입장을 가지고 있었다. 김영삼은 유신체제를 붕괴시킨 장본인이 자신이라고 주장했지만, 김대중은 신민당지도부가 10.26사태 이후 정치정세의 주도권을 잡는데 실패했다고 비난했다. 결국 김대중이 신민당에 잔류하지 않고 재야세력을 규합하여 신당창당을 추진함으로써 양자는 권력경쟁에 돌입했다.[2)]

학생 및 재야내부에서도 두 가지 흐름이 등장했다. 단계적 투쟁론과 전면적 투쟁론에 입각한 반독재민주화운동이 그것이다.[3)] 5월 13일에 강경파 학생그룹이 주도하는 대규모 투쟁이 발발했다. 그러나 중산계층은 군부에 대한 저항운동에 참여하지 않음으로써 신군부가 정치에 개입하기 유리한 환경을 제공하는 결과를 초래했다.[4)]

군부는 5월 17일 제주도에까지 계엄을 확대하고 국회를 봉쇄했으며 정치활동을 금지하고 대학도 폐쇄했다. 파업이 금지되었고 언론검열이 강화되었다. 학생운동 지도자들이 검거되고 김대중을 비롯한 재야정치인들이 체포되었다. 이런 가운데 광주에서 발생한 5.17민주화시민운동을 군이 폭력적으로 진압하는 사건이 발생했다. 군부는 이 사건을 정치권력을 장악하기 위한 계기로 활용했다. 과격한 진압을 통해 국민저항의 뿌리를 뽑으려는 군의 강한 의지를 보여준 사건이었다.

이후 군부의 정치장악 시도는 일사천리로 진행되었다. 집권을 정당화하기 위해 군부는 김대중과 주요 재야인사들 그리고 광주민주화운동 관련자들을 내란기도 혐의로 구속했다. 김영삼은 가택연금 된 채 정계은퇴를 강요당했다. 김종필, 이후락, 박종규 등 구여권 인사들은 강제로 퇴진당했다. 또 삼청교육대가 설치되는 등 사회정화 명목으로 사회전반에 공포분위기가 조성되었다. 1980년 5월 31일에 수립된 '국가보위비상대책위원회'는 새 정권의 실질적인 권력기반으로 자리 잡았다. 이로써 군부는 무력에 기반하여 다시 한 번 권위주의적 정권을 수립했다.

1980년 8월 16일 최규하 대통령은 결국 사임하고 통일주체국민회의는 전두환 국보위위원장을 제11대 대통령으로 선출했다. 이어 전두환 대통령은 10월에 유신헌법을 폐지하고 5공화국 헌법을 만들어 1981년 2월 25일 제12대 대통령으로 재취임했다. 새 헌법하에서 대통령은 간선제로 5,000인 이상으로 구성되는 대통령선거인단에 의해 선출되었다. 대통령선거인단은 통대위와는 달리 정당에 소속이 가능했다는 점에서 유신체제와는 달랐다. 제5공화국 대통령의 임기는 1년 늘어난 7년 단임제였다.

요컨대 민주화를 요구하는 민간의 저항은 존재했지만 이것이 군부의 재집권을 방지할 만큼 체계화되지는 못했다. 유신체제의 붕괴가 관료적 권위주의의 틀을 근본적으로 바꾸어 놓지는 못했다. 명목적으로 집권자만 교체되었을 뿐이었다. 박정희정부하에서 성장한 군-관료엘리트들은 박정희가 구축한 관료적 권위주의 체제를 유지할 수 있는 물리력과 조직력을 갖고 있었다. 반면에 이에 저항하던 재야정치세력 및 노동세력은 이를 분쇄하고 민주화를 달성할 수 있는 충분한 역량을 가지고 있지 못했다.[5]

전두환 장군을 필두로 한 신군부가 구축한 정권 역시 박정희 대통령이 구축했던 유신체제와 크게 다르지 않았다. 전두환정권은 군·관료·자본가집단의 지배연합에 의해 지지되었다. 대통령이 그 정점에 있다는 점도 유사했다. 그러나 집권 초기에 전두환은 전임자가 행사하던 정도의 강력한 카리스마를 행사하지 못했다. 전두환정권은 이전의 박정희정권에 비해 보다 심각하게 정당성을 결핍한 채 탄생했다. 무엇보다도 광주민주화운동을 유혈로 진압함으로써 정권이 출범했다는 태생적인 오점으로 인해 국민들로부터 배척을 당했다.[6] 당초 재벌이나 기술관료들 역시 신군부를 전폭적으로 지지하지는 않았다. 일종의 거부감마저 있었다. 무엇보다도 신군부 주요 인물들의 연령이 당시의 재벌총수나 고위관료들에 비해 젊었다는 점이 이러한 거부반응의 주요한 원인이었다. 그러나 이들은 자신들이 가지고 있는 물리력을 적절히 행사하면서 젊은 기술관료들을 영입하여 빠르게 권력을 안정화시켰다.

국가의 노동통제 역시 강화되었다. 그 정도는 유신체제하에서보다 더욱 강력했다. 특히 경제안정화 차원에서 임금억압정책을 실행하며 노조에 대한 탄압을 지속적으로 강화시켰다. 그 결과 노조원수가 1979년 110만 명에서 1983년 78만 5천 명으로 감소했다. 국가의 강력한 통제로 인해 전두환정권 기간 동안 산업관계는 전반적으로 안정적으로 유지되었다. 그러나 이것이 노동자들의 복지가 증가한 결과라고 볼 수는 없었다.

## ❑ 권위주의적 정부의 안정화정책

전두환정부는 물리적 권력을 이용하여 강제적으로 정치적 안정을 유지했다. 전정권은 박정희의 사망으로 인해 초래된 정치 · 사회적 혼란을 극복하기 위한 수단으로써 안정화라는 개념을 내세웠다. 경제에 있어서도 안정화가 강조되어 핵심정책으로 정착했다.

경제안정화정책의 등장은 박정희정부 말기에도 고려되었던 적이 있었다. 박정희정권의 말년인 1979년 봄, 정부는 4.17경제안정화조치를 발표했다. 이는 성장중심의 경제정책이 무리가 있었음을 스스로 시인하는 것이었다는 점에서 매우 중요한 전환이었다.

1977년과 1978년 사이에 한국경제는 중화학공업부문에 대한 급격한 투자증가와 급속한 수출신장으로 인해 고도성장을 이룩했다. 그러나 부작용도 컸다. 이로 인해 소비재와 부동산 수요가 증가하고 인플레이션이 발생했다. 아울러 중화학분야에 대한 자원집중으로 인해 과잉중복투자가 발생하여 경제의 효율성이 저하되고 산업부문간의 불균형이 더욱 심화되었다. 게다가 1978년부터 경기과열의 양상을 보여 경제는 20% 넘는 물가상승을 경험했다. 특히 중동건설에서 벌어들인 외화가 국내의 토지 및 아파트에 대한 투기를 자극함으로써 부동산이 폭등했다.[7] 인플레이션의 악화로 인해 소득의 격차가 심화되었다.

이러한 문제를 극복하기 위해 1979년 4월 박정희정부는 4.17

경제안정화대책을 발표했다. 성장을 다소 희생하고 총수요억제정책을 추진했다.[8] 이로 인해 경기는 급속하게 냉각되기 시작했는데 여기에 7월 제2차 석유파동마저 발생하여 경기가 급속하게 악화되기에 이르렀다.

같은 해 10월 박정희 대통령이 피살됨으로써 무리한 성장위주의 정책은 더 이상 지속되지 않았다. 왜곡되어 있던 자원의 분배를 정상화해야 한다는 주장이 경제학자들을 중심으로 점점 세를 더했다. 여기에 경제운영 패러다임도 전 세계적으로 안정화를 추구하는 방향으로 변화하고 있었다.

전두환정권은 경제안정화정책이 박정희정부의 성장중심정책으로 인해 발생한 부작용을 해결하기 위해서 필요한 정책이라는 주장을 수용했다. 한국경제는 중화학공업화를 비롯한 불균형정책을 통해 소득수준을 향상시키고 경제규모를 확대해 왔다. 그러나 이 과정에서 여러 가지 부정적 결과가 발생했다. 만성적 인플레이션, 경제력집중의 심화, 경제적 효율의 저하, 부동산 투기의 과열, 산업간・지역간 불균형의 심화 같은 문제들이 만성화되었다. 이로 인해 한국경제의 장기적 성장잠재력이 약화되었다는 비판이 학계를 중심으로 제기되었다.[9]

무리한 수출중심의 성장전략은 제2차 석유파동으로 인해 촉발된 경기불황의 여파로 극명하게 한계를 노정했다. 선진시장의 불황으로 수출이 대폭 감소할 수밖에 없었다. 특히 당시 최대 수출시장이었던 미국은 거액의 재정적자와 무역적자가 만성화되어 국내경기가 침체되었었다. 이에 미 행정부는 수입규제를 가하고 교역상대국에 대하여 개방을 강요하는 정책을 실시했다. 게다가 후발 경쟁국들의 부상으로 한국의 경제여건이 빠르게 악화되고 있었다. 이러한 상황에서 경제성장 중심의 정책을 무리하게 추진하는 것은 부작용이 너무 많았다.

전두환정부는 단기적으로는 국내물가를 안정시키고 국제수지를 방어하기 위한 시책을 실시했다. 무리하게 투자된 중화학분야의 투자를 정비하는 일련의 구조조정정책을 발표했다. 사실 박정희정부도 말기에 이러한 계획을 추진하고 있었으나 박정희의 사망으로 인해 구체화되진 못했다. 전두환정부는 이를 승계하여 강력하게 추진했다.

우선 국제수지를 개선하기 위하여 원화를 19.8% 평가절하하고 통화공급을 억제하는 안정화정책을 실시했다. 원화의 평가절하는 수출을 촉진하고 수입을 억제하는 효과를 가져왔다. 아울러 중화학산업을 대상으로 통폐합조정작업을 실시했다. 1975~1979년 기간 동안 제조산업을 대상으로 집행된 총투자의 63.9%가 중화학공업을 대상으로 이루어졌다. 반면 경공업분야에 대한 투자는 36.1%에 불과했다. 그만큼 투자불균형이 심각했다. 이는 자원분배의 왜곡이 있었음을 증거하는 것이었다.[10)]

## ❑ 중화학산업 투자조정

1980년 전두환 장군이 이끄는 국보위는 당초 박정희정부가 1979년 5월 경제안정화조치의 일환으로 추진할 계획이던 제1차 중화학공업 투자조정계획을 승계하여 이를 직권으로 단행했다. 조정대상산업은 발전설비, 자동차, 건설중장비부문이었다. 같은 해 9월에는 중전기기, 디젤엔진, 전자교환기 및 동제련부문에 대한 제2차

조정방침을 확정했다. 그러나 이 계획이 파행되자 다시 직권조정을 단행했다. 이어 1984년에는 해운산업 합리화계획이, 1986년에는 공업발전법에 의한 산업 합리화계획이 그리고 1989년에는 조선산업 합리화계획이 추진되었다.

정부는 산업합리화조치를 뒷받침하기 위해 「조세감면규제법」의 개정(1985. 12. 23)과 「공업발전법」의 제정(1986. 1. 8 공포, 7. 1 발효), 한국은행 저리융자제도의 신설(1985. 6. 30) 등 법적 · 제도적 장치를 만들었다. 조세감면규제법은 부실기업 정리과정에서 기업간의 인수 및 합병을 촉진하기 위해 법인세, 양도세, 취득세 그리고 등록세 등을 면제하는 것을 규정했다. 나아가 부실기업의 자산처분, 사업전환 및 합리화투자지원 그리고 금융기관의 부실채권지원에 관한 방안을 마련했다.

한국은행의 저리융자제도는 산업합리화과정에서 부실기업에 대한 대출금의 상환유예, 종자돈의 지원 및 원금탕감 등으로 인해 시중은행의 부실이 증가하자 한은이 이를 메꾸어 주는 제도였다. 정부는 한은특융이라는 연리 3%의 저리자금을 만들어 기존의 한은대출금과 교체해 주었다.

공업발전법은 합리화 대상업종에 대해 신규참여를 금지시키거나 생산전문화를 지원하는 것을 주요 내용으로 하고 있었다.

## 1. 산업합리화정책[11)]

한국경제는 1962년 제1차 경제개발 5개년 계획을 시작한 이래 초기의 수입대체산업 육성과 사회간접자본 형성기를 거쳐 수출촉진과 외자도입을 활용한 대외지향적 발전정책을 통해 성장해 왔다.

하지만 정부주도의 급속한 공업화과정에서 과잉설비, 공급과잉현상이 일어났고 거액의 부채 때문에 구조적 경영난에 빠진 부실기업들이 속출하는 부작용도 초래됐다. 당시 기업의 외자도입 허가와 국내금융을 완전히 장악하고 있었던 정부는 기업의 도산이 금융권의 부실화를 초래하고 결국 국민경제 전체의 부실로 이어질 것을 우려하여 부실기업 정리를 추진했다.

박정희정부도 수차례에 걸쳐 부실기업에 대한 구조조정 작업을 추진한 바 있었다. 1969~1971년의 기업합리화조치(청와대에 부실기업정리반 설치) 그리고 1972년 8.3조치(경제의 안정과 성장에 관한 대통령 특별명령)에 따른 사채동결을 통한 부실기업 정리(산업합리화위원회 설치) 등이 그 예로 꼽힌다. 그러나 경제안정화정책과 병행하여 산업합리화정책이 본격적으로 추진된 것은 전두환정부가 들어서였다.[12)]

전두환정부는 1984년부터 본격적으로 산업합리화를 통한 부실기업 정리에 착수했다. 기업을 부도처리해서 도산시키는 시장주의적 방법을 적용할 경우 종업원의 대량실업, 중소하청업체의 연쇄부도, 은행의 거액결손 및 대외공신력의 실추 등 국민경제에 미치는 충격이 매우 클 것이라고 판단했기 때문에 정부는 제3자 인수방식 중심으로 부실기업 정리를 추진했다.[13)] 1980년대 들어 경제운용의 기본방향을 정부주도에서 민간자율로 전환한 전두환정부는 금융자율화를 일부 추진하고 개별육성법을 폐지함으로써 산업합리화조치의 제도적 발판을 마련했다.

표 4-1 산업합리화를 위한 제도적 장치들

■ 조세감면규제법 개정

산업합리화제도를 보완하고 부실기업 정리를 원활히 하기 위해서 정부는 1985년 12월 23일에 조세감면규제법을 개정하여 세제상의 지원장치를 마련했다. 조세감면규제법은 부실기업 정리와 관련해서 기업간의 인수·합병을 촉진시키기 위해 법인세, 양도세, 취득세, 등록세 등을 면제하는 것을 주요 내용으로 하였다.[14] 산업합리화제도를 보완하기 위해 정부는 구체적으로 부실기업 정리에 따른 자산처분과 부실기업 정리인수의 원활화, 사업전환 및 합리화투자지원, 나아가 금융기관의 부실채권 정리지원을 목적으로 조세감면규제법을 개정했다.

■ 한국은행 저리융자제도(한은특융) 신설

정부는 한국은행법 제69조(한국은행의 금융기관에 대한 대출)에 근거하여 산업구조조정과정에서 금융기관의 자금 및 수지상의 어려움을 덜어주고 금융기관이 산업합리화를 효율적으로 지원할 수 있도록 돕기 위해 한은특융(산업구조조정자금)제도를 신실했다. 이에 따라 1985년 6월 30일에 열린 제14차 금융통화운용위원회는 금융기관의 산업구조조정을 위한 대출과 관련하여 한국은행이 (금융기관에 대해) 기타어음 등 증권담보대출을 취급하도록 하였다. 합리화과정에서 대출금의 상환유예, 시드머니(seed money, 종자돈)의 지원, 원금탕감 등으로 은행의 부실채권과 대손처리가 늘어나자, 한국은행은 이를 보전해주고 시중은행들의 자금부담을 덜어주기 위해 한은특융이라고 불리는 연리 3%의 새로운 저리자금인 A2자금을 만들어 기존 A1, B1자금 등의 한은대출금과 바꾸어 주었다.[15]

■ 산업합리화지원기준 설정

「조세감면규제법」의 개정과 「공업발전법」의 제정으로 산업합리화를 위한 법적인 지원제도가 마련되자, 정부는 산업구조조정 및 부실기업 정리의 대상과 범위를 선정하기 위해 1986년 2월 24일 경제기획원 장관을 위원장으로 하는 산업정책심의회에서 산업합리화지원기준을 만들었다. 하지만 지원기준은 어느 경우에나 신축적으로 적용될 여지가 있었기 때문에 그 당시에 일정한 지원기준이 없다는 비판을 받기도 했다. 정부가 부실기업 정리과정에서 부실기업의 부실규모와 인수기업에 대한 금융지원 조건 등을 전혀 밝히지 않았기 때문에 이러한 비판을 자초한 측면도 있었다. 인수내용을 공개히지 않은 것은 부실내용이 밝혀질 경우 해당 기업과 관련기업의 대외신인도가 떨어질 것을 우려했기 때문이라고 그 이유를 설명했지만, 실세로는 부실규모와 지원규모가 상상을 할 수 없을 정도라는 것을 반증하는 것으로도 볼 수 있었다.[16]

## 2. 공업발전법에 의한 산업합리화

전두환정부는 공업발전법상의 합리화제도를 통해 시장실패부문에 대한 정부개입을 이론적으로 정당화했다. 합리화에 의한 정부개입은 두 가지 형태로 구분되었다. 하나는 유치산업분야와 같은 경쟁력보완분야에 대한 개입이다. 이는 국제경쟁력의 취약, 적정투자의 미달, 과잉투자 등 시장실패로 인해 민간의 자율적 노력으로는 국제 경쟁력확보가 곤란한 분야에 대한 개입이다. 나머지 하나는 경쟁력상실분야에 대한 개입으로서, 산업여건의 동태적 변화로 구조적 불황산업화가 예상되고 산업조정에 따른 사회적 비용이 과다하게 발생하는 분야에 대한 개입이다.

이와 같이 산업경쟁력제고에 주안점을 둔 공업발전법에 의한 합리화계획의 추진은 사전에 67개 품목을 선정하여 시작되었다. 검토결과를 토대로 정부개입이 필요하다고 인정되는 경쟁력보완분야와 경쟁력상실분야를 합리화 대상업종으로 선정했다. 이에 따라 정부는 공업발전심의회의 심의를 거쳐 1986년 7월 16일 6개 업종(자동차·건설중장비·선박용 디젤엔진·중전기기·합금철·직물)의 합리화업종을 지정하여 합리화계획을 공고했다. 또한 1987년 1월 5일 염색가공업, 그해 12월 31일 무기질화학비료를 합리화업종으로 추가 지정·공고했다. 공업발전법에 의한 산업합리화조치는 해당 업종에 신규참여를 금지시키거나 생산전문화를 유도하고 설비축소 및 대체를 지원하는 것이 주요한 내용이었다(표 4-2 참조).

표 4-2 공업발전법에 의한 업종별 산업합리화

| 합리화 업종 | 합리화 지정기간 | 합리화 내용 |
|---|---|---|
| 건설중장비 | 1986. 7. 16～ 1988. 6. 30 | 신규참여 금지(대우, 삼성중공업만 생산허용) |
| 자동차 | 1986. 7. 16～ 1989. 6. 30 | 신규참여 금지 및 기존 4사(현대, 대우, 기아, 동아자동차) 생산체제 유지 |
| 선박용 디젤엔진 | 1986. 7. 16～ 1989. 6. 30 | 신규참여 금지 및 업종별 생산전문화(대형: 한국중공업 · 현대엔진, 중형: 쌍용중공업) |
| 중전기기 | 1986. 7. 16～ 1989. 6. 30 | 신규참여 금지 및 설비 신 · 증설 제한(효성중공업, 현대중전기 등 6개사만 분야별로 생산참여) |
| 합금철 | 1986. 7. 16～ 1989. 6. 30 | 신규참여 금지 및 설비 감축 · 개체(한국합금철공업 등 4사 생산체제 유지 및 설비개체에 산업합리화자금 32억 원 지원) |
| 직물 | 1986. 7. 16～ 1992. 6. 30 | 신규참여 제한 및 노후직기 개체지원(신규업체의 시설등록 불허, 노후직기 개체에 조정자금 1,800억 원 지원) |
| 염색가공업 | 1987. 1. 5～ 1988. 12. 31 | 신규참여 제한 및 노후염색가공기 개체지원(신규업체의 시설등록 불허, 노후시설 개체자금 400억 원 지원) |
| 무기질 화학비료 | 1987. 12. 31～ 1990. 11. 30 | 비료판매 자유화 및 비료산업 민영화 |

출처: 경제기획원, 「경제정책 업무편람 3: 산업정책편람」, 1989, p.46; 경제기획원; 상공부, 「상공백서」, 서울: 상공부, 1989, p.178.

## 3. 조세감면규제법에 의한 산업합리화

조세감면규제법에 근거한 산업합리화는 크게 개별부실기업 정리자원과 업종별 합리화 차원으로 구분지을 수 있다. 주로 부실기업을 대상으로 산업합리화제도가 적용되었는데, 기업개선 대상기업은 산업정책심의회규정(대통령령, 1986. 5. 17)에 근거하여 산업정책심의회에서 지정됐다.

일단 합리화 대상업체로 지정되면 정부차원의 공식적 지원은 아니지만, 관행적으로 채권금융기관으로부터 대출금 탕감·상환유예 등 금융지원을 제공받았다. 합리화 지정업체에 대해서는 정부가 조세감면 등의 경영정상화를 위한 지원을 아끼지 않는 대신에 해당 업체에 부동산 매각 등을 통한 자구노력의 의무이행을 요구했다.[17]

이러한 산업합리화제도에 의해 1986년 5월부터 1988년 2월까지 해체된 국제그룹·명성그룹 등을 포함하여 총 78개의 부실기업들이 정리되었다. 부실기업 및 인수기업의 대상선정, 금융 및 조세지원은 산업정책심의회에서 마련한 산업합리화지원기준에 의해 결정됐다.

한편 1984년 5월에 산업정책심의회에서 의결된 해운산업 합리화계획에 따라 원양·동남아항로에 취항하고 있는 63개 선사는 11개 그룹으로, 한일항로의 48개 선사는 9개 그룹으로 각각 통폐합됐다.[18] 또한 1985년 7월에는 통폐합에 따른 조세의 추가감면, 금융지원 조건의 개선, 합리화 참여선사의 우대조치를 제도화한 해운합리화 추진계획을 수립하여 시행했다.[19] 이 과정에서 세금면제, 대출원리금 상환의 유예 등 각종 지원조치들이 병행되었고 해외건설업의 합리화에 있어서도 원금상환의 유예조치가 뒤따랐다.

표 4-3 조세감면규제법에 의한 개별부실기업 정리

| 부실기업 정리 시기별 구분 | 대상업체별 합리화 내용 |
|---|---|
| 1차 정리(1986. 5. 9) | - 대한중기, 풍만제지 2개 기업 정리 |
| 2차 정리(1986. 5. 31) | - 국제계열 5개사, 삼호계열 4개사 등 총 9개 기업 정리 |
| 3차 정리(1986. 6. 27) | - 국제계열 4개 기업 정리 |
| 4차 정리(1986. 9. 22) | - 국제계열 7개사, 해외건설업 관련 10개사, 개별부실기업 16개사 등 총 33개 기업 정리 |
| 5차 정리(1988. 2. 16) | - 덕수종합개발 1개 기업 정리 |
| 계 | 49개 기업 |

출처: 경제기획원, 1989, p.47; 권순직, "80년대 부실기업 정리의 부실내막," 「신동아」, 5월 1988, p.467.

표 4-4 조세감면규제법에 의한 업종별 산업합리화

| 합리화 업종 | 합리화 지정시기 | 합리화 내용 |
|---|---|---|
| 해외건설 | 1987. 4. 4 | - 기업군 전문화 및 부실기업 정리 등으로 재무구조 개선 |
| 해운합리화 보완대책 | 1987. 4. 4 | - 노후 비경제선 처분 및 선사 재무구조 개선을 위한 자구노력, 금융조건 완화와 부실해운사 정리(대한선주, 선주통운) |
| 석탄산업 | 1988. 12. 20 | - 비경제탄광의 폐광촉진 |
| 조선산업 | 1989. 8. 28 | - 조선사의 재무구조 개선(대우조선, 조선공사, 인천조선) |

출처: 경제기획원, 1989, p.47; 어유대 · 배재성, "산업합리화를 통한 부실기업 정리의 재무효과에 관한 연구," 「경영논총」 제36권, 고려대학교 경영대학, 1995, p.203.

## ❑ 안정화정책과 불균형성장의 심화

이처럼 제3자 인수방식 중심으로 부실기업을 정리하는 합리화 조치는 사기업이 저지른 경영상의 실패를 국가의 재정으로 보전해 주는 선례를 만들었다는 점에서 문제를 가지고 있었다. 1970년대 말 제2차 석유파동이 발생하자 중화학공업의 부실은 눈덩이처럼 불어났다. 부실의 규모가 상상을 초월했고 이에 대한 정부의 지원 규모도 국민들에게 공개하기 어려울 만큼 큰 것이었다.

그럼에도 불구하고 정부는 국민경제에 미치는 악영향을 봉쇄한다는 명분하에 파격적인 금융지원을 제공했다. 한 예로 대우가 인수한 경남기업의 경우 기존 대출금 4,741억 원을 이자 없이 15년간 거치한 후 15년에 걸쳐 분할상환하도록 하고 주거래은행으로 하여금 기업정상화자금, 즉 종자돈 명목으로 2,000억 원을 12년 거치 5년 분할상환 조건으로 지원해 주도록 했다.[20]

결국 산업합리화조치로 인해 기업들은 부실이 큰 기존의 기업을 털어내고, 경쟁력이 있는 기업을 새로이 인수하며, 정부의 지원도 추가로 받게 되는 셈이 됐다. 이 과정에서 상대적으로 작은 기업은 대규모 재벌기업에 흡수됐다. 결국 전두환정부하에서 본격적으로 추진된 중화학 투자조정 및 산업 합리화계획으로 인해 경제력집중이 오히려 심화되고 중위권기업이 도태되는 결과가 발생했다. 경제안정화정책이 역설적으로 기업간 불평등을 심화시키는 결과로 귀착되었던 것이다.

당초에 전두환정부가 안정화정책을 실시하지 않을 수 없었던 것은 그만큼 외채문제와 구조적 불균형문제가 심각했기 때문이었다. 1979년 외채규모는 GNP의 32.9%에 해당하는 규모였지만 1985년에는 56.2%가 될 만큼 지속적으로 증가했다. 이에 전두환정부는 선진경제의 기반구축이라는 목표를 설정하고 경제의 안정화, 자율화, 개방화정책을 추진했다.

우선 경제안정화는 확대지상주의를 포기한다는 것을 의미했다. 아울러 박정희정부가 시작한 불균형성장정책을 사실상 포기한다는 것을 의미했다. 정부의 전략적 시장간섭을 수반한 불균형성장정책은 시장주의적 자원분배기능을 마비시켰다. 따라서 정부의 시장간섭을 축소하여 시장에서의 공정한 경쟁질서를 확립하고 시장기능을 회복시키는 것은 경제안정화의 첫걸음이었다.

아울러 안정화정책은 임금이 상승하지 않도록 억제하는 것을 상정했다. 임금이 상승하면 물가가 상승하고 물가상승은 임금상승 요구를 자극하는 악순환을 근본적으로 차단하기 위해서는 무분별한 임금상승 요인을 차단하는 것이 중요했다.[21]

경제자율화는 시장의 자율화를 의미했다. 무엇보다도 정부의 과도한 대기업지원을 다소 억제하여 시장행위자들이 시장에서 공정하게 경쟁하도록 한다는 것을 의미했다. 그리하여 1980년에는 시장의 질서확립을 위해 공정거래제도를 도입했다. 이 제도는 시장에서의 공정경쟁을 촉진하는 제도와 독과점규제를 포함한 경제력집중억제제도를 포함했다.[22] 1984년에는 '하도급거래공정화에 관한 법률'을 제정하여 대기업과 중소기업간의 일방적이고 불공정한 거래관행을 교정하고자 했다. 대기업들에 비해 지원이 덜 제공되었던 중소기업을 보호함은 물론 나아가 이들을 육성하고자 했다. 이와 더불어 정부의 통제하에 있던 은행을 점차로 민영화하여 관치금융의 대표적 사례인 정책금융을 축소한다는 내용도 포함되었다.[23]

물론 경제자율화가 곧 경제자유화는 아니었다. 내용상으로 보면 자유화요소가 포함되어 있었다. 그러나 정부가 시장에 대한 간섭을 전적으로 철회한다는 것은 아니었다. 그런 의미에서 자유화가 아닌 자율화였다. 즉 시장의 질서를 수립하여 자율적으로 움직일 수 있도록 하겠다는 것이었다. 그런데 시장을 자율화시키는 주체는 다름아닌 정부였다. 정부는 시장의 질서를 회복한다는 명분으로 그리고 경제력집중을 교정한다는 명분으로 시장에 간섭을 시도했다. 특정산업을 육성하기 위한 간섭뿐만 아니라 재벌을 정치적으로 통제하기 위한 간섭도 강화했다. 이런 의미에서 시장자유화와는 거리가 있었다.

끝으로 시장개방화는 지나친 양적 확대전략을 수정하고 국제경쟁력을 강화하는 것을 의미했다. 수입자유화 등 시장개방을 통해 국제경쟁력을 강화하는 것이 주된 내용이었다. 아울러 시장개방화는 안정화정책과도 연관이 있었다. 즉 수입자유화는 인플레이션을 통제하기 위한 수단이기도 했다. 지나친 국내시장보호정책이 물가를 상승시키는 요인이었으므로 수입자유화를 통해 물가의 하락을 유도할 수 있다고 보았다.[24)]

그러나 전두환정부가 추진했던 안정화정책의 실제적 운영행태는 당초에 표방한 계획과 많이 달랐다. 사실 전두환정부가 시행한 안정화정책이나 산업합리화정책이 박정희정권하에서 형성된 불균형의 문제를 근본적으로 해소하기 위한 시도였다고 보기는 어렵다. 순수하게 경제적 의도를 가지고 진행되었다기 보다는 전두환정부의 경제장악력을 강화하기 위한 정치적 시도였다고 보는 것이 더 적절하다.

전두환정부는 안정화정책을 통해 박정희정권과의 경제이념적 단절을 시도할 수 있었다. 정치 · 사회 · 경제적 안정이 필요하다는 명분도 축적했다. 노동을 통제하고 임금을 억제할 수 있는 이론적 근거를 마련했다. 또 산업합리화정책은 공정거래제도의 실시와 더불어 재벌을 통제할 수 있는 수단으로도 작동했다.

그러나 재벌의 입장에서 볼 때 정권과 우호적인 관계를 유지하면 여전히 사업상 큰 이익을 얻을 수 있었다. 투자조정의 결과 기업의 특정산업에 대한 독점화가 고착되고 정부의 지원이 특정기업에 집중되어 재벌의 경제력집중이 오히려 강화되는 결과가 발생했다.

정부는 안정화정책을 통해 과거에 형성된 경제적 불균형구조를 수정하겠다고 주장했지만 오히려 불균형성장은 더욱 심화되었다. 계층간의 소득불균형도 악화됐다. 안정화정책에도 불구하고 1970년대에 비하여 1980년대에 소득분배가 상대적으로 더 나빠졌다. 재벌중심의 경제력집중현상도 가속화됐다.

반면 안정화정책에 따른 임금억제정책으로 인해 중산층 및 노동자들의 임금은 상승하지 못했다. 지수상에 나타난 소득분배상황과 실제로 느끼는 분배상황 사이에는 괴리가 있었다. 분배상황을 알려주는 데이터 역시 공식적으로 수집되지 않았다. 결국 일반국민들의 상대적 박탈감은 심화됐다. 실제로 분배가 공평하게 이루어졌다는 느낌을 갖지 못했다.

이러한 문제에도 불구하고 전두환정부하에서 나타난 정부-재벌관계는 박정희정부의 그것과 중요한 차이를 보여주었다. 정부의 안정화 · 개방화 · 자율화의 정책으로 인해 정부와 재벌간의 관계에도 변화가 발생했다.

이승만정부하에서 나타난 1950년대의 정부-기업관계는 결탁적 관계였다. 정부는 기업을 완벽하게 통제할 수 있는 능력을 보유하고 있지 못했다. 다만 사기업에 의존하여 수입대체산업화를 추진하려는 목적으로 유형 그리고 무형의 지원을 제공했다. 그 대가로 정권의 고위정치인들은 기업들로부터 물질적 지원을 받았다.

1960~1970년대 박정희정부하에서 나타난 정부-기업관계는 지원과 보호위주의 중상주의적 관계였다. 정부는 수출산업과 중화학산업을 전략적으로 육성하고자 했다. 이를 위해 정부는 국내시장을 보호하고 산업육성을 위한 지원을 제공했다. 정부의 시장간섭능력이 강화됨에 따라 기업들의 정부에 대한 의존도 증가하여 유신체제하에서는 거의 정부를 중심으로 가부장적·주종적 관계가 형성되었다.[25)]

1980년대에 들어 전두환정부하에서는 추가적인 변화가 발생했다. 정부의 지원과 육성정책이 완전히 철회되지는 않았다. 그러나 정부는 시장안정화를 명분으로 기업에 대한 지원과 규제를 병행하기 시작했다.[26)] 기업에 대한 무조건적인 지원을 점차 축소하고 시장의 공정한 질서를 구축하겠다는 것이 정부의 의도였다. 공정거래제도의 입법도 이러한 맥락에서 이루어졌다.

그러나 정부는 이 제도에 경제력집중억제기능도 추가로 부여함으로써 재벌을 제도적으로 규제할 수 있는 근거를 강화했다. 이로써 전두환정부하에서 정부는 규제자로서의 위상이 강화되는 한편 기업은 자신의 행위에 대하여 스스로 책임을 지는 결과책임자로서의 위치가 보다 명확해졌다.[27)] 정부는 기업에 대한 지원을 제공할 수도 그리고 규제를 집행할 수도 있는 다시 말해 당근과 채찍을 모두 행사할 수 있는 위치에 서있게 되었다. 박정희정부에 비해 정통성이 약했던 전두환정부는 규제제도의 강화를 통해 재벌을 통제할 수 있는 능력을 공고히 하고자 했다.

실제로 전두환정부는 경제력집중억제 관련 제도를 다수 집행했다. 1970년대의 중화학공업정책이 산업구조 고도화라는 성과를 가져왔으나 대규모 기업집단에 의한 경제력집중을 초래하였다는 인식하에 정부는 재벌에 집중된 경제력을 분산하는 정책을 실시했다. 이는 안정화정책의 일환이기도 했다. 우선 1980년 말 경제력집중규제에 대한 법적 근거가 되는 공정거래법을 제정했다. 공정거래제도는 경제력집중억제, 기업결합 제한, 시장지배적 사업자의 행태규제, 부당한 공동행위 규제 그리고 불공정거래행위 금지 등을 주요 내용으로 포함했다.

이와 더불어 여신관리제도도 시행했다. 공정거래제도가 경제기획원에 의해 운영된 반면 여신관리제도는 재무부에서 관리했다. 이는 계열기업군(즉 그룹) 차원에서 은행여신이 편중되는 현상을 완화하기 위한 조치였다. 여기에는 대출금 규제, 주거래은행제도 그리고 비업무용 부동산 규제 등이 포함됐다.

상공부는 업종전문화제도를 통해 재벌을 규제했다. 즉 기업들이 비관련분야로 무리하게 업종을 다각화하는 것을 규제하는 제도였다. 기업그룹이 특정분야에만 집중하고 관련분야 내에서만 업종을 확대하도록 유도하는 것이다. 아울러 비재벌기업이나 중소기업의 업종을 보호하려는 목적도 있었다. 전문화를 통해 기업이 세계적인 경쟁력을 가질 수 있도록 하려는 것이 본 제도의 취지였다.[28]

그러나 이러한 제도를 통해 전두환정부하에서 경제적 불균형이 해소되었다고 보기는 어렵다. 앞에서도 언급하였듯이 산업합리화를 추진한 결과 오히려 대기업은 더욱 성장하는 결과를 낳았다. 따라서 경제력집중억제제도의 도입은 강해진 재벌의 힘을 정부가 통제하려는 시도로 이해할 필요가 있다. 이러한 규제제도가 없이는 한국사회의 가장 큰 세력으로 성장한 재벌을 그나마 견제할 수 없음을 인식한 결과였다.

제 5 장

노태우정부(제6공화국): 1988-1992

# 정치적 민주화와 경제민주주의

▌권위주의 체제의 붕괴와 민주화 ▌ 경제민주화 ▌

노태우정부(제6공화국): 1988-1992

# 5 정치적 민주화와 경제민주주의

## ❏ 권위주의 체제의 붕괴와 민주화

권위주의적 정권이었던 전두환정부는 1985년을 전후하여 정치적으로 다소 유화적인 태도를 보이기 시작했다. 경제안정과 성장을 동시에 달성했다는 자신감 그리고 정권의 기반이 공고화되었다는 판단이 자리 잡았기 때문이었다. 그런데 권위주의적 정권의 유연화는 수면 아래로 잠복해 있던 시민사회와 재야정치세력의 정치적 저항을 활성화시키는 계기가 됐다.

1985년 2월 12일 개최된 총선결과 신한민주당(이하 신민당)이 제1야당으로 급부상했다. 신민당은 총선직전인 1월 18일 민추협을 모체로 하여 결성된 정당이었는데 대도시를 중심으로 지지세력을 확보하고 있었다. 강력한 야당의 출현으로 제도권 정치의 장, 즉 국회에서 대정부저항이 전개될 수 있는 교두보가 마련됐다.[1)]

그러나 전두환정권의 권위주의 체제는 여전히 견고했다. 따라서 국회 내에서 대통령직선제 개헌을 시도하는 것은 여전히 장애가 많았다. 결국 개헌활동에 한계를 느낀 신민당은 1986년 2월 12

일 재야세력인 민추협과 함께 1천만 시민 개헌서명운동을 시작했다. 이로써 반정부활동은 제도권 내에서 밖으로 재차 분출됐다.

전두환 대통령을 비롯한 집권세력은 당초 내각제 개헌를 주장했다. 대통령제가 유지될 경우 정치적 지명도가 높고 지역적 기반을 가지고 있는 김대중이나 김영삼 등 정적들이 당선될 가능성이 높다는 우려 때문이었다. 이 안에 대해 당의 주류를 구성하는 두 사람을 대리해 신민당을 이끌고 있던 이민우가 소위 '이민우구상'을 발표하면서 찬동의 뜻을 밝혔다. 그리고 비주류세력의 대표격인 이철승 등도 이를 지지했다. 그러나 대통령직에 대한 의지를 여전히 강하게 갖고 있던 김영삼과 김대중 등은 대통령직선제를 고집했다. 이들은 신민당의 내분이 공작정치의 산물이라는 의구심을 강하게 가지고 있었다. 결국 신민당 내의 이러한 의견차이로 인해 1987년 2월 양김은 당을 탈당하여 사실상 신한민주당을 와해시켰다. 그리고 새로운 야당으로 대통령직선제를 주장하는 통일민주당을 결성했다.2)

야권이 결집하는 상황을 목격한 정부여당은 1987년 4월 13일 호헌조치를 발표하고 정치적 유화조치를 전격 중단했다. 이 조치는 당시 계속되던 개헌논의를 서울올림픽 개최이후까지 유보하고 연내에 현행헌법에 의한 간접선거로 대통령을 선출하여 정부를 이양할 것을 골자로 하는 일종의 대야 강경조치였다. 정부는 잠정 중단했던 정치적 탄압을 재개하여 양김은 가택연금에 처해졌다. 다시 공안정국으로 회귀함으로써 민주화의 가능성을 봉쇄했다.

그러나 이러한 대야 강경책은 1987년 5월 하순 발생한 서울대 박종철군 고문치사사건이 일반에 공개됨으로써 극적인 전환의 계기를 맞이했다. 1월 14일 치안본부 남영동 분실에서 조사를 받던 서울대생 박종철군이 고문으로 사망했다. 비밀에 부쳐졌던 이 사실이 5월 18일 천주교정의구현사제단의 폭로로 세상에 알려지자 신민당을 비롯한 야당은 재야세력과 연대하여 대대적인 정권퇴진운동을 전개했다. 이로써 전두환정권의 호헌조치는 반정권투쟁을 오히려 가속화시키는 결과를 야기하고 말았다.

이어 6월에는 연세대 이한열군이 반정부시위 중 피살됨으로써 결정적으로 권위주의 정권에 대한 시민들의 불만에 불을 붙였다. 이한열군은 경찰이 쏜 최류탄에 맞아 사망했다. 이에 학생이나 재야운동세력 뿐만 아니라 일반시민들 특히 화이트칼라 직장인들까지 전두환정권의 퇴진을 요구하는 시위에 참여하기에 이르렀다. 본래 중산시민계층은 대정부시위에 참여하지 않았던 보수적 성향을 가지고 있었다. 그러나 전두환정부가 경제안정화정책의 일환으로 추진한 긴축정책과 임금억제정책은 정부에 대한 일반시민들의 불만을 축적시켰고 박종철군과 이한열군 사건은 이를 폭발시키는 뇌관역할을 했다.

전두환정권 중반이후 한국경제는 3저 효과 덕분에 호황을 구가했다. 수출을 주도한 대기업의 경영여건도 호전됐다. 게다가 정부가 추진한 중화학공업 합리화조치의 결과로 재벌기업의 규모는 전례 없이 확대됐다. 상위 대기업들은 하위의 부실한 기업을 인수하는 조건으로 정부로부터 추가적인 금융지원을 수혜했다.

반면에 일반시민들은 경기호전의 과실을 별반 향유하지 못했다. 결국 이들의 상대적 박탈감은 점점 더 심화되어 갔다. 권위주의 정권하에서 혜택을 보는 것은 결국 재벌과 같은 자본가계층일 뿐이라는 인식이 자리잡았다.

일반시민들까지 참여한 반정부시위에 직면하자 결국 전두환정부 내부에서도 변화가 나타났다. 전두환의 최측근이었던 장세동을 비롯한 강경파가 후퇴하고 노태우, 정호용 등 온건세력이 힘을 얻었다. 온건파를 대표하던 노태우는 6월 개헌요구를 수용한다는 취지의 소위 6.29선언을 발표했다. 핵심은 국민들이 요구하는 대통령직선제를 수용하겠다는 것이었다.

헌법개정을 통해 마련된 제6공화국 헌법은 이전 것에 비해 민주주의적인 성격을 가지고 있었다. 새 헌법은 유신체제가 시작된 후 16년 동안 금지되었던 대통령직선제를 다시 도입했다. 대통령의 국가비상사태선포권과 국회해산권은 삭제했다. 대통령의 임기도 7년에서 5년 단임으로 축소했다. 언론, 출판, 집회의 자유와 노동 3권이 보장됐다. 입법부의 권한도 강화되어 국회의 국정감사권이 부활되고 국회의원의 면책특권이 보장됐다. 대통령의 대법원장 임명은 국회의 동의를 얻도록 했다.

1987년 말에 실시된 대통령선거에서 민주정의당의 노태우 후보가 대통령으로 당선됐다. 89.2%라는 높은 투표율을 보인 13대 대통령선거에서 노태우 후보는 36.6%의 지지를 얻어 28%를 얻은 통일민주당의 김영삼 후보 그리고 27%를 얻은 평화민주당의 김대중 후보를 눌렀다. 과반에 훨씬 못 미치는 지지에도 불구하고 민정당이 재집권할 수 있었던 것은 야권의 분열 때문이었다.3)

김영삼과 김대중은 대통령직선제 관철을 주장하면서 신민당을 탈퇴하여 1987년 5월 통일민주당을 창당했다. 그러나 두 정치인간의 연대는 오래 지속되지 않았다. 대통령직선제를 통해 정권교체를 이루어 달라는 국민들의 염원과는 달리 합의와 양보에 의한 단일후보의 선출을 이루어내지 못했다. 상대방의 양보를 요구하고 자신의 입장만을 고집한 끝에 결국 10월 각자 대통령출마선언을 함으로써 또 한 번의 분당사태를 야기했다. 통일민주당을 탈당한 김대중진영은 11월 평화민주당을 창당했다. 이로써 야권은 다시 분열된 채 두 명의 후보를 냄으로써 정권교체에 실패하고 말았다.

그러나 집권여당에 대한 국민들의 견제심리는 1988년 4월 26일 실시된 총선에서 여소야대 정국을 만들어 냈다. 여당인 민정당은 299석 중 125석을 차지했다. 김대중이 이끄는 평민당은 70석을, 김영삼이 이끄는 통일민주당은 59석을, 김종필이 이끄는 신민주공화당을 35석을 차지했다. 여소야대의 새로운 구도로 시작된 13대 국회는 5공화국의 정치권력형 비리조사특위, 5.18광주민주화운동 진상조사특위 등 7개의 특별위원회를 구성하고 특위활동을 진행했다. 10월에는 16년만에 부활된 국정감사에서 제5공화국 비리를 집중 조사했다. 군사정부하에서 성역으로 간주되던 군에 대한 국정감사를 진행했고 전직 대통령들의 친인척비리를 조사하여 그 결과를 공개했다.

민주화의 진행 그리고 다수 야당의 등장으로 인해 이전의 독재적 대통령들이 행사하던 무소불위의 권력은 더 이상 행사되기 어려워졌다. 이에 새로이 출범한 노태우정부는 민주주의를 정착시킨 정부로 자리매김하려 했다.[4] 그리하여 국민들의 민주화 요구를 가급적 수용하고자 노력했다.

그러나 노태우정부의 민주주의적 의지는 끝까지 유지되지 못했다. 권위주의적 통치권의 와해로 인해 국정운영에 어려움을 겪게 되자 정치권력구조의 변화를 시도했다.[5] 노태우는 1990년 2월 15일 통일민주당과 신민주공화당을 민정당과 합당시킴으로써 민주자유당을 결성했다. 이로써 국회는 다시 여대야소로 재편되었다. 민자당은 국회의석 216석(72.2%)을 점하는 거대여당이 되었다. 3당은

'정치안정과 지속적 경제발전을 위한 구국의 대결단'이라며 통합의 명분을 주장했다.

노태우정권이 정치적 민주화를 진전시켰다는 점에서 어느 정도 긍정적인 평가가 가능하다. 공개적 경쟁과 자유선거를 통한 정부의 교체, 시민의 정치적 참여보장, 그리고 시민적·정치적 권리의 보장이라는 측면에서 진전이 있었다. 무엇보다도 정치적 절차가 보다 민주화되었다는 점은 분명하다.

그러나 질적인 측면에서 노태우정부의 민주주의는 한계가 있었다. 거대야당이 정부와 여당을 견제하는 정치적 상황을 극복하지 못했다. 민주주의에 대한 일반국민들의 염원을 충분히 수렴할 능력이나 의지도 견고하지 못했다. 정권재창출을 위해 민주화를 시도했지만 막상 강력한 통치력을 행사할 수 없게 되자 합당을 통해 대통령과 집권여당의 권력을 강화시키는 과거의 모습으로 회귀하고 말았다.

## ❑ 경제민주화

노태우정부는 정치분야의 민주화를 진전시키는 것과 병행하여 경제분야에서도 민주화를 추진했다. 1987년 민주정의당 대통령선거 공약집은 자유시장원칙의 확립과 더불어 분배의 정의, 복지의 증대, 노동자 복지개선 그리고 노동자 적정임금보상 등을 유권자들에게 약속했다.[6)]

경제민주주의의 주된 내용은 무엇보다도 일반국민 중심의 참여적 경제를 구축하는 것이었다. 한국의 경제는 권위주의 정권이 추진한 중상주의적인 불균형성장정책으로 인해 산업간 그리고 계층간 격차가 지속적으로 악화됐다. 국가가 육성하고자 하는 전략산업에 지원이 집중되어 비전략산업분야의 소외와 차별이 심화됐다. 이러한 문제를 해결하기 위해 형평 및 분배를 추구하자는 것이 경제민주화였다. 따라서 경제력집중억제정책이 중요한 비중을 차지하고 노동권의 보장도 강조했다.7)

경제민주화는 경제자유화와 상호보완적 관계를 갖고 있다. 경제자유화는 시장에서 공정하고 자유로운 경쟁이 조성될 수 있도록 하는 것을 목적으로 한다. 반독점공정경쟁, 규제완화, 무역자유화 그리고 금융자유화 등을 주된 내용을 하고 있다. 경제자유화는 또한 공정경쟁을 통해 시장이 자원을 효율적으로 분배할 수 있도록 하는 것을 강조한다. 국가의 자의적 판단과 권한에 입각하여 일방적으로 자원을 할당하는 것과 반대되는 입장이다.

그런데 경제적 자유화는 궁극적으로 경제적 민주화에 기여할 수 있다. 공정한 시장질서가 수립된다면 모든 시장행위자들이 동일한 조건에서 경쟁할 수 있기 때문이다. 따라서 경제적 자유화가 진전되면 경제적 민주화를 달성하는데도 도움이 된다. 역으로 경제적 민주화가 달성되면 경제적 자유화를 추진하기 용이하다. 국가의 간섭으로 인해 인위적으로 조작된 불공정경쟁구조를 해체하여 모두 같은 출발선에서 경쟁에 임하도록 할 수 있기 때문이다.

노태우정부는 경제적 민주화를 먼저 추진하는 방식을 선택했다. 그만큼 박정희정부에 이어 전두환정부하에서 심화된 불평등경제구조를 개선하라는 국민적 요구가 강했다. 전두환정부는 정권 초기부터 안정화정책을 추진했었다. 시장중심주의를 도입하는 일환으로 금리자유화와 규제완화를 시작했다. 물론 경제민주주의적 요소가 완전히 배제된 것은 아니었다. 정권 초기 경제력집중억제를 위한 재벌규제정책을 강화하고 과잉투자를 해소하기 위한 산업구조 합리화를 실시했다.

그럼에도 불구하고 전두환정부의 주된 관심은 경제를 안정화시키고 경쟁을 강화하여 시장운영의 효율성을 제고하겠다는 것이었다. 상대적으로 경제민주화는 등한시 했다. 게다가 경제안정화정책의 일환으로 긴축정책이 실시되면서 계층간 소득격차는 더욱 심화됐다. 그리고 정권 후반기 들어서는 정부와 재벌이 협력적 관계를 넘어 유착하는 경향까지 나타났다.

전두환정부가 재벌의 경제력집중에 대한 규제를 제도화한 것은 사실이다. 그러나 앞장에서도 보았듯이 재벌이 특별한 혜택을 정부로부터 받는 경향은 오히려 전두환정부하에서 강해졌다. 구조적 불황산업 그리고 과잉중복투자된 산업을 정리하기 위해 1986년 6월부터 1988년 2월까지 추진되었던 부실기업 정리사업의 최대 수혜자는 역시 재벌이었다. 총 6차에 걸쳐 78개 기업을 대상으로 진행된 본 사업을 통해 인수기업에게 베풀어진 금융 및 세제지원액은 11조 4천억 원에 달했다.

이에 비해 농민들을 지원하기 위해 계획되었던 6조 원의 농업구제기금은 제대로 조성되지도 집행되지도 못했다. 경제안정화정책을 추진한 전두환정부하에서 중산층, 농민, 노동자 그리고 중소기업은 다시 한 번 희생집단의 역할을 떠맡아야만 했다.[8]

이에 노태우정부는 전두환정부가 추진했던 정책의 장점을 계승하고 단점을 개선하는 전략을 택했다. 우선 이전정부에 이어 시장개방 확대와 금융자유화 1단계 작업을 추진했다. 나아가 전정권이 물가안정을 위해 등한시 했던 사회간접자본 투자를 대폭 확대했다. 영종도신공항, 경부고속철도, 서해안고속도로, 서울외곽순환도로 그리고 광양만 등의 건설을 시작했다.[9)]

사회간접자본 건설은 노태우정부의 핵심적 성장전략임과 동시에 경제민주화를 지원하는 전략이었다. 전두환정부는 경제안정화를 최우선과제로 책정하고 불요불급한 재정지출을 억제했다. 따라서 사회간접자본 건설도 최소한의 수준만 유지했다. 그 결과 물가안정을 이루어졌으나 중산층과 서민의 임금상승이 억제되어 이들의 불만이 축적되는 결과를 낳았다.

노태우정부는 사회간접자본 건설을 통해 서민들에게 많은 일자리와 수입을 제공할 수 있을 것으로 보았다. 이는 계층간 형평과 분배의 개선에도 도움을 줄 것이었다. 즉 경제민주화를 추진함으로써 국민들이 느끼고 있는 상대적 박탈감을 해소하고자 했던 것이다. 전체적으로 정부는 시장불간섭주의를 표방하면서 시장의 자율성을 존중하고자 했다. 따라서 정부가 행사하던 산업정책은 축소했다. 반면 사회복지정책은 강화했다. 주택보급 확대, 의료보험의 확대실시, 국민연금제도 그리고 최저임금제실시 등을 추진했다.[10)]

집권 다음해인 1989년부터는 안정과 복지정책의 강화를 통해 경제민주화를 보다 본격적으로 시도했다. 우선 왜곡된 국내 시장구조를 개혁하는 작업을 추진했다. 비록 성공하진 못했지만 경제 정의실현 차원에서 토지공개념과 금융실명제의 도입 그리고 조세개혁을 추진했다. 이 세 가지 과제는 재화가 산업생산활동보다는 부동산 투기와 같은 비생산활동을 통해 확대 재생산되는 것을 방지하기 위해 필요한 조치들이었다. 개인과 기업이 세무당국에 포착되지 않은 비실명자금을 이용하여 부동산에 투기를 하고 이득을 얻는 행위를 민주주의 구현차원에서 금하기 위한 조치였던 것이다.[11)]

또 중산층의 주택부족문제를 해결하기 위해 주택 200만호 건설사업을 집행하고 분당과 일산 등 신도시를 건설했다. 의료보험을 전국적으로 확대실시하고 사회보장비지출도 증대시켰다. 노동자들의 요구를 가급적 적극적으로 수용하는 반면 재벌에 의한 경제력 집중은 해소하고자 했다.[12]

그러나 노태우정부가 야심적으로 추진하던 경제민주화정책은 1990년 2월 3당이 합당하여 보수정당간 연합이 실현되면서 추진동력을 상실하기에 이르렀다. 경제민주화는 민주화로 인해 분출된 국민들의 요구를 수용하는 긍정적인 측면이 분명히 있었다. 그러나 사회의 구성원들이 지나치게 경쟁적으로 분배요구를 분출함으로써 혼란이 조성되었다. 무엇보다노 노사분규가 증가했다. 기업들은 노사분규로 인해 노동경쟁력이 하락하고 경제위기가 발생할 것이라면서 경제민주화를 추진하는 정부를 비판했다. 게다가 정부가 경제민주화 차원에서 추진하던 주택보급사업의 영향으로 부동산 가격이 상승하면서 부동산 투기가 재연되는 부작용도 나타났다.

경제상황이 악화되는 조짐은 서울올림픽 개최 이듬해인 1989년부터 이미 나타나기 시작했다. 1989년에 경제성장률이 하락하더니 1990년부터는 다시 경상수지적자로 전환됐다. 전두환정부하에서 한국경제의 성장을 이끌었던 3저 호황이 마무리되고 원화도 절상되기에 이르렀다. 전두환정부하에서 정착된 듯하던 물가안정기조노 붕괴했다. 노태우정부 기간 동안 물가상승률은 역대정부 중 최고 수준으로 연평균 7.4%에 달했다.[13] 그 결과 1989년부터는 한국 경제위기 논쟁이 불붙기 시작했다. 파업이 확산되면서 노사관계도 최악의 국면으로 치달았다.

결국 노태우정부의 경제민주화정책에 대한 기존의 입장에 변화가 나타나기 시작했다. 경제민주화가 경제성장의 동력을 약화시키고 정권의 기반을 붕괴시키고 있다는 여론이 힘을 얻었다. 노태우정부는 대우조선파업을 공권력을 동원해 강력하게 진압하는 등 대노동 강경책으로 선회했다. 노동운동에 대해 강경한 탄압을 재개하고 총액임금제 등 노동임금 상승을 억제하기 위한 정부의 정책을 강화했다.

이어 1990년 2월 3당 합당으로 보수연합이 등장하면서 경제민주화정책은 사실상 철회되었다. 1990년 3월 이승윤 부총리와 김종인 경제수석팀이 등장하면서 경제민주화정책이 완화된 반면 재벌들의 요구는 과거보다 적극 수용되는 등 경제운용상의 변화도 나타났다. 토지공개념을 완화하고 금융실명제는 유보했다. 4.4경제활성화종합대책을 발표하면서 임금상승 억제 및 금리인하를 통한 투자촉진 등 경기부양책을 시도했다. 재벌그룹에 가해지던 여신규제가 완화되고 대신 금융지원이 확대되었다.[14] 재벌기업의 비업무용 부동산 매각을 강요하기 위해 소위 5.8부동산투기억제대책을 발표했지만 재벌의 저항으로 인해 지속적인 추진이 좌절됐다. 게다가 물가는 계속 상승했고 경상수지적자도 증가했다.[15]

노태우정부는 경제위기가 심화된 중반기부터 사실상 경제민주화의 의지를 상실했다. 정부 초기에 경제력집중을 규제하여 사회경제적 형평을 제고하려던 계획은 기업의 투자의지 상실과 이들의 노골적인 반발로 인해 후반기 들어 사실상 포기됐다. 재벌들의 저항만 불러일으킨 채 경제력집중문제를 제대로 해소하지도 못했다.

경기부양책의 일환으로 추진한 사회간접자본의 확충정책도 많은 부작용을 유발했다. 재정지출확대정책은 서민들에게 일자리를 제공해 주었을지는 모르지만 임금과 물가의 폭등을 유발하여 안정화기반을 무너뜨리는 등 결국 경제에 과도한 부담을 안겨주었다. 이는 재정정책을 집행하여 경제위기에서 탈출하고자 했던 박정희 정부 시대로 회귀한 것과 다르지 않았다.

정권의 마지막 기간인 1991년부터 2년 동안 노태우정부는 사실상 노와 사로부터 모두 고립당했다. 재벌은 노태우정부의 경제민주화정책의 추진에 대한 불만으로 그리고 노동은 경제민주화정책의 철회에 대한 불만으로 정부에 등을 돌렸다. 정부는 사회간접자본 확충, 기술개발, 자동화설비 촉진 등을 추진하여 경제성장의 활력을 회복하고자 했다. 그러나 이미 경기가 하강국면에 접어들어 상황을 반전시키는 것은 사실상 불가능했다.

게다가 재벌이 정치참여를 시도하면서 정부와 재벌간의 관계는 더욱 악화됐다. 현대와 대우 등의 총수들이 정당을 창당하거나 대선에 출마할 의사를 표명했다. 이에 정부는 재벌길들이기 차원에서 대기업규제를 더욱 강화했다. 주력 업체제도를 실시하여 재벌이 방만한 다각화를 시도하지 못하도록 규제했다. 신산업정책(구조조정정책)을 수립하여 재벌그룹의 개편 또는 해체를 계획했다. 이러한 맥락에서 기획조정실의 해체를 추진했다. 재벌의 은행부채를 주식화하여 국가가 재벌을 통제하는 방안도 강구되었다.[16]

그러나 이러한 일련의 재벌길들이기정책도 3당 합당으로 탄생한 민자당이 1992년 3월 총선에서 패배함으로써 힘을 잃고 말았다. 민자당은 전체 의석의 49.8%만을 얻어 과반수 획득에 실패했다 (민자 149표, 민주 97표, 국민 21표). 노태우정부는 더욱 고립된 채 경제리더십마저 상실했다. 게다가 1992년 12월에 있을 대통령선거를 준비하기 위해서는 막대한 정치자금이 필요했다. 김대중을 중심으로 한 야권의 도전에 대응하기 위해서는 재벌의 지지도 필요했다. 결국 여당은 재벌개혁을 위한 신산업정책을 사실상 포기했다. 재벌과의 관계를 개선함으로써 정권을 재창출하는 것이 보다 시급한 과제였던 것이다.

노태우정부가 정치와 경제차원에서 민주화를 실시했다는 점에서 공헌이 있었음을 부정할 수 없다. 이전 정부들이 추진한 불균형성장정책의 부작용을 해소하려는 노력이 거의 최초로 시도되었다는 점에서 긍정적인 평가가 가능하다. 다만 아쉽게도 노태우정부는 민주주의의 실시로 인해 나타날 수 있는 사회적 불안정을 관리할 수 있는 능력은 결여하고 있었다. 대통령선거나 국회의원선거에서 노태우 대통령 자신이나 여당이 확보한 지지는 매우 제한적이었다. 따라서 정부나 여당이 유권자들을 충분히 장악할 수 있는 여력이 없었다. 이러한 상황에서 민주주의는 불행하게도 안정보다는 혼란을 가져왔다.

결국 1989년부터 경제가 불황에 빠져들 가능성이 높아지자 노태우정부는 민주화를 중단하고 과거의 강한 국가로 회귀하고자 했다. 그러나 이러한 시도는 결국 민주주의를 열망하는 국민들의 심판을 받았다. 1992년 초에 개최된 국회의원선거에서 민자당은 국회과반수 획득에 실패하고 말았던 것이다.

노태우정부의 경제장악력도 부실했다. 3저 호황이 곧 만료될 수 있다는 사실에 대비하지 못했다. 노태우 대통령 자신도 외교와 국방에 집중한 채 경제에 대해 관심을 가지지 않았다. 요컨대 국민들의 충분한 지지를 확보하지 못한 정부와 여당은 민주주의 체제하에서 충분한 리더십을 확보하지 못했다. 결국 노태우정권이 선택한 것은 과거로의 회귀였다. 보수대연합을 결성하고 이를 바탕으로 사회를 통제할 수 있는 능력을 강화시키는 것이었다.

노태우정부는 민주화를 시작했으나 결국은 도중에 다시 후퇴한 채 막을 내렸다. 민주주의를 추구했지만 권위주의적 유산으로 인해 국민의 지지를 충분히 확보하지 못했다. 민주화라는 명분 때문에 물리적 힘을 사용할 수 있는 여지도 상실했다. 민주화과정에서 나타나는 혼란을 극복할 수 있는 정치력도 능력도 충분히 보유하지 못했다. 그럼에도 불구하고 민주화를 시작한 노태우정부의 공헌에 대해서는 부분적으로나마 긍정적 평가가 내려질 필요가 있다. 비록 미완성으로 끝이 났지만 그 이후 들어선 정부들에 의해 민주주의는 서서히 뿌리를 내려갔다.

역사가 주목할 것은 국민들의 태도 변화였다. 비록 민주화로 인해 다소 정치경제적으로 혼란이 발생하긴 했지만 국민들은 과거의 권위주의로 돌아가길 원치는 않았다. 과거와 같은 권위주의가 결코 모든 국민들에게 공평하게 성장의 과실을 나누어 주지 않는다는 점을 이미 학습하고 있었기 때문이다. 노태우정부가 권력을 강화하기 위해 시도한 3당 합당이 결국 국민들의 심판을 받았던 것도 이러한 이유에서였다.

국민들은 다시 여소야대의 상황으로 복귀시켜 놓았다. 이는 국민들이 자신의 이익과 정치적 열망을 외면하는 억압적 정부를 더 이상은 원하지 않는다는 점을 보여주는 것이었다. 국민들은 이미 과거의 경험을 통해 권위주의 정권이 선사하지 못하는 정치경제적 자유, 참여 그리고 형평과 같은 민주적 가치의 중요성을 인지하기 시작했다. 전두환・노태우정부 기간을 거치면서 경제적 성장만으로는 정부의 정당성을 확보하는 것이 더 이상 불가능하다는 사실이 점점 명확해졌다.

제 6 장

## 김영삼정부: 1993-1997

# 신우파적 개혁과 경제자유화

▌신우파적 정치경제의 등장 ▌자유화와 규제 ▌경제적 자유화와 규제의 실패 ▌경제자유화와 불균형성장 ▌

김영삼정부: 1993-1997

# 6 신우파적 개혁과 경제자유화

## ❑ 신우파적 정치경제의 등장

1992년 12월 18일 김영삼은 제14대 대통령선거에서 승리했다. 안정과 개혁을 내세운 김영삼후보는 41.4%를, 민주화와 빈부격차 완화를 내세운 김대중후보는 33.4%를 획득했다. 두 인물 모두 대한민국의 민주화를 이끌어온 민간 정치지도라는 공통점을 가지고 있었다. 자유와 형평이라는 가치에 대해 잘 인지하고 있었다.

그럼에도 불구하고 양자간에는 간과할 수 없는 이념적 차이가 존재했다. 우선 김대중은 대도시와 호남지방에서 폭넓은 지지를 받았다. 이 두 지역은 권위주의적 정권하에서 심화된 불균형성장의 피해를 본 사람들이 많이 거주하는 곳이라는 상징적 의미를 갖는다. 특히 호남지역에서는 산업화의 혜택을 박탈당했다는 피해의식이 팽배했다. 따라서 당시 김대중후보의 대통령선거 공약은 형평과 분배와 같은 민주적 요소를 보다 강하게 내포하고 있었다.

반면에 노태우 대통령과 민정당이 추진한 3당 합당에 참여했던 김영삼은 다소 다른 입장에 서 있었다. 노태우정권은 권위주의를 극복하려는 정치적 의도에서 민주화를 주창했었다. 그러나 노태우정권의 민주화실험은 정치적 뿐만 아니라 경제적으로도 만족스럽지 못한 결과만을 남긴 채 종료했다. 노태우정부에 대한 국민들의 지지는 정권 초반부터 제한적이었다. 노태우 대통령은 대선에서 30%정도에 해당하는 유권자들의 지지를 받았을 뿐이었다. 탈권위주의화를 시도했지만 이는 오히려 대통령의 권력행사에 많은 제약을 주었다. 이를 보완할 민주적 리더십을 일관되게 보여주지 못했다. 경제적으로도 혼란의 연속이었다. 노태우정부에 대한 재벌과 노동의 도전도 강력했다. 노동세력의 강화와 그에 따른 임금상승은 한국 수출품의 경쟁력을 위협했다. 정부의 보호와 육성에 익숙해져 있던 재벌조차 정부의 무능함을 비판했다

이러한 상황에서 정권을 승계한 김영삼정부는 민주화와는 차별되는 통치이념을 추구했다. 박정희, 전두환 그리고 노태우정부 시기를 겪으면서 더 이상 권위주의가 한국을 이끌어 갈 수 있는 정치체제가 아니라는 점은 분명해졌다. 정부가 시장과 사회를 억압적으로 통제하는 것은 통치비용을 증대시킬 뿐만 아니라 정치사회적 갈등을 유발할 뿐이라는 교훈을 얻었다. 하지만 그렇다고 해서 민주주의를 대폭 확대하는 것은 대통령의 통치력을 제약하고 경제마저 불안정화 시킬 수 있다는 우려도 간과할 수는 없었다. 해외시장에서 경쟁이 심화되고 있는 현실을 고려할 때 한국경제의 경쟁력 향상이 시급했다.

따라서 새로운 통치 아이디어는 이 두 가지 문제에 모두 대응할 수 있는 것이어야 했다. 국가의 통치능력을 강하게 하고 시장의 효율성을 제고하여 국제경쟁력을 강화시킬 수 있는 아이디어가 필요했다.

자유화를 근간으로 하는 신경제정책은 이런 맥락에서 등장했다. 국민들의 민주적 욕구를 만족시키면서도 경제를 활성화시킬 수 있는 국정 아이디어로서 경제자유화가 선택되었다. 경제자유화는 분배보다는 경쟁과 효율을 강조한다. 따라서 자유화가 지나치게 강조될 경우 신자유주의의 사례에서도 볼 수 있듯이 사회적 불평등이 심화될 수도 있다.

그러나 한국처럼 발전국가의 전략적 지원으로 인해 특정산업과 대기업이 과도하게 성장하여 사회경제적 불평등이 심화되었다면, 자유화를 통해 공정한 시장경쟁질서를 회복시킴으로써 경제민주주의를 추진한 것과 유사한 효과를 얻을 수 있었다. 우선 경제자유화를 추진하여 침체된 경제를 활성화시키고 그 여세를 몰아 후일 경제민주화를 추진할 수 있다는 계산이었다.

이러한 점에서 김영삼정부의 자유화정책은 신우파New Right적 성격이 강했다. 신우파란 신자유주의neo-liberalism와 신보수주의neo-conservatism를 통합한 패러다임이다. 신자유주의는 작은 국가와 자유로운 시장을 주장하고, 신보수주의는 강한 정부를 주장한다. 결국 양자의 역설적 결합은 작지만 강한 정부와 자유로운 시장으로 귀결된다. 즉 시장을 자유롭게 방임하여 자본재축적의 동력을 극대화하고 국가에 대한 이익집단이나 사회집단의 불필요한 간섭은 통제하는 것이다. 그 결과 자유로운 시장과 강력한 중앙집권적 권력을 가진 국가가 탄생한다.

이 점에서 신우파적 패러다임은 김영삼정부가 추구하는 목표와 많은 면에서 부합했다. 분배와 형평을 강조하는 사회세력의 민주화 지상주의적 압력에서 자유로울 수 있게 되었고 경제를 활성화시킬 수 있는 명분도 만들어낼 수 있었다. 전임 노태우정부는 초기부터 정치경제적 민주화와 북방외교정책에 집중했다. 그러나 정치와 경제 모두 매우 부진한 가운데 정권이 막을 내렸다. 이에 착안하여 김영삼정부는 우선 경제를 활성화시킴으로써 정권의 업적을 축적하고자 했던 것이다.

그러나 결과적으로 김영삼정부의 신우파적 개혁은 1997년 노태우정부때 보다 더 비참한 결과를 도출하면서 실패로 끝이 났다. 그 이유는 경제활성화라는 문제에 너무 집중하여 자유화를 급격하게 추진했지만 정치적으로 그리고 행정적으로 이를 뒷받침할 제도는 준비되지 못했기 때문이었다. 정치행정적 조건이 만족되지 않은 채 경제적 효율만 제고하려다 보니 정치와 경제간에 부조화가 발생했다. 이는 결국 금융위기로 귀착되었다. 그러면 경제자유화와 이를 뒷받침할 정치행정적 제도간에는 어떤 관계가 있는 것인지 살펴보도록 하자.

## ❑ 자유화와 규제

고전적 자유주의와 신자유주의는 유사점이 많음에도 불구하고 탄생배경을 달리 한다. 고전적 자유주의는 중상주의 이후 단계에 나타났다. 반면에 신자유주의는 빈익빈부익부 현상으로 대표되는 자유주의의 극단적 폐해를 치유하고 성장과 형평을 구현하기 위해 성립되었던 국가자본주의, 조직자본주의 또는 사회민주주의 이후 단계에서 나타났다.

20세기 후반 경제자유화를 시도하던 한국 및 동아시아 국가들의 정치경제적 사정은 19세기와 20세기 초반의 영국 및 유럽 국가들이 겪었던 것과 유사한 점이 많았다. 소위 자유주의의 전성기라 불리는 이 기간 동안 국가의 시장에 대한 지원과 보호는 시장경쟁의 강화 그리고 국가로부터 시장의 독립으로 대체되었다.[1)]

19세기 자유주의의 본거지였던 영국에서는 국가의 부를 경쟁적으로 증가시키기 위해 차용되었던 중상주의 정책의 폐해를 극복하기 위한 대안으로 자유주의가 부상했다. 16세기부터 18세기에 이르는 중상주의 시대에 지주귀족들, 상인 그리고 상공업자들로 구성된 자본세력은 국가와 동맹관계를 형성했었다. 국가간의 경쟁에서 우위를 확보하기 위해서 강력한 국방력을 갖추고 국가의 부를 증진시키는 것이 중상주의적 국가목표였다. 그리하여 국가는 국내의 산업을 보호하기 위해 무역장벽을 설치하고 각종 산업보조정책을 실시했다.[2)]

자유주의의 태두로 불리는 아담 스미스는 1776년 발간한 국부론을 통해 이러한 중상주의적 정책이 자원의 효율적 분배를 방해하고 개인의 자유를 억압하는 것이라고 비난하면서, 국가의 경제정책이 경제에 대한 올바른 지식을 갖춘 전문가들에 의해 만들어지지 않고 자본가들과 결탁한 정치인들에 의해 만들어지는 현실을 비판했다.[3)] 부르주아들은 아담 스미스의 이러한 주장을 지지했다. 이로써 국가와 시장, 즉 정치와 경제간의 분리를 상정하는 자유주의 사상이 주류 사회사상으로 부상하게 되었다.

중상주의의 혜택을 가장 많이 받았던 자본가들에게도 자유주의는 해가 되는 이론이 아니었다. 자본가들의 입장에서 보면 자유주의는 막대한 부를 이용하여 강력한 정치경제적 힘을 획득한 자신들을 국가의 간섭으로부터 해방시켜 줄 수 있는 정치적 논리였다. 시민의 입장에서 보았을 때는 자본가들에게 부당하게 주어진 각종 특혜를 폐지하고 국가와 자본 사이에 형성된 부패의 고리를 차단함으로써 시장에 자율을 부여하자는 정의로운 사회사상이었다.

이러한 맥락에서 자유주의와 규제의 관계가 설명될 수 있다. 유럽의 고전적 자유주의자들은 자유주의가 개인의 자유를 증진시킬 수 있는 대안이라고 주장하면서도 자유의 원리가 야기할지도 모르는 부작용을 염려했었다. 이들은 지나치게 빠르고 무차별적인 사회변동은 자유주의적 사회질서를 안정화시키기 위해 필요한 권위구조를 붕괴시킬 수 있다고 생각했다. 그리고 무분별한 개인주의의 파괴적 악영향을 통제하기 위해 반드시 필요한 사회구성단위들의 협조기반을 와해시킬 수 있음을 우려했다.[4)]

예컨대 아담 스미스는 만일 국가화합의 주도권을 확보하기 위해서 그리고 시민을 계몽하기 위해 적극적으로 간섭하지 않는다면 자본가들은 대중과 등을 돌리게 될 것이고 노동자들은 무지함에 빠지게 될 것이라고 경고하면서 안정적 정치가 침식당한다면, 안전과 시민의 자유 그리고 시장의 안정적 운영을 보장하기 위해 국가는 적극적으로 간섭해야 할 것이라고 주장했다.[5)]

따라서 자유주의 시기에 국가의 경제에 대한 간섭축소 못지않게 강조된 것이 시장의 자율성을 구축하기 위한 규제제도의 구축이었다. 시장의 자유화는 국가의 불필요한 지원과 보호의 제거를 의미한다. 그러나 단순히 경제적 측면에서만 접근하여 규제를 제거해야 한다고 결정하는 것은 부적절 할 수도 있다. 시장이 효율성이 정당화되기 위해서는 우선 시장참여자들이 정직하게 행동할 것이라는 신뢰가 확립되어야 한다. 그래야만이 국가가 참여자들의 제도위반을 엄중처벌하는 데만 그치고 일상적 사항에 관해서는 시장자율에 위임함으로써 시장의 자유가 촉진될 수 있기 때문이다.

따라서 자유주의적 관점에서 볼 때 규제는 정치사회적 형평성의 측면이 존재한다. 이것은 사회적 의무에 관한 것이다. 만일 규제를 완화함으로써 공공의 이익이 침해받을 일이 발생한다면 오히려 규제가 강화되어야 할 필요가 있다. 시장의 자율성이 확보되어 있지 않고 중상주의적 발전정책의 결과, 경제력이 소수에 집중되어 있는데도 이를 교정하지 않은 채 자유화가 시행될 경우 여러 가지 부작용이 우려된다면 장기적인 관점에서 규제의 사회적 측면이 부각되어야 하고 따라서 이를 교정하기 위한 규제가 고안되어야 한다.[6] 예컨대 형평성을 무시한 채 효율성만 강조할 경우 국가는 독점자본의 시장지배를 통제할 수단을 잃을 수 있다. 보다 완전한 민주주의를 달성함에 있어서 완전히 자유로운 시장은 오히려 장애요인이 되기도 한다는 주장[7]도 이러한 맥락에서 이해될 수 있다.

시장의 실패가 있는 경우에 정부의 규제가 발생한다는 규제의 공익이론the public interest theory of regulation적 입장은 규제를 담당하는 정부의 목표가 사회후생의 극대화임을 상정하고 있다.[8] 반면에 신자유주의적 입장에서는 정부규제를 하나의 상품으로 인식하는 규제의 경제이론을 전개하고 있다. 즉 규제가 자신들의 효용을 극대화하려는 이익집단들의 요구에 따라 정치적인 지지도를 극대화하려는 규제당국자(정치인, 관료 등)에 의해 제공된다는 것이다.[9]

김영삼정부의 신경제정책하에서는 전자보다는 후자의 입장이 강조되었다. 규제당국이 규제의 기준을 설정함에 있어 이에 필요한 정보를 완벽하게 획득할 수 없고, 규제대상을 정함에 있어 형평성과 공정성을 판단하는 것이 쉽지 않으며, 실제 규제과정에서 정부가 정책을 일관성 있게 추진하지 못하는 경우가 많다는 것이었다.[10] 이러한 맥락에서 김영삼정부의 경제자유화정책 추진으로 인해 규제의 정치사회적 형평성보다는 경제적 효율성이 더 강조되었으며 그러한 논리에 입각하여 규제완화가 이루어지게 되었다.

그러나 중대한 착오가 도사리고 있었다. 중상주의적 경제로부터 자유주의적 경제체제로 산업구조의 전환을 시도하고 있던 한국에 필요한 국가는 자본과 노동에 대해 공정하게 시장경쟁의 원리를 집행할 수 있는 국가였다. 자본에 대한 규제를 완화해 주기 이전에 규제완화로 인해 발생할지 모를 부작용을 다스릴 수 있는 감시제도들이 마련되었어야 했다. 행정경제적 규제는 정부주도에 의한 압축적 경제성장과정에서 국가가 부여했던 각종 특혜를 향유한 소수의 선택된 자본가들이 마땅히 치러야만 하는 대가로 이해될 필요가 있었다. 그러나 현실은 그렇지 못했다.

재벌을 통제하는 세 가지 주요 규제들, 즉 공정거래제도, 여신관리제도 그리고 업종전문화제도가 안정화와 개방화를 기본경제정책으로 삼은 전두환정권에 의해 1980년대 초부터 본격적으로 제도화되고 강력하게 실행된 것은 당연한 것이었다. 국가주도에 의한 성장위주 개발경제과정에서 재벌들의 손에 집중된 경제력을 통제하고 분산시켜 궁극적으로 자유화되고 안정화된 경제기반을 구축하기 위해 이러한 규제들이 필요했다.[11] 노태우정권 이래 수차례 진행된 규제완화 작업이 뚜렷한 성과를 거둘 수 없었던 이유는 중상주의적 산업화과정을 통해 고착된 경제력집중현상이 쉽게 해결되지 못했기 때문이었다. 경제력이 소수의 산업자본가들에게 극도로 집중된 상황에서 정부가 규제를 대폭 철회할 경우 발생할 정치경제적 부작용에 대한 우려로 인해 재벌들이 강력하게 요구했던 규제완화는 매우 제한적으로 이루어질 수밖에 없었던 것이다.

그러나 김영삼정부의 접근법은 달랐다. 경제자유화를 과감하게 추진하느라 규제의 필요성이 간과되었다. 외국의 자본을 유치하기 위해 경제의 개방화를 추진하면서 국내의 기업들만 규제할 경우 오히려 국내기업들이 역차별을 겪게 되고 나아가 국가경쟁력의 약화가 야기될 수 있다는 논리가 힘을 얻었다. 규제의 완화는 개방의 전제조건이라는 주장이 부상했다.

국가주도에 의한 압축성장과정에서 정부의 지원을 받는 소수의 자본가들에게 국가경제력이 집중됨으로써 여러 가지 정치사회적인 문제가 축적되어 있다. 그럼에도 불구하고 김영삼정부하에서는 규제의 경제적 측면만 강조되고 시장의 자율성만 강조됨으로써 기업의 책임은 면제되고 권리는 증대되는 결과가 초래되었다. 규제에서 해방된 기업들은 자율적 규제를 통해 형평성의 문제를 치유하기 보다는 사업확장에만 매진함으로써 결과적으로 규제의 완화는 국가의 감독권만 약화시키는 결과를 낳았다.

영국과 미국 등지에서 신자유주의 정책을 통해 시장의 자유화가 성공적으로 촉진될 수 있었던 이유는 사회민주주의적 요소를 도입하여 노동과 자본이 역학적으로 상호균형을 이룰 수 있는 제도적 개선을 지속적으로 추진하였기 때문이었다. 영국과 서유럽의 경우 개인주의적 시장경제의 발달과 더불어 빈부의 격차가 극대화되고, 20세기 초에 이르러서는 공산혁명을 통해 자본주의의 모순을 극복하려는 시도가 가시화되자, 개인의 이익추구를 억제하고 전체의 이익을 보다 중시하는 집단주의적 정치사회개혁(예컨대 파시스트적 사회주의, 케인즈적 사회민주주의 그리고 극좌적 공산주의)이 진행되었다.

미국의 경우에는 기업의 독과점을 규제하고 공정경쟁을 유도하며, 소수 자본가족들에게 집중된 경제력을 분산시키고 소유와 경영을 분산시키며, 투명한 경영을 정착시키고 금융기관의 독립적 경영을 보장하는 제도적 장치들이 고안되고 보완되었다.[12] 노동자들은 조직화를 통해 정치적 발언권을 강화하였으며, 자신들의 복지증진을 위하여 국가가 사회보장장치social safety net를 구비하도록 압력을 행사했다.

이에 반해 한국은 중상주의적 자본주의에서 파생된 문제를 극복해야 하는 과제를 앞에 두고 있었으나 이를 해결하기도 전에 신자유주의적 개혁을 모방하여 자유화를 무리하게 추진함으로써 시장의 질서가 붕괴되는 결과가 발생했다. 국내자본에 제공되었던 보호와 지원을 철회하고 시장진입을 완화하여 참가자의 수를 늘리고 이를 통해 경쟁을 촉진함으로써 자율적인 규제가 이루어지는 시장을 만드는 일에만 매진했다.

김영삼정부의 낙관에도 불구하고 시장경쟁의 논리는 성공적으로 작동하지 않았다. 시장참여자들은 공정하게 경쟁하기 보다는 담합하고 규제감독자인 정부를 속이기 시작했다. 규제완화가 진행되고 시장참여자의 수가 늘어났으나 시장을 감독할 수 있는 정부의 능력은 오히려 축소되었고 관료들은 감독을 포기하는 현상이 발생했다. 경쟁제한적인 규제를 완화함과 동시에 감독권을 강화해야 한다는 점을 국가가 충분히 인식하지 못한 것이 1997년 말 시작된 금융위기의 근본적인 원인이었다.

## ❑ 경제적 자유화와 규제의 실패

경제자유화와 규제완화에 관한 김영삼정부의 기본입장은 김영삼이 대통령후보 시절부터 주장하던 소위 '신경제정책'에 잘 나타나 있다. 김영삼정부는 경제적 자유화를 경제적 민주화와 거의 동일시하면서 민주적 정부가 실행해야 할 경제정책은 자유로운 시장경쟁원리에 입각한 것임을 강변했다.

김영삼정부는 과거의 경제는 '권위주의하에서 정부의 지시와 통제에 의해 민간부분의 인력과 자원을 정책적으로 필요한 분야에 동원'하는 것이었다고 비판했다. 경제규모가 확대되고 경제구조도 복잡해졌으며 정치민주화의 진전으로 정부의 지시와 통제가 더 이상 효과적으로 기능하기 어려운 단계에 도달했다는 논리를 제시했다. 신경제정책이 제시하는 구체적인 개혁방법은 참여와 창의가 유발될 수 있도록 대내외 규제를 완화하고 재정, 금융, 행정 등 각 분야의 제도를 공정경쟁과 자율성 보장, 경제 정의구현의 측면에서 과감하게 개혁하는 것이었다.[13)]

신경제정책이 제시하는 목표들을 달성하기 위해 요구되는 강한 정부를 만들려는 정권 초기 김영삼정부의 시도는 대체로 성공적이었다. 보수적 중산층의 지지를 바탕으로 집권에 성공했기 때문에 경제개혁적 정책입안과정에서 상당히 높은 정도의 자율성을 발휘할 수 있었다. 그 결과 탄생한 것이 금융실명제와 부동산실명제였다.

금융실명제는 전두환정부와 노태우정부하에서도 매우 적극적으로 논의된 바 있었으나 정치경제적 한계로 인하여 그 실시시기를 수차례 연기한 바 있는 추진이 매우 어려운 정책 중의 하나였다. 1982년 한차례 유보되었던 금융실명제는 1987년 대통령선거 공약으로 다시 제기되었고 1988년 10월들어 노태우정부는 1991년 1월부터 실시할 것임을 예고했었다. 그러나 1989년 하반기 경제성장률의 둔화, 증시침체 그리고 부동산 투기조짐 등 경제위기론이 등장하자 1990년 4월 경제활성화 대책발표와 함께 실시가 재차 유보되었었다.

아울러 하나회 척결로 대표되는 군개혁, 경제기획원과 재무부의 통합으로 대표되는 정부구조개혁 역시 이러한 대중적 지지기반이 있음으로 인해 실행이 가능했다. 적어도 김영삼정권은 집권 초기에 경제자유화의 기반을 확충하기 위한 제도개혁을 추진할 수 있는 정치적 통합력과 하부구조적 힘을 보유하고 있었다.[14)]

그러나 이러한 경제개혁이 중산층의 경제적 이익증진에 기여하는 가시적 효과가 나타나지 않자 김영삼정부에 대한 대중의 지지가 감소하기 시작했다. 금융실명제를 실시한 이후 자금의 흐름이 경색되자 제도권 금융보다는 사금융에 대한 의존도가 컸던 중소기업들의 부도가 증가하기 시작했다. 경제거시지표들은 양호해 보였지만 중산층들이 느끼는 체감경기는 냉각되고 있었다. 노동자계층의 임금상승 요구는 더욱 강화되었으며 이는 한국상품의 국제경쟁력 약화를 유발하는 주 요인이 되었다.

김영삼정부 중반기에 들어서자 정치적 기반이었던 중산층의 지지는 감소한 반면 대기업에 대한 김영삼정부의 정치적 의존은 상대적으로 증가했다. 정권 초기에 김영삼정부는 군개혁, 정부개혁, 그리고 정경유착 및 부패의 고리를 차단하기 위한 금융실명제의 실시 등 그간 미루어졌던 민주적 개혁들을 성공적으로 단행했다. 그러나 중반기에 들어서자 경제분야의 개혁 특히 경제력집중억제를 위한 재벌구조개혁의 강도가 급격하게 약화되었다.

이러한 변화가 생긴 원인은 신경제정책이 제시한 '시장원리에 기초한 민주적 정부', 즉 자유민주주의적 정부를 구현하겠다는 김영삼정부의 의지와 관련이 있었다. 자유민주적인 정부는 자율적 시장의 건설을 위한 여건만을 조성하며 국가의 직접적 간섭을 피해야한다 것이었다.[15] 따라서 정부가 경제개혁을 위해 과감하고 신속한 개혁을 능동적으로 주도하는 것이 아니라 시장주체들의 점진적이고 자발적인 개혁을 유도하는 접근법을 취했다. 전두환정권하에서 있었던 국제재벌의 해체 및 부실기업 정리, 노태우정권이 실행한 5.8부동산조치를 비롯한 대기업규제정책이 남긴 정치적 후유증을 목격한 정부는 경제제도의 개혁을 통한 자율적 개혁여건을 조성하는데 집중해야 한다는 입장이었다. 그 결과 전두환, 노태우정권이 재벌에 의한 경제력집중을 완화시키기 위하여 권위주의적인 방법을 동원해가며 강력하게 시행하였던 공정거래제도, 업종전문화제도, 그리고 여신관리제도의 추진강도가 현격하게 약화되는 결과를 초래했다.[16]

이러한 김영삼정부의 자유민주주의적 논리로 인해 정권 초기에 김영삼정부의 개혁대상으로 지목되어 입지가 약화되었던 재벌기업들은 중반기 이후부터 정치경제적 영향력을 점차 회복할 수 있었다. 첫째로 무엇보다도 김영삼정부와 여당의 입장에서 볼 때 그들의 정치적 목적, 즉 경제의 자유화 및 세계화를 가장 잘 구현해줄 수 있는 세력은 대기업밖에 없었다. 특히 김영삼 대통령이 1994년 발표한 세계화정책을 실현하기 위해서는 당시 적극적인 해외투자를 통해 사업확장을 모색하고 있던 대기업을 정부의 간섭으로부터 자유롭게 해방시켜줄 필요가 있었다.

둘째, 사업시작 초기 정부의 반대에도 불구하고 삼성이 시작하여 가장 성공적인 흑자산업이 된 반도체산업이 1995년에 막대한 흑자를 기록하자 국가의 시장개입논리가 급격하게 힘을 잃게 되었다. 전경련과 기업들은 한국경제연구원과 자신들의 경제연구소들을 동원하여 정부규제 비판을 위한 이론적 근거를 제시했다. 이러한 정면대응전략은 세계화를 촉진하려는 정치권의 이해관계와 맞아떨어져 정부의 간섭을 축소하는데 매우 효과적으로 작용했다. 기업들의 방만한 해외투자를 우려하여 재경원은 한때 해외투자비용의 20%를 자기자본으로 충당토록 하는 규제장치를 마련했었으나 경제자유화에 역행하는 처사라며 반발하는 기업의 비판에 밀려 규제를 철폐할 수밖에 없었다. 삼성의 자동차산업 진출허용 그리고 석유화학산업에의 경쟁적 진출 등도 비슷한 경로를 거쳤다.

셋째, OECD가입을 중요한 목표 중의 하나로 간주하고 있던 김영삼정부는 OECD로부터 가입초청을 유도할 수 있는 가시적인 성과들 국제사회에 보여줄 필요가 있었고 대기업과 금융에 대한 규제완화를 중요한 사례로 인식했다.

경제자유화를 달성하기 위한 수단으로서 정부는 행정규제의 완화, 금융자율화, 경제의 국제화를 적극 추진했다. 금융분야에서 정부는 1995년 11월까지 3단계 자유화조치를 매듭지어 요구불예금과 3개월 미만의 저축예금을 제외한 모든 금리를 자유화했다. 1996년 3월부터 금융기관에 대한 제조업 대출지도 비율을 폐지했으며 7월에는 여신한도 관리대상을 종전의 5대 및 30대 계열 기업군에서 5대 및 10대 계열 기업군으로 축소했고 일반은행의 국외점포 신설규제를 완화했다. 1996년 7월에는 '종합금융회사에 관한 법률'이 개정되고 투자금융회사가 종합금융회사로 전환되어 투자금융회사 기능개편이 마무리되었다. 이 조치로 15개의 투자금융회사의 종합금융회사 전환이 모두 인가됨으로써 종합금융회사가 총 30개사로 증가했다. 또 OECD가입을 위한 조치로써 자본이동분야와 금융산업분야의 개방일정을 신행했다.

아울러 경제의 세계화를 촉진시킨다는 명분하에 외국인 투자 개방 확대, 국내기업의 해외투자 진흥 등을 추진했다. 그 결과 1997년 1월 현재 외국인 투자제한업종 자유화율은 97.6%로 올라갔으며, 해외투자는 급격히 증가하여 1994, 1995, 1996년에 전년대비 90.9%, 37.2% 그리고 26.0%의 증가율을 보였다.[17] 정부는 해외투자장려정책으로서 1997년에 자기자본 조달의무조건(1억 달러 이상 투자액의 20%)을 폐지했다.

경제자유화정책 자체가 결정적인 문제를 야기한 것은 아니었다. 정부주도적 산업정책을 통해 고착화된 정부의 경제간섭을 완화하고 시장에 경쟁의 원리를 주입시키기 위해서 자유화정책의 도입은 필수불가결한 것이었다. OECD가입협상에서도 한국은 '자본이동 자유화규약' 및 '경상무역외 거래 자유화규약'의 65%만을 수락함으로써 회원국의 평균수준인 89%보다 매우 낮은 수준의 양보만을 수용하는데 성공했다. 이는 멕시코나 체코 가입당시 보다도 많은 유보를 확보한 것으로 평가됐다.[18]

문제는 김영삼정부가 자유화정책의 건전성을 담보할 규제 및 감독장치를 마련하는데 실패한데 있었다. 시장이 자율적으로 움직일 수 있도록 방임하기 전에 그리고 경제적 효율성을 우선 고려하기 이전에 해결되어야 할 정치사회적 문제들(가장 대표적으로 경제력 집중)이 해결되지 못한 채 방치되었다. 경제적 자유화정책으로 인해 규제가 폐지 또는 완화된 틈을 이용하여, 금융기관이나 기업들은 내실화를 통해 건전성을 확보하기 보다는 적극적 팽창을 시도했다. 이와 같은 부작용을 정부가 당초부터 예견하지 못했던 것은 아니었다. 신경제정책은 금융자율화의 기반을 조성하기 위하여 금융감독기능의 강화를 모색하고 있었고 산업구조조정 촉진을 위한 방안들을 제시하고 있었다.[19] 그러나 이러한 제도적 제어장치들은 시장자율화논리에 밀려 제대로 작동하지 못했다.

김영삼정부의 시장에 대한 감독의 실패는 무엇보다도 경상수지를 악화시키는 중요한 원인이 되었다. 1993년 3억 3천만 달러의 소폭 흑자를 보인이래 적자는 계속 증가하여 1994년에는 45억 3,000만 달러, 1995년에는 89억 5,000만 달러 그리고 1996년에는 237억 달러로 급격히 확대됐다. 그러나 정부는 이를 경제자유화의 결과로 발생할 수밖에 없는 불가피한 현상으로 받아들이고 경상수지 방어를 위한 대응책을 특별히 강구하지 않았다.

경기부양책의 성격이 강했던 신경제정책을[20] 실시한데 힘입어 김영삼정부 출범 다음해인 1994년 한국경제는 적어도 표면적으로는 불황에서 벗어난 것처럼 보였다. 경기는 본격적인 성장국면에 진입했고, 신3저효과에 대한 기대, 그리고 세계경제 회복의 가시화에 힘입어 주식시장은 1994년 11월 중 최고의 활황을 보였다.[21] 경기활성화에 힘입어 수출도 큰 신장세를 보였다. 1994년에는 1990년대에 들어 최고의 신장세인 17.1%를 기록했다. 특히 세계 반도체시장의 호황 및 국내 반도체업계의 생산증대로 메모리칩의 수출이 50% 가까이 성장했다.

그러나 이러한 수출신장에도 불구하고 앞에서 언급한 대로 무역수지 적자폭은 1993년 이후 급격히 확대되었다. 수입은 수출에 비해 항상 높은 신장세를 유지했다. 특히 무역적자폭이 최대를 기록했던 1996년의 경우 중화학공업 제품을 중심으로 수출신장세가 둔화된 반면 소비재를 중심으로 한 수입증가는 두 자리수의 높은 증가율을 보였다. 또한 무역수지 적자의 증대는 부채의 증가를 야기했다. 원화절하를 유도함으로써 경상수지 적자를 축소해야 한다는 주장이 재계뿐만 아니라 정부일각에서도 대두되었다. 그러나 원화절하가 부채의 절대량을 증가시키고 기업들의 구조조정 노력을 반감시킬 것이라는 이유로 정부는 환율조정을 통한 경상수지 관리에 적극 개입하지 않았다.[22)]

다른 한편으로 경제자유화정책은 금융기관과 기업의 방만한 경영과 부실화를 야기하는 한 요인이 되었다. 1994년 국내경기가 회복되는 조짐을 보이자 정부의 경제구조 개혁의지가 급격하게 퇴조하기 시작했다. 정부는 국내산업 구조조정 노력을 게을리 한 채 개방 프로그램을 적극적으로 추진했다. 정권출범 첫 해에는 대내적으로는 2단계 금리자유화를 실시하고 대외적으로는 외환 및 자본자유화를 실시했다.

특히 외환분야에 있어 (1) 외환거래자유화 폭을 크게 확대하였고, (2) 기업의 해외증권 발행을 허가제에서 신고제로 전환했으며, (3) 기업의 해외증권 투자와 직접투자에 대한 규제를 완화했다.[23)] OECD가입 노력이 본격화된 1995년 이후에는 국내기업의 해외투자 및 외국인의 국내투자에 대한 규제완화가 대폭적으로 이루어졌다.

OECD가입으로 한국경제에 대한 대외신인도가 상승하자 금융기관 및 기업들은 대규모 외자도입을 시도했다. 1981년부터 1990년 사이에 국내기업과 은행들이 국내외 은행을 통해 차입한 외화는 약 3조 3천 8백억 원에 불과했으나 1994년 한 해에 6조 3천억 원이 차입되었고 1995, 1996년에는 각각 9조 원 이상이 차입되었다.[24)]

이처럼 외자도입량이 급격히 증가했음에도 불구하고 금융기관에 대한 해외업무 규제완화 방침에 따라 정부의 감독기능은 급격히 축소되었다. 부실종금사의 경우에서 보듯이 종금사의 감독을 맡고 있는 재경원은 건전성지표를 아예 적용하지 않았으며 단기자금

차입에 대한 승인을 요구하지 않았고 단기로 외화를 꾸어다가 장기자금으로 국내기업에 빌려주는 소위 미스매치miss-match를 적절히 통제하지 못했다.[25] 종금사로 전환된 투금사들은 정치권의 압력을 동원해 기존 어음할인업무 외에 국제업무, 리스업무 등을 추가함으로써 영세한 자본금에도 불구하고 해외차입 및 투기를 감행, 외환위기 발생의 중요한 동기를 제공했다.[26] 게다가 정부는 증권사와 투신사가 역외펀드를 설립하고 투자원금의 최고 5배에 달하는 외채를 빌린 후 국내 주식시장에 투자하는 행위 등을 감독하는데도 실패했다.[27]

대기업들은 여신관리 규제를 받지 않는 해외주식 예탁증서, 전환사채, 신주인수권부사채 등 해외채권을 적극 활용하여 외자를 조달했다. 그 결과 1981~1990년 기간 8천억 원에 그쳤던 해외채권발행액은 1994년 2조 8천억 원, 1995년 4조 9천억 원 그리고 1996년에는 8조 6천억 원으로 급격히 증가했다.[28] 1997년 말 현재 기업외채는 국내금융 423억 달러 현지금융 532억 달러 등 도합 955억 달러에 달했다.[29]

또 1997년 말 현재 30대 기업은 평균적으로 518.8%의 부채비율을 기록했다. 이는 1995년 말의 347.5%, 1996년 말의 386.5%에 비해 현격하게 악화된 것이었다. 이처럼 부실한 재무구조에도 불구하고 대기업은 양적 팽창을 계속하여 30대 기업의 계열회사 수는 1995년의 623개, 1996년의 669개로 증가했고 1997년에는 819개로 급등했다.[30] 정부는 경제의 효율성제고를 위해 자유화정책을 추진했지만 대기업들은 이윤증대를 지향하는 경영으로 전환하기 보다는 여전히 규모확대를 지향하는 경영방침을 고수했다.

결과적으로 금융자유화 및 개방화를 기회로 기업들은 재무구조를 개선하여 경쟁에 대비하기 보다는 신규자금 조달을 통한 사업확장에 더욱 열중했으며 정부는 방임적 태도를 견지함으로써 그 결과 야기될 수 있는 경제적 부작용들을 예측하고 대응하는데 실패했다.

## ❑ 경제자유화와 불균형성장

김영삼정부가 추진한 경제자유화정책이나 신경제정책 자체가 이론적 오류를 내포하고 있지는 않았다. 적어도 정권 초기에 김영삼정부는 경제상황을 비교적 정확하게 파악하고 있었으며 그에 대해 적절한 처방을 집행했다. 그럼에도 왜 김영삼정부의 자유화・세계화정책은 대실패로 끝나고 말았는가?

금융위기를 겪은 인도네시아, 태국 그리고 한국의 경우 발견되는 공통점이 있다면 경제자유화와 민주화를 성숙시키지 못한 상황에서 규제완화를 가속화함으로써 국가가 시장자유화과정을 체계적으로 감독monitoring할 수 있는 제도적 능력을 갖추는데 실패했다는 점이다. 시장의 자유화는 시장에서 공정한 경쟁이 활성화되는 것을 의미하고, 시장의 민주화는 자본이 독점을 통해 축적된 경제력을 남용하는 것을 견제할 수 있는 시민적・공적 통제력이 증대되는 것을 의미한다. 이 두 개념은 각각 다른 목표를 지향하고 있다.

금융실명제의 도입이 보여주듯이 적어도 김영삼정부는 집권 초기 정치경제적 자유화와 민주화를 동시에 달성하겠다는 의지를 갖고 있었다. 그러나 OECD가입계획이 구체화되자 정부는 시장자유화를 규제완화와 동일시하면서 사실상 시장민주화를 덜 강조하는 정책을 구사했다. OECD가입을 전후하여 정부는 자본에 대한 규제완화를 시도하는 한편 노동분야에서도 노동시장의 고용구조를 유연하게 해줄 시장원리를 도입하려 했다.

그러나 금융 및 산업자본에 대한 규제완화는 국가감독능력을 축소시켜 시장의 일탈행위를 제도적으로 규제할 수 있는 여지를 축소시켰다. 또 시장민주화과정이 단축됨에 따라 시민에 의한 공적인 통제력과 자본의 자율적 통제가 발전할 수 있는 기회도 상실하게 되었다. 반면, 노동시장을 유연화하기 위한 1996~1997년의 노동관계법 개정시도는 정권 초기 김영삼정부에 대해 지지를 보였던 노동자들과 일부 중산층의 이반을 야기하여 정권의 지지기반을 약화시켰다.

김영삼정부는 산업 및 금융자본에 대한 규제를 완화하는 것이 국가의 신용도를 향상시킬 것이라고 보았지만 반드시 그런 것은 아니었다. 노동법 개정파동에 이어 발생한 한보그룹의 부도는 김영삼정부가 시행한 자유화정책의 한 결과였다. 정부의 입장은 부실한 기업에 대해서 지원을 계속하는 것은 시장자유화정책에 역행하는 것이며 따라서 그러한 기업은 도산해도 마땅하다는 것이었다.

이러한 상황에서 '은행이 도산해도 정부는 지원하지 않겠다'는 당시 이석채 경제수석의 발언은 한국정부가 기업에 이어 은행의 도산도 방관할 것이라는 해석을 유발하여 국제금융계가 한국에 대하여한 자본회수를 시작하는 계기가 되었다. 한국사정에 밝은 일본계 은행들은 여신회수를 시작했고 일본 중앙은행은 1997년 1월 말 한국정부에 해외점포 결제대책을 요구했으며, 해외자금을 도입하는 데 소위 코리안 프리미엄이 등장하기 시작했다.[31]

이어 1997년 7월에 발생한 기아그룹의 부도는 외환위기 발생의 결정적 계기가 되었다. 한보그룹의 부도는 정치적 스캔들을 일으킨 부실기업을 정리했다는 점에서 의미가 없지 않았다. 그러나 기아그룹의 부도는 한국 산업구조의 부실성을 노출했다는 점에서 부정적 여파가 더 컸다. 기아는 소유가 양호하게 분산되어 있고, 다각화의 정도가 낮으며(즉 업종전문화가 되어 있으며), 수직계열화가 잘 되어 있는 등 정부의 시책을 훌륭하게 준수한 기업으로 평가받아 왔다. 김영삼정부는 기아사태에 즉각 개입하여 안정시키려는 노력 대신 시장원리에 따라 자율적으로 해결되기를 기다린다는 입장만을 견지했다.

이처럼 경제자유화라는 명분하에 시장불간섭적 입장을 견지했지만 시장을 감독할 수 있는 장치는 마련하지 못했다. 재경원과 은행감독원 그리고 한국은행으로 분산되어 있던 금융감독권을 재경원으로 단일화하는 금융개혁법을 통과시키는데 실패하고 말았다. 1997년 10월 22일 정부는 그동안 견지해왔던 불간섭의 자세를 전환하여 뒤늦게 기아의 공기업화를 발표했으나 23일 공교롭게도 홍콩증시가 폭락한 여파로 한국에서의 해외자본 이탈이 본격화되었다.

정권 초기 신경제정책에서 비교적 정확한 진단과 처방이 제시되었음에도 불구하고 자유화과정의 관리에 실패한 이유는 이러하다. 경기가 회복됨에 따라 산업자본 특히 재벌대기업의 이익표출능력이 강화된 데 반해 규제완화로 인하여 정부의 시장감독능력이 약화되었기 때문이었다. 또 OECD에 가입함으로써 정치경제적으로 선진국으로 인정받겠다는 집권자의 정치적 욕구가 강해서 자유화의 기반이 마련되지 않은 채 규제완화에 돌입했기 때문이었다.

정권 초기 대통령에게 집중되었던 권력이 자유화의 조류속에서 중반기 이후에 분산되고 대통령 친인척의 부정부패 스캔들로 인해 정권의 정통성이 훼손된 것도 국가의 자본통제력을 약화시킨 한 요인이었다. 상기하였듯이 김영삼정부는 적어도 초기에는 경제자유화과정을 효율적으로 감독할 수 있는 정치적 역량을 보유하고 있었다. 그러나 정권 후반기에 대통령의 장남인 소위 '김현철 사건'으로 정부와 재벌간에 부정한 거래가 있었음이 폭로되어 정권의 도덕성이 비판 받게 되자 정부는 경제에 대한 간섭을 더욱 철회할 수밖에 없었다. 게다가 대통령선거를 앞두고 대통령 자신이 집권여당에서 탈퇴함으로써 정부가 정치적 통합력 또는 조정능력을 발휘할 수 있는 기반을 상실했다.

반면, 정치경제적 자유화논리를 앞세워 규제완화를 끈질기게 주장하던 기업들은 반도체, 석유화학 등 극히 일부 핵심산업의 호조에 힘입어 달성한 경제적 업적을 과장하여 국민들에게 선전함으로써 자신들의 이익을 달성할 수 있는 명분을 축적했다.

권위주의는 민주주의와 자유주의에게 있어 공동의 적이다. 권위주의를 타파하기 위해서는 민주와 자유의 가치가 조화를 이루어야 한다. 그런데 이것이 쉽지 않다. 분배와 형평을 강조하는 민주와 경쟁과 효율을 강조하는 자유의 가치가 충돌하기 쉽기 때문이다. 많은 개발도상국들이 선진국 진입의 문턱에서 좌절했던 이유가 바로 여기에 있었다. 양자의 갈등으로 혼란이 발생하고 결국 권위주의로 회귀할 수도 있다.

김영삼정부의 사례는 정치적 민주화가 진행되는 가운데 경제적 자유화를 추진하는 상황에서 여러 가지 정치경제적 위험과 조우할 가능성이 있음을 실증적으로 보여준다. 경제자유화의 핵심인 시장경쟁질서를 확립하기 위해서는 정부의 시장감시능력이 강화되어야 한다. 그런데 정치적 민주화와 경제자유화가 동시에 진행될 경우 정부의 능력이 약화되는 결과가 초래될 수도 있다.

역사적 사례를 검토해보면 경제적 부의 성장이 반드시 정치적 민주화를 보장하는 것도 아니고 민주화가 경제적 안정화와 자유화를 확실하게 촉진하는 것도 아니다.[32)] 민주화의 진전은 오히려 이익집단의 활발한 활동을 허용함으로써 정책결정과정에서 국가의 조정능력을 약화시키는 결과를 초래하기도 한다. 그리고 노동계층에 비해 보다 효율적으로 이익을 표출할 수 있는 자본가계층은 정치경제적 자유화를 계기로 국가와 자본의 관계를 초기의 위계적인 것에서 다소 수평적인 것으로 전환시키고자 시도한다. 한국의 경우가 바로 이러했다.

더욱이 경제상황이 악화되어 중산층과 노동계층의 반정부성향이 강화되자 정부와 여당이 자본가집단에게 정치적으로 의존하는 경향마저 나타났다. 자유화를 명분으로 기업들은 정부에게 규제제도의 완화를 요구했고 정부와 여당은 그 대가로 정치적 지원을 요구했다.

이러한 부작용을 예방하기 위해서는 정부와 기업들간의 결탁을 견제할 수 있는 제도적 장치들이 정치경제적 민주화과정을 거치면서 구비되어야 했다. 발전국가하에서 발생한 불균형성장의 문제를 해소하기 위해 분배와 형평같은 경제민주적 가치가 충분히 논의될 필요가 있었다. 그러나 규제완화 중심의 자유화논리가 성급하게 부상하면서 시장민주화는 초기 단계에서 발전이 정지되고 말았다. 자유화와 혼동된 규제완화 시도가 감독의 완화를 유발한 것이 통화위기를 유도한 가장 큰 원인이었다.

결과적으로 김영삼정부의 경제자유화시도는 발전국가하에서 형성된 불균형성장의 문제를 해결하지 못함은 물론 오히려 더 심화시키고 말았다. 특히 발전국가하에서 많은 희생을 강요당했던 중산계층과 노동계층의 분배요구를 해소하기는 커녕 경제자유화를 추진한다는 명분으로 노동시장의 유연화를 시도하여 반발을 샀다. 그리고 이들은 김영삼정부의 지지세력에서 점차로 이탈해 갔다. 반면에 정부와 재벌간의 관계는 경제자유화정책을 매개로 밀착하는 양상을 보였다. 결과적으로 김영삼정부의 경제자유화개혁이 사회·경제적 불평등의 문제를 더욱 악화시켰던 것이다.

## 김대중정부: 1998-2002

# 경제민주화와 경제자유화의 동시적 성취

▎참여민주주의의 등장 ▎김대중정부와 비정부조직간의 관계 ▎사회적 시장경제론 ▎신자유주의적 금융개혁: 금융감독시스템 개혁과 금융기관 구조조정 ▎기업구조조정: 빅딜 및 워크아웃 ▎중소벤처기업 육성과 재벌 개혁 ▎경제자유화를 통한 경제민주화 ▎

김대중정부: 1998-2002

# 7 경제민주화와 경제자유화의 동시적 성취

## ❑ 참여민주주의의 등장

김영삼정부의 신우파적 개혁시도는 실패로 끝이 났다. 정치적으로 작지만 강한 국가를 만들고 경제적 자유화를 실시하여 자율적인 시장을 만들겠다는 목표는 제한적인 성공과 커다란 실패를 남겼다. 외환위기로 인해 한국경제의 정부주도적 발전 패러다임이 수술대에 오르게 되었고, 한국경제의 주권이 부정되기에 이르렀으며, 불균형성장이 심화되었고, 사회경제적 불평등 역시 악화되었다.

동남아시아발 금융위기가 발생한 직후인 1998년 출범한 김대중정부의 우선 과제는 전임 김영삼정부가 남긴 경제적 실패로부터 한국의 경제를 회복시키는 것이었다. 그러나 김대중정부가 떠안은 과제는 단순히 경제성장을 회복시키는 것만으로는 해결될 수 없는 보다 복잡한 성격의 것이었다. 발전국가의 유산이 정리되기도 전에 추진된 김영삼정부의 신자유주의적 경제자유화정책의 실패로 중산층과 노동계층이 감내해야 할 희생과 박탈감은 극에 달했다. 따라서 경제민주화정책도 실행해야 했다.

하지만 그렇다고 해서 경제자유화정책의 추진을 중단할 수는 없었다. 한국경제는 IMF로부터 금융위기를 극복할 금융자원을 제공받았다. 그런데 지원의 조건 중 하나가 과거 국가주도적 경제 또는 발전국가의 유산을 조속히 제거하는 것이었다. 김영삼정부가 완성하지 못한 경제자유화 프로그램을 계속하여 추진함으로써 시장중심적 경제를 실현할 것을 요구받았다. 이로써 IMF경제관리체제가 수립되었던 것이다.

따라서 김대중정부의 과제는 한편으로 경제적 민주화를 추진하고 다른 한편으로는 경제자유화를 완성시킴으로써 양자간의 조화를 달성하는 것이었다. 즉 분배와 형평을 제고하는 정책을 추진하는 동시에 다른 한편으로 경제적 효율과 경쟁을 제고하는 정책을 추진해야 했다.

일견양자는 병립하지 못하거나 심지어 상충할 것처럼 보일 수도 있었다. 그러나 다행히도 금융위기 직후의 상황에서 양자를 이어주는 연결고리가 존재했다. 그동안 권위주의적 발전국가하에서 형성된 사회경제적 불평등현상은 민간정부의 신우파정책으로 인해 교정되기는 커녕 오히려 심화되어 있었다. 따라서 경제민주화차원에서 이러한 불평등구조를 교정할 필요가 있었다.

그런데 이는 경제자유화정책의 목표에 일부 부합하는 것이기도 했다. 즉 불평등을 조장한 근본원인인 국가의 과도한 시장간섭을 제거하여 시장에서 경제행위자들이 공정하게 경쟁할 수 있는 환경을 조성하는 것이었다.

이처럼 김대중정부가 출범한 당시의 정치경제상황은 경제민주화와 자유화의 필요성이 공존했다. 사회경제적 불평등을 개선하라는 국민들의 요구가 팽배했다. 동시에 경제분야에서는 IMF의 간섭으로 인해 경제자유화가 반드시 추진되어야 할 정책과제로 자리잡아 있었다. 따라서 완전하지는 않아도 결과적으로 경제민주화논리와 경제자유화논리는 상호공존할 수 있는 기반이 마련되었다.

김대중정부는 이러한 과제를 수행하기 위한 정치이론으로 참여민주주의론을 그리고 경제이론으로 사회적 시장경제론을 도입했다. 참여민주주의Participatory Democracy는 신우파적 성향의 김영삼정부가 수용했던 법적·제도적 민주주의보다 확장 심화된 민주주의 모델이다. 법적·제도적 민주주의가 주로 민주주의의 절차적 측면을 강조했다면 참여민주주의는 민주주의의 적용범위를 사회경제분야까지 확산시킨다. 상대적으로 형평을 강조하는 민주주의 모델이다.[1)]

이 모델은 시민의 참여를 강조한다. 국가와 시장외에도 시민사회라는 제3의 섹터를 설정한다. 시민의 참여를 통해 국가의 정책결정과정을 감시하고 시장행위자의 일탈을 적발한다. 국가의 공적이고 관료적인 이익이나 시장의 사적인 이익과 구분되는 사회적인 이익을 설정한다. 참여민주주의 모델은 시민이 사회적인 이익을 수호하기 위해 국가와 시장에 개입할 수 있다고 상정한다.[2)]

김대중정부가 이처럼 심화되고 확산된 민주주의 모델을 도입한 주된 이유는 정치경제적 개혁을 추진함에 있어서 보수적 기득권층의 저항을 극복하기 위해서였다. 박정희정권 이래 견고하게 조직화된 보수기득권세력은 행정부, 국회 그리고 경제를 장악하고 있었다. 박정희, 전두환, 노태우, 김영삼 대통령을 배출한 경상도 지역의 정치세력, 관료적 권위주의 정권하에서 행정제도를 장악한 관료제 그리고 한국의 경제를 장악한 재벌이 바로 보수기득권세력의 핵심이었다.

김대중정부나 재야의 진보적 세력이 이들을 대상으로 삼아 홀로 개혁을 추진하는 것은 무리가 수반될 수밖에 없었다. 그러므로 김대중정부는 이들과 정치적으로 대립했을 때 정부의 진보적 입장을 지지해줄 정치적 동맹이 필요했다. 참여민주주의 이론을 도입한 김대중정부는 진보적 시민사회세력, 구체적으로 시민사회단체를 정치적 동맹의 대상으로 삼았다.

김영삼정부의 신경제정책도 국민의 참여를 주장한 바 있다. 그러나 여기서 강조하는 국민의 참여는 민간부문 특히 민간기업 그리고 부분적으로 중도보수적 성향의 시민단체의 참여를 주로 지칭했다. 그러나 진보적 사회세력의 참여는 배제되었었다. 반면에 김대중정부는 이들이 국정과정에 적극 참여할 수 있는 통로를 만들고자 했다. 물론 경제위기가 발생한 직후인 만큼 노동의 참여는 배제되었다. 2.8사회협약 주체 중의 하나였지만 협약이후 이들의 적극적 참여는 오히려 봉쇄되었다. 대신에 김대중정부는 진보적 시민사회단체의 참여를 활성화시키고 이들의 협력을 바탕으로 보수기득권층을 대상으로 한 정치경제적 개혁작업을 추진하려 했다. 그러면 김대중정부와 시민사회단체간의 관계는 어떤 정치적 얼개를 가지고 있었던 것인지 다음에서 살펴보도록 하겠다.

## ❑ 김대중정부와 비정부조직간의 관계

권위주의적 정권이 지배하던 1980년대 중반까지 한국의 비정부조직들은 대부분 정부의 간섭과 통제하에 있었다고 보아도 과언이 아니다. 특히 사회적으로 영향력이 큰 단체들은 정부의 재정적 지원을 받으며 활동하였고 그 대가로 정부의 법적·정치적·인적 통제를 받아들였다. 비정부조직들은 권위주의적인 정부에 대해 복종하고 정부가 필요로 하는 일을 대행해주는 대리인의 역할을 수행했다. 정부의 통제에 대해 반발하거나 정부의 억압적 태도를 비판하는 단체는 '반정부단체'로 분류되어 정부의 엄격한 통제와 탄압을 감수해야 했다.

1987년 6월 항쟁이후 그동안 억압되어 왔던 계층적 욕구들이 탈권위주의의 시작을 알리는 6.29선언과 더불어 급격히 분출되기 시작했다. 이 당시 가장 현저하게 증가한 비정부단체는 노동조합, 교사단체, 그리고 비정부적 농민단체들이었다. 이들은 전두환정부가 임기동안 지속적으로 추진해왔던 시장개방화와 경제안정화정책으로 인해 가장 많은 피해를 보았던 집단들이라 할 수 있다. 이들은 사회의 근본적인 변혁이라는 목표(즉 군부독재 타도, 반미 자주통일, 민중민주주의 혁명)를 가지고 국가권력과 자본계층을 상대로 투쟁을 전개했었다.[3)]

이러한 반정부적 투쟁은 그러나 1990년대 초에 발생한 사회주의 체제의 몰락과 더불어 급격한 변화에 직면하게 되었다. 1980년대까지 계급적 사회운동의 힘을 제공했던 것은 사회주의로의 변혁에 대한 희망이었다. 그러나 이 희망이 붕괴됨으로써 민중민주주의 혁명노선을 취한 분파들은 심각한 충격에 직면하게 되었다. 이로 인해 1990년대 초반에 반정부적 시민운동단체들의 활동도 전반적으로 침체기에 접어들었다.

계급투쟁적 사회운동단체들이 침체되면서 새로이 부상한 것이 소위 '신사회운동'단체들이었는데 이 중 대표적인 것이 '경제정의실천시민연합(경실련)'이었다. 경실련은 비계급적·초계급적 목표를 지향하고 온건한 운동방법을 천명하였다는 점에서 '구사회운동' 세력들과 구분되었다. 이들은 정부의 억압적 통제로부터 자유로웠으며 정부, 언론, 지식인 그리고 대중으로부터 지지를 획득하면서 성장하였다. 이처럼 신사회운동세력이 확대되면서 '구사회운동'의 목표에 공감하고 연대해 활동하던 운동단체들 중 '공해추방운동연합'과 '한국여성단체연합' 등은 기존 자신들이 유지해오던 연대의 틀로부터 이탈하여 독립적인 노선을 걷기 시작했다.

신사회운동단체들의 적극적 활동에[4] 자극을 받은 구사회운동단체들은 기존의 반정부적이고 민중적이었던 성격에서 탈피하여 운동의 방법, 목표면에서 합법적인 방법과 대중적 관심에 부응하는 현실적인 이슈를 제기하는 등의 변화를 추구하였다. 1994년 가을에 출범한 참여민주주의 시민연대(참여연대)가 그 대표적인 단체라고 할 수 있는데 이 단체는 기존의 재야운동단체 및 노동운동단체와의 연대를 적극 추진했으나 시민단체연합에는 가입하지 않았다. 참여연대의 등장으로 인해 구사회운동과 신사회운동이 사안별로 연대하는 국면에 진입하게 되었다.[5]

유신이후 최초의 민간정부로 일컬어지던 김영삼정부 역시도 시민단체를 정부의 영향력하에 두고자 했음은 부정할 수 없다. 과거 권위주의 정부하에서 정부의 역할을 내행해 주던 관변단체들이 민주화와 더불어 사회적 영향력을 상실하자 이를 지원해주고 나아가 정부가 의노하는 민주적 사회개혁의 전위대로서 시민단체를 활용하고자 했다.

김영삼정부에 이어 등장한 김대중정부는 이러한 성향을 더욱 강하게 보여주었다. 김영삼정부가 신사회운동단체들과 우호적인 관계를 수립했던 것에 비해 김대중정부는 진보적 성향의 구사회운동단체들과 연대했다. 민주적 정부로서의 정통성을 획득하고 국민들로부터 정치적 지지를 확보하며 아울러 여론을 수렴하기 위하여 비정부조직을 정부의 우호적 지지자로 활용하려 했다.

이들 시민단체에 대한 김대중정부의 재정지원은 (1) 국회의결을 거쳐 독립된 예산항목으로 책정되는 정부의 민간단체보조금, (2) 각 부처별로 개별적 법률에 의해 매년 일정금액을 지원하는 보조금 그리고 (3) 중앙부처나 지방자치단체가 각 부처별 예산사업의 집행과정에서 여러 가지 형태로 민간단체에 재정을 제공하는 지원금 등 세 가지 유형이 있었다.[6] 이 중 첫 번째와 두 번째의 항목에 해당하는 민간단체보조금과 관련해서 정부는 1998년 말 NGO지원법인 '비영리민간단체지원법'을 제정하여 민간단체에 대한 재정적・행정적 지원을 제도화했다. 그 결과 정부의 비정부조직들에 대한 지원은 1990년 844억 원에서 1998년 2,860억 원으로 명목가격으로는 4배, 실질가격으로는 2배 이상 증가했다. 이는 같은 기간 동안 정부예산이 230%(명목가격기준) 증가한 것보다도 높게 성장한 것이다.[7] 이러한 정부의 보조금은 준공공기관이나 소위 관변단체 또는 협회, 학회 등과 같은 직능단체들을 지원하는 것과 정부의 위탁업무에 관련된 것이 대부분이었다.

이에 비해 행정자치부, 국정홍보처 그리고 서울시를 비롯한 자치단체들의 비영리민간단체 지원사업은 시민단체의 성장과 활동에 직접적으로 관련된 것이 많았다. 이러한 맥락에서 시민단체에 대한 공보처, 행정자치부 그리고 노동부의 지원 역시 급격하게 증가했다. 정부의 홍보를 담당하고 있는 공보처의 지원대상 시민단체 수는 1994년 13개에서 1999년 61개로 증가했다. 행정자치부는 1999년과 2000년에 각각 75억 원씩을 지원했다. 노동부는 1997년에 44억 원의 자금을 노동 관련 조직에 제공했다. 그리고 서울시의 민간단체에 대한 지원은 1996년의 7억 5천 7백만 원에서 1999년 23억 3천 1백만 원으로 약 3배 증가했다.8)

물론 비정부조직 특히 시민단체에 대한 재정적 지원이 김대중정부에만 국한된 일이라고 할 수는 없다. 이에 앞서 김영삼정부가 시민단체에 대한 재정적 지원을 시작했다. 공보처가 '민주공동체 실천사업'의 일환으로 시민단체에 대한 지원을 시작하면서 1994년에 13개 단체에 6억 7천만 원, 1995년 27개 단체에 8억 8천만 원 그리고 1996년 35개 단체에 9억 9천만 원을 지원한 바 있다. 1994년 이전까지는 행정자치부의 지원대상이 '새마을운동 중앙협의회', '바르게살기운동 중앙협의회', '한국자유총연맹' 등 이른바 관변단체 세 곳에만 한정되어 있었다.

시민단체에 대한 지원방식은 관변단체에 대한 지원방식과 여러 면에서 차이가 있었는데 무엇보다도 관변단체에 대해서는 사무실운영비, 인건비 등 경상비를 지원해주었지만 시민단체는 특정 프로젝트를 중심으로 지원하였다. 공보처가 신문광고를 통해 사업계획을 공모하고 이에 응모한 지원단체를 민간심사위원회에서 심사하여 선발했다.

공보처가 국정홍보처로 기능이 축소되자 시민단체 지원업무도 행자부로 이관되었으며 이로서 행자부가 관변단체와 시민단체에 대한 지원을 모두 담당하게 되었다. 김대중정부에 들어서 행자부는 '비영리민간단체로서 회원 100인 이상, 활동실적 1년 이상'의 자격을 가진 단체들을 대상으로 사업계획을 공모 받아 지원했다. 이를 계기로 관변단체도 지원사업에 선정되어야만 지원을 받을 수 있게 되었다. 시민단체는 물론 관변단체도 공히 사업의 내용에 따라서만 지원금을 받을 수 있게 되었던 것이다.

김대중정부를 비롯한 민간정부가 시민단체를 지원한 것과 관련하여 두 가지의 상반된 견해가 존재했다. 긍정적인 견해는 미국 등 선진국들의 경우 정부는 물론 민간재단들까지도 비영리단체를 적극 지원하고 있는 만큼 시민단체에 대한 지원이 열악한 우리의 상황에서 정부가 비정부단체를 재정적으로 지원하는 것은 당연한 일이라는 것이다. 정부의 재정적 지원이 시민단체의 재정기반을 다양화 시켜줌으로써 안정적으로 활동을 전개할 수 있도록 해준다는 논리였다.[9)]

이와 반대로 부정적인 견해는 납세자의 세금을 받아 움직이는 시민운동은 결국 집권정당의 외곽지원단체나 공무원과 야합하는 조직이 될 수밖에 없다는 것이었다. 즉 자발적으로 설립된 비영리 민간단체를 정부가 재정적으로 지원할 경우 공생적인 상호의존관계가 성립되어 정부의 통제를 수용하게 되는 준정부조직화의 가능성이 있다는 것이다.[10)] 이러한 두 가지 견해 중에서 문제가 되는 것은 후자인 부정적 견해에 관한 것인데, 각종 시민단체의 순수성을 받아들인다 하더라도 문제가 발생할 수 있는 여지가 충분히 있다는 점에서 많은 주목을 받았다.

정부와 집권정당이 비정부조직을 지원하는 데에는 다음과 같은 세 가지 동기가 복합적으로 작용하고 있었다. 첫째, 비정부조직의 재정적 상황이 실제로 매우 열악하기 때문에 순수한 사회운동이 건전하게 유지되도록 하기 위해서는 정부 외에는 마땅한 지원주체가 없는 것이 현실이었다. 실제로 각종 시민단체의 재정적 현황은 매우 열악했다. 풀뿌리시민운동보다는 엘리트 중심의 시민운동을 모델로 하여 성장하다 보니 '시민 없는 시민운동'현상을 초래하였고 이는 회비를 내지 않는 회원의 숫자만 늘려 결국 외형만 기형적으로 비대한 시민단체가 양산되었다.

게다가 기부문화도 발달하지 않아 시민단체를 전적으로 지원하는 공익단체도 거의 존재하지 않았다. 권력감시기구라는 본연의 임무를 표명하고 출범한 참여연대의 경우 애당초부터 정부의 지원을 받지 않는 살림을 꾸려온 결과 회비와 자체수입만으로 운영되는 최초의 시민단체가 될 것이라는 전망이 있기도 했다. 그러나 참여연대를 제외한 나머지 주요 시민단체들은 대부분 회비에 의한 단체운영이 거의 불가능했다. 2000년도 비정부조직NGO과 비영리조직NPO을 대상으로 이루어진 한 조사에 의하면 우리나라 민간단체들은 평균적으로 39%의 예산을 회비로 충당하고 있고 정부, 지방자치단체 및 공공기관으로부터 19% 그리고 개인, 기업, 재단 및 기타단체로부터 19%에 해당하는 예산을 공급받고 있는 반면 활동수익이나 요금으로 벌어들이는 부분은 12%에 불과했다.[11] 직접적인 비교는 불가능하지만 미국의 비영리사회 서비스조직들의 경우 1983~1995년의 기간 동안 47.0~57.11%에 해당하는 예산을 프로그램 이용료 및 요금 등의 자체활동을 통해 벌어들인 반면 정부의 지원금에 의존하는 것은 10% 미만이었다는 사실[12]과 대조적이었다.

두 번째 동기는 서구 선진국에서도 나타나듯이 민간부문의 성장이 국가가 감당할 수 없는 정도로 확대되고 국가의 규모를 축소하라는 사회적 압력이 강화되자, 이를 수용하는 차원에서 국가가 감당하던 복지 관련 업무를 비정부단체에 이전하여 양자간에 협조적 동반자관계를 구축하려는 정부의 의도였다. 상기한 바와 같이 정부가 비정부조직에 대한 지원을 무조건적으로 하지 않고 사업성을 따져 선별적으로 지원하는 것은 정부가 필요로 하는 사업을 비정부조직으로 하여금 대행토록하기 위해서였다. 시민단체관계자들이 토로하듯이 시민단체들은 '아동복지캠페인', '저소득층방과후교실' 등 특정 프로젝트에 대한 지원만을 받아왔는데, 이러한 맥락에서 본다면 시민단체운영에 대한 지원금을 받았다기 보다는 사실상 시민단체가 정부의 지원금으로 정부가 해야 할 사회복지기능, 공공기능을 대행한 셈이었다.[13] 금융위기 이후 IMF관리체제가 등장하면서 막대한 양의 실업이 발생하였고 전통적으로 사회안정장치가 미흡하던 한국의 실정에서 복지제공사업을 정부가 홀로 감당하는 것은 불가능했기 때문이다.

세 번째 동기는 시민단체를 정치적인 차원에서 개혁의 도구이며 전위세력으로 활용하고자 했던 김대중정부의 욕구였다. '민주주의와 시장경제'라는 정치경제적 모토를 내세운 김대중정부는 1997년 말에 발생한 금융위기가 기득권을 갖고 있는 정치적 · 경제적 보수세력들의 도덕적 결함에 기인한 것이라고 진단하면서 대대적인 개혁을 시도했다. 우선 경제적 차원에서 재벌에 대한 개혁을 추진했다. 진보세력의 시각에서 재벌은 경제력집중의 주범이며 부실한 금융구조를 갖고 있고 부당한 방법으로 막대한 부를 독점해온 비도덕적 경제집단이었다.[14] 아울러 정치적 차원에서는 대북한 포용정책인 소위 햇볕정책을 추진하고 기존의 정치적 기득권층을 재편하기 위한 개혁을 시도하였다. 보수세력을 약화시키기 위해서는 진보세력에 대한 정치사회적 지지가 필요했고 시민단체는 정부의 이러한 필요를 충족시켜줄 수 있는 유용한 사회세력이었다.

경험적으로 증명되지는 않았지만 2000년 대선을 전후하여 낙

선운동을 주도한 총선시민연대와 여권핵심간의 결탁에 관한 음모론이 강력하게 대두되기도 했다. 여당인 민주당과 공동정부를 구상했던 자민련은 시민단체와 여권의 연계의혹을 밝혀줄 정부의 시민단체 지원현황과 단체주도인사의 개별적인 성향에 관한 조사를 완료하였다고 공언한 바 있다. 자민련의 김종필 명예총재는 시민단체를 중국 문화혁명의 전위세력으로 활용되었던 '홍위병'에 비유하기도 했었다.15)

2001년에 들어서는 그간 성역으로 간주되던 보수언론사에 대한 세무조사를 단행했다. 탈세, 상속, 허위발행부수에 관련된 비리들을 발굴하여 사법처리하는 과정에서 정부의 대북정책을 비판한데 대한 정치적 보복이라는 비난이 국내외적으로 강력하게 제기되었지만 정부의 언론개혁정책을 지지하는 시민단체의 지원에 힘입어 이를 강행할 수 있었다.

김대중정부가 비정부조직을 정치적 지지세력으로 편입시키고자하는 의사를 갖고 있다는 점은 '민족화합협력범국민회의'와 '제2의 건국범국민추진위원회'의 사례에서도 분명하게 나타났다. 민화협은 정당사회단체들이 통일문제에 관한 국민적 합의를 도출하고 민족동질성의 회복을 목적으로 1998년에 설립한 단체였다. 진보와 보수세력을 망라한 199개 정당과 사회단체들이 참가하는 관민공동의 통일운동협의체였다. 초기 논의과정에서 통일부가 주도적인 역할을 하였으며 운영에 있어서도 간접적인 지원을 제공했다.

'제2의 건국범국민추진위원회'의 설립은 1998년 10월 1일에 공표된 대통령령에 근거하고 있었다. 제2건국위는 과거의 각종 폐해를 청산하고 다가오는 21세기 지식정보화사회에 능동적으로 적응하여 세계일류국가를 건설하기 위한 총체적 국정개혁이자 범국민운동임을 표방했다. 기본이념을 김대중 대통령의 정치경제적 모토인 '민주주의와 시장경제'에 두고 있었던 제2건국위는 중앙은 청와대와 중앙정부부처 그리고 지방은 지방정부의 주도하에 조직되었다는 점에서 민화위의 경우보다 정부간섭의 정도가 훨씬 강했다.[16)]

시민단체들이 제2건국위가 관변단체화하고 있다고 비난하자 정부의 참여수준을 낮추기는 하였지만 경실련, 참여연대 등 한국의 대표적인 시민단체는 여기에 참여하지 않았다. 이 단체의 상임위원장을 맡았던 서영훈씨가 새천년민주당의 창당과 함께 대표로 취임한 것에서도 보듯이 제2건국위를 통해 시민단체를 정부가 추진하려는 개혁정치의 지지세력으로 만들고자 하는 의도가 매우 강했다.

김대중정부와 진보적 시민단체의 밀착에 관한 루머는 정부가 야심적으로 추진한 의약분업사업을 둘러싸고도 전파되었다. 한나라당은 보건복지부 산하단체인 보건산업진흥원이 의약분업 홍보비 명목으로 4억 9백만 원을 의료개혁시민연합에 지원한 사실을 밝혀냈다. 의료개혁시민연합이 정식 법인단체가 아니기 때문에 지원대상이 될 수 없음에도 불구하고 정부가 불법 지원했다고 비판했다. 정부의 진정한 지원동기가 무엇인가에 대해서는 불분명했지만 정부가 시민단체를 자신이 추진하고자 하는 개혁의 지지세력 또는 홍보세력으로 활용하고자 했던 의도가 전혀 없었다고 볼 수는 없었다. 이러한 경향을 대변하듯 2000년을 기점으로 비정부조직에 대한 행정자치부의 총지원규모는 전년도 수준으로 유지되었음에도 불구하고 새마을운동, 바르게살기운동, 자유총연맹 등 보수단체에 대한 지원금액은 전년도의 39.4%로 대폭 삭감되었다.

하나 주목해야할 사실은 이처럼 정부와 시민단체의 관계가 다소 공생적인 유착관계를 보였던 반면 시민단체와 더불어 시민사회의 한 축을 담당하고 있는 기업 및 경제단체와의 관계는 그다지 협조적이거나 공생적인 관계로 보이지 않았다는 점이다. 시민단체들은 기업 및 시장에 대한 견제자의 역할을[17] 수행했으며 정부도 이러한 역할을 은연중에 독려했다. 김대중정부는 '민주주의와 시장경제'라는 정치경제적 모토를 설정해 놓고 경제적 자원의 독점화에 따른 제반문제들(예컨대 경제적 불평등, 기업의 도덕적 해이, 노동권의 침해 등)을 해소하고자 하였다.[18]

정부의 이러한 의도에 부응이라도 하듯 시민단체들은 금융위기 발생이후 경제구조를 조정하는 과정에서 기업들로 하여금 경제민주화이념을 수용하도록 압력을 행사했다. 참여연대는 애드보커시 활동의 일환으로 소액주주운동을 전개함으로써 재벌기업의 대주주인 소유주들이 경영상의 전횡을 일삼는 것을 견제하고자 했다. 경실련도 기업활동감시단을 운영하면서 시장독점을 심화하고 공정경쟁을 배제하려는 대기업의 시도를 감시하는 운동을 전개하였다.[19]

이처럼 대기업들이 시민단체들의 개혁대상으로 지목되어 있는 이상 시민단체와 기업들간의 관계는 긴장상태를 유지할 수밖에 없었다. 한 조사[20]에 따르면 시민단체들의 절반가량은 경제단체와 어떤 형태로든 관계를 가지고 있었다. 예컨대 특정 프로그램 및 활동과 관련이 있거나(25%) 자문이나 협력요청에 응하거나(23%) 재정적으로 관계가 있는(21%) 경우가 많았다. 특히 사회복지/구호(33%), 시부재난/보금/자원봉사(50%), 문화(30%)분야는 타분야보다 상대적으로 많은 단체가 기업 및 경제단체와 관계를 가지고 있었다. 그러나 경제단체와 거의 관계가 없다고 답한 단체도 44%나 된다는 사실을 감안할 때 복지서비스 제공분야에서는 곧잘 협조관계가 형성되지만 애드보커시부문에서는 많은 경우 양자가 긴장관계를 유지했다고 볼 수 있다.

요컨대 김대중정부는 비정부조직 또는 시민단체를 법적·제도적 심지어 재정적으로 지원함으로써 협조적 동반자관계의 성립을 지향했다. 그럼에도 불구하고 과연 양자간에 바람직한 의미의 협조적 동반자관계가 형성되었는가에 대해서는 매우 회의적인 견해를 가질 수밖에 없다. 양자간에 형성된 협조적 관계가 단지 인위적으로 가공된 것일 뿐 실제는 아니었다. 표면적으로는 매우 자율적인 협조적 동반자의 모습을 표명했지만 실질적으로는 협조적 대행자 또는 심지어 국가주의적 정부지배 모형의 본 모습을 하고 있었다.

한국 시민단체의 모습이 이중성을 노정했던 이유는 시민사회의 부흥이 자율적인 시민사회의 등장의 한 결과라기 보다는 집권자의 정치적 필요성에 의해 촉진되었기 때문이라고 볼 수 있을 것이다. 김대중정부하에서 비정부조직의 성장이 급격하게 진행된 본질적인 이유는 두 가지로 요약될 수 있을 것 같다.

우선 계층적으로 중산층과 노동자계층의 지원으로 집권한 정부가 재벌과 보수정치세력 등 기득권층을 정치적으로 압박하여 개혁을 추진하고자 하였는데 이 과정에서 비정부조직이 개혁의 전위대이며 정부의 지지세력으로서 역할을 할 수 있다고 판단했기 때문이다. 실제로 김대중 대통령 내외는 집권이전부터 각종 시민운동단체에 적극 참여하는 등 우호적 관계를 유지해 왔다. 둘째로, 기존의 제도권 정당이 국민의 이익취합 및 이익표출기능을 제대로 수행하지 못하자 그 대안을 모색하던 시민들이 시민운동단체 등 비정부조직을 그들의 정치적 대변자로 인식하게 되었기 때문이다.

## ❑ 사회적 시장경제론

정치분야에서의 참여민주주의론은 경제분야에서 사회적 시장경제Social Market Economy론으로 연결되었다. 김대중정부는 이 이론을 바탕으로 경제민주화와 신자유주의적 개혁을 동시에 추진하고자 했다. 여기에서 신자유주의적 개혁이란 국가가 보호하고 지원하는 중상주의적 경제체제를 시장의 자율성과 자유경쟁이 활성화된 시장경제체제로 전환하는 것을 의미한다. 1980년대에 영국과 미국이 신자유주의적 개혁을 추진하여 복지국가의 잔재를 떨쳐버리고 자유주의적 규제국가the regulatory state로 전환하는데 성공한 것에 착안하여, 한국도 시장중심의 경제체제를 수립하는 수단으로 신자유주의적 개혁을 시도했던 것이다.

김대중정부는 출범 초기 자신이 추구해야 할 정치경제적 모토로서 '민주주의와 시장경제'를 제시한 바 있다. 정부는 「국민과 함께 내일을 연다: 국민의 정부 경제청사진-DJ노믹스」[21]라는 정책 홍보책자를 통해 김대중 자신의 정치경제 통치이념을 제시하면서 정부가 기업을 육성의 대상으로 보거나 직접적인 통치의 대상으로 보던 과거 권위주의적 정부들과는 달리 민주적 원리에 의하여, 즉 민간인들의 자율과 자유에 의하여 작동하는 경제체제를 건설할 것이라고 구상했다.

자유라는 용어는 일반적으로 개인이 자신의 이기적 이익을 추구하는 것이 도덕적으로 법적으로 비난받지 않는 상태를 의미한다. 자유주의 사상의 선구자였던 아담 스미스Adam Smith가 개인이 자신의 이기적 이익을 추구하는 것이 오히려 사회에 기여하는 것이라고 한 주장은[22] 개인주의에 입각한 근대시민사회의 등장에 결정적으로 기여했다. 그렇다면 김대중정부가 추구했던 민주주의와 시장경제는 어떤 것이었을까?

김대중정부가 집권 초기 그려낸 정치경제적 청사진은 「국민과 함께 내일을 연다」라는 정권 홍보용 책자에 담겨 있었다. 이 책은 김대중 대통령을 야당시절부터 지지한 학자들과 재정경제부 그리고 KDI가 공동으로 집필한 것이다. 일명 DJnomics라는 이름으로 더욱 잘 알려진 바 있다. 이 책은 국민의 정부의 경제청사진을 제공하려고 씌여진 책이기 때문에 민주주의에 관한 언급은 매우 원론적이고 간결하다. 이 책은 민주주의가 왜 필요한가에 대해 다음과 같이 적고 있다.

> 국민의 참여, 법의 지배, 견제와 균형의 원칙에 따라 운영되는 민주주의는 경제발전에 중대한 영향을 미친다. 우선 국민의 참여에 기초한 민주적 합의는 체제를 안정시킴으로써 지속적인 경제성장의 토대를 제공한다.[23]

이처럼 시장경제의 선결요건으로서 민주주의를 보고 있기는 하지만 구체적으로 어떤 민주주의를 추구해야 하는가에 대해서는 모든 국민이 정치과정에 자발적으로 참여하는 '참여민주주의'의 전통이 뿌리내릴 때 진정한 민주주의의 발전을 기대할 수 있다고 주장하고 있다. 그러면 왜 자유민주주의라는 말 대신에 참여민주주의라는 단어를 사용했던 것일까?

이 책이 제시하는 시장경제의 의미를 잘 살펴보면 김대중정부가 추구했던 시장경제는 엄밀한 의미에서 신자유주의적 · 자유경쟁적 시장경제보다는 시장질서의 유지를 위한 정부의 간섭을 강조하는 '사회적 시장경제social market economy'에 더 가까웠음을 알 수 있다.

DJnomics는 시장경제의 이론적 틀을 독일 프라이부르그Freiburg 학파를 중심으로 발전한 질서자유주의ordo-liberalism에서 빌려왔다. 이 이론은 1930년대에 오이켄W. Eucken 등 독일 자유주의자들에 의해 주창된 일종의 자유주의적 경제이론이다.[24] 제2차 세계대전이 종결되고 난 후 패전국가 독일은 극심한 경제적 폐해를 경험했었다. 마비된 경제를 되살려 독일의 부흥을 꾀하고자 했던 학자들과 관료들은 독일경제의 근간이 될 수 있는 경제이념을 찾고자 했는데 질서자유주의가 바로 그 대안으로 채택되었다.

전후 유럽의 부흥을 위해 제 국가들이 시도했던 것은 복지국가의 건설과 케인즈주의적 총수요관리경제정책이었다. 유럽뿐만 아니라 미주의 국가들도 케인즈주의를 경제운영의 교과서로 받아들이고 있을 그 당시 독일에서는 자유주의자들을 중심으로 국가중심적 경제관리방식에 대한 저항이 제기되고 있었다. 물론 이들도 자유방임적 경제운영방식의 폐해를 잘 인식하고 있던 터라 고전주의적 경제운영방식을 전적으로 선호하지는 않았다.

그 대신 자유시장주의와 정부의 시장질서수립능력을 잘 조화시키되 궁극적으로는 자유주의 쪽에 무게를 실어주는 경제이념을 도출하게 되었는데 이것이 바로 질서자유주의에 입각한 사회적 시장경제이론이었다. 이 이론은 1949년에 기민당의 공식적인 경제정책으로 재택되어 이후 독일의 부흥을 주도한 경제사상이 되었다.

질서자유주의를 어떻게 정의할 것인가 하는 문제는 제 이론들이 추구하고 있는 입장의 상대성 때문에 쉽지 않은 일이다. 그런데 한 가지 주목할 것은 비록 자유주의라는 용어를 사용했지만 이 이론은 독일의 사회적 시장경제를 지탱하는 기본원리였다는 점이다. 그러면 이와 같은 역설적 조화가 어떻게 가능했던 것일까?

사회적 시장경제란 '사회정의, 사회보장 및 사회적 진보를 가능한 한 개인의 자유를 최대한 보장하는 가운데서 실현하고자 하는 시장경제질서'를 수립하는 것이다.[25] 개인의 자유와 형평성을 동시에 해결하는 방법으로 이 이론이 제시한 것은 경쟁질서의 확립이었다. 공정한 경쟁이 있을 때 비로소 개인의 창의력과 효율성이 극대화될 수 있다는 것이다.

그런데 중요한 것은 공정한 경쟁질서가 저절로 생기는 것이 아니라 바로 국가의 정책적 개입에 의해서 가능하다고 본 점이었다. 경쟁질서는 시장이 단독으로 해결할 수 있는 것이 아니며 국가가 적극적인 경쟁정책을 통하여 독과점을 규제하고 시장의 투명성을 제고해야 한다고 주장했다.

국가의 개입이 여기에 국한되는 것만은 아니었다. 질서자유주의가 간과했던 사회적 문제들을 정책과제로 삼았던 뮐러-아르막Müller-Armack은 사회보장, 소득재분배, 교통 및 교육 등 사회적 공공재를 제공하는 일에 국가가 적극적으로 개입해야 한다고 주장했다.[26] 독일의 경제정책의 근간이 일종의 자유주의 임에도 불구하고 오늘날 유럽에서 최고 수준의 사회보장제도 갖춘 복지국가를 운영하고 있는 이유를 이러한 맥락에서 설명할 수 있을 것이다.

결국 따지고 보면 사회적 시장경제이론은 자유시장경제이론과 시장사회주의론market socialism을 적절하게 결합한 중도적 이론이지만 넓은 의미에서 보면 사민주의 이론이나 복지국가 이론과도 연결되는 부분이 많이 있다. 최소한의 국가와 시장의 우위를 상정하는 신자유주의적 시장경제와는 구분되는 개념이다.

사회적 시장경제이론은 강한 국가 그리고 적극적인 국가를 상정하고 있다. 물론 케인즈주의가 상정한 자원배분을 주도하는 큰 국가는 아니다. 그러나 시장제도의 수립과 운영 그리고 사회보장을 위해 개입할 수 있는 능력을 갖춘 강한 국가이다. 이러한 점은 DJnomics에서도 언급하고 있다. 시장경제체제를 확립해 나가는 과정에서 정부의 역할, 금융기관에 대한 건전성감독의 강화, 시장의 실패를 교정하기 위한 개입의 강화, 기술개발, 연구개발 등 공공재에 대한 국가의 투자강화, 경제적 약자를 배려하기 위한 사회보장제도의 강화 등을 중점 정책목표로 언급하고 있다.[27)]

따라서 엄밀하게 보면 김대중정부의 민주주의와 시장경제가 사유민주주의와 자유방임적 시장경제를 의미했던 것은 아니었다. 정부의 이론적 지향점은 신자유주의적 체제와는 다소 거리가 있는 정치경제체제였다. 그렇다면 현실적으로 보았을 때 김대중정부가 실제 지향하고 있는 목표는 무엇이었는가?

여러 가지 면을 종합해 보았을 때 김대중정부가 추구했던 자본주의 체제는 사민주의적 성격을 어느 정도 내포했다. 경제적 자유화와 민주화를 동시에 추구해야 했기 때문에 완전히 신자유주의적인 경로를 택하기는 어려웠다. 실제로 김대중정부는 정치적 차원에서 영국 노동당 블레어정부의 그리고 미국 민주당 클린턴정부의 제3의 길을 모방할 것임을 공공연히 표방하고는 했다.

그럼에도 불구하고 김대중정부가 사민주의적 대안을 택할 것인을 공식적으로 천명할 수 없었던 이유는 분명하다. 금융위기 이후 IMF지배체제하에서 출범한 정부의 입장에서는 국수적인 인상과 크고 개입적인 국가의 인상을 줄 수 있는 사민주의적 대안을 공식적으로 채택할 수 없었을 것이다. 그리하여 신자유주의적 개혁을 추진할 것처럼 대내외에 천명했지만 곧 그 한계에 봉착하게 되었고 결국 경제정책의 혼선을 야기한 근본적인 요인이 되었다고 볼 수 있다. 사민주의적 대안은 한국의 정치경제적 발전단계를 고려할 때 완전히 배제할 수 없는 선택이었다. 이 점은 김대중 대통령 개인을 보좌했던 정책브레인들도 간파하고 있었고 대통령 자신도 충분히 인지하고 있었다.

게다가 김대중 대통령 자신의 오랜 신념은 경제민주화에 더 가까웠다. 금융위기 이후 들어선 IMF체제로 인해 경제자유화를 병행해야 했지만 대통령이 되기 이전까지 그가 추구했던 경제 아이디어는 '경제민주화'였다. 그 경제이론을 정립하는데 도움을 준 것은 변형윤 교수를 중심으로 한 학현(學峴)학파였다. 이들이 1992년에 출간한 '경제민주화의 길'이라는 저서에서 변형윤 교수는 경제민주화를 '경제의 민주적 관리화'로 민주적이라는 단어를 '비전제적, 비소수지배적, 비군사독재적, 비독점적, 비명령적'인 것으로 정의하고 있다.[28] 간단히 말하면 경제민주화란 시장의 반독점화를 의미하는 것으로 이해할 수 있다. 이 책은 경제민주화를 저해하는 주된 요인으로서 독점자본의 성장과 재벌에 의한 경제력집중을 들고 있다. 그리고 경제민주화를 위한 현실적 과제로서

- 민주적인 노조, 농민조직, 소비자조직의 결성촉진
- 실질적인 기업공개, 주식분산의 추진
- 독과점 및 경제력집중의 규제강화
- 금융자율화(즉 관치금융의 청산)
- 경제계획의 실질적인 신축화 및 유연화

를 들었다.

이보다 앞서 1986년에 출간된 대중경제론Mass-participatory Economy에서 김대중 대통령은 경제력집중의 문제, 노동문제, 지역간·부문간의 불균형문제 해결 그리고 시장기능 회복을 위한 정부의 적극적 역할 등을 역설했다.29)

독점을 분쇄하기 위한 그리고 독점자본을 견제하기 위한 주체로서 국가의 역할을 설정하고 있으므로 자유방임적 국가라기 보다는 적극적인 국가의 역할을 추구하고 있는 것으로 볼 수 있다. 굳이 서양의 예를 찾는다면 미국에서 공황기에 루즈벨트Franklin D. Roosevelt 대통령의 민주당이 본격화한 적극적 자유주의 그리고 사민주의적 성격이 강한 독일의 질서자유주의의 입장이다. 이 두 입장은 자유주의라는 말을 포함하고 있지만 사민주의적이고 복지국가적인 입장도 포함하고 있다. 즉 국가가 개인으로 하여금 자신의 자유를 적극적으로 구현할 수 있도록 능동적인 역할을 수행해야 한다는 것이다. 이러한 관점에서 '경제민주화의 길'이라는 책은 롤스J. Rawls의 분배적 정의론을 인용하면서, 궁극적으로 한국이 추구해야할 모델은 '효율적인 자본주의 시장경제에 정부가 모든 사람의 사회적 최소치를 보장하고 부의 분산을 추구하기 위해 재분배적 개입을 하는 복지국가'이며 이를 떠받치는 정치체제로서 '자유민주주의 체제'를 제시하고 있다.30)

이처럼 김대중정부는 경제자유화를 추구할 수밖에 없었던 이유에도 불구하고 경제민주화를 완전히 외면할 수 없었다. 당연히 경쟁과 형평을 동시에 강조하였다. 발전국가 기간 동안 정부가 보장해 주었던 독점적 구조에 힘입어 고속성장한 소위 '독점자본'의 기득권을 박탈하고 기회를 균등하게 분배하고자 했다. 그리고 상대적으로 차별적인 지원을 받았던 중소기업 및 벤처산업에 대한 지원을 강화했다. 김대중정부가 추구한 경제정책은 경제자유화와 민주화를 동시에 추구하는 일종의 제3의 길이었다.

## ❑ 신자유주의적 금융개혁: 금융감독시스템 개혁과 금융기관 구조조정

김대중정부는 참여민주주의론과 사회적 시장경제론을 도입함으로써 경제민주화를 구현하고자 했다. 그러나 앞서 언급하였듯이 경제자유화는 추진을 포기할 수 없는 중요한 과제였다. 김대중정부가 IMF와 협의하여 추진한 경제자유화개혁 프로그램의 주된 내용은 신자유주의적 금융개혁과 부실기업 구조조정이었다.

1997년에 발생한 금융위기의 핵심적인 원인으로 가장 빈번하게 제기된 것이 자유화과정에서 발생한 금융시장감독의 실패였다. 1980년대부터 전 세계로 파급되기 시작한 신자유주의적 사조와 1995년 WTO의 출범을 계기로, 세계경제의 지구화globalization가 급속하게 진전되었다. 1993년 출범당시 김영삼정부는 금융실명제 및 부동산실명제를 도입하는 등 전임 노태우정부가 추진했었던 경제민주화정책의 맥락을 어느 정도 이어갔다. 그러나 1994년 APEC정상회담의 참가를 계기로 세계화 및 자유화정책으로 급격히 선회했다. 당초 OECD진입여건을 성숙화시키는 것을 목표로 설정하기는 했지만 가입자체를 임기 내에 실현하겠다는 계획은 수립하지 않았었다. 그러나 김영삼정부는 OECD가입을 돌연 적극적으로 추진함으로써 세계화와 경제자유화를 가속화하고자 했다.

OECD가입을 실현하기 위해 정부는 국내시장의 개방을 다소 성급하게 진행하였는데 규제와 감독의 차이에 대한 이해를 결여함으로써 국제수준에 적합한 금융감독 시스템을 수립하는 데 실패했다. 느슨한 감독기준은 한국의 대기업이 은행여신을 독점하도록 방치하는 주요 요인으로 작용했다.31)

여신관리에 있어서 조달 및 운용기간의 불일치miss-match가 빈번하게 행해졌다. 종금사들이 해외에서 빌려온 여신 중 단기여신이 차지하는 비율이 64.4%에 달했다.32) 그럼에도 불구하고 종금사들은 단지 16.3%만을 단기여신으로 운용했을 뿐이었다. 금융자유화를 빌미로 금융기관들은 사업분야를 다각화하고 금융운용의 국제화를 시도했다. 위기관리와 유동성관리에 대한 충분한 대비 없이 국내 금융기관들은 과도할 정도로 해외 금융기관들로부터 단기자금을 도입했다. 결국 해외 금융기관들이 대출을 회수하자 국내 금융기관들은 유동성위기에 봉착하게 되었다.

문제는 결정적인 금융사고가 발생하는 것을 예방할 감독 시스템이 철저하게 준비되지 않았다는데 있었다. 1988년 이후 정부는 금융감독체제를 강화하려는 시도를 진행해 왔으나 관련 부서들간의 마찰로 인해 괄목할 만한 성과를 이루지 못했다. 김영삼정부는 마침내 1997년 6월 16일 금융감독위원회와 금융감독원의 신설을 골자로 하는 금융제도개혁안을 마련함으로써 금융감독 시스템을 정비할 계획을 수립했다. 그러나 이미 경제자유화를 틈타 방만한 운영을 해온 금융기관들을 감독 통제하기에는 때늦은 시도였다. 새 시스템이 실제로 운영되게 된 것은 김대중정부가 출범하고 난 1998년 4월이었다.

금융구조개혁의 핵심은 금융 시스템을 재조직하는 것이었다.

즉 과거 발전국가 모델하에서 존재했던 은행중심 시스템bank-oriented financial system을 시장중심 시스템market-oriented system으로[33] 전환하는 것이었다. 은행중심 시스템은 정부가 통제하는 은행을 중심으로 운영된다. 일본과 독일의 사례에서 보듯이 이 시스템하에서는 다소 효율적인 금융거래가 가능하다는 장점이 있다. 채무자와 금융기관간에 배타적 밀착관계가 형성됨에 따라 거래비용이 매우 낮아질 수 있다. 한국의 경우 정부주도의 발전과정에서 이 제도가 매우 효율적으로 운영되었다.

이러한 장점에도 불구하고 이 제도는 국내 금융시장의 국제화를 도모할 때 잠재적 위험에 노출될 가능성이 높다. 정부가 재원을 조달함에 있어 정부에 의존하는 정도가 높으므로 국제수준을 만족시킬 만큼 수단을 확보하는데 미흡할 수밖에 없다. 이 문제를 해결하기 위해서 김대중정부는 가격 메커니즘을 도입하여 금융시장의 효율성을 제고하려 하였고 금융기관간의 경쟁을 강화하고 시장감시기능을 강화했다. 그 노력의 일환으로 정부는 5개의 시중은행을 포함한 부실금융기관의 폐쇄를 단행했다. 이처럼 단호한 조치가 취해진 후 소비자들은 높은 안정성과 양질의 서비스를 제공하는 우량은행을 선호하게 되었다. 정부는 또 예금전액보장제도를 예금부분보장제도로 전환하여 예금자들과 투자자들이 보다 합리적인 결정을 내리도록 유도했다.

정부는 제도와 관행을 개혁함으로써 국내 금융기관들이 책임과 자율에 입각하여 사업을 전개할 수 있도록 하고자 했다. 과거 발전국가시대에는 금융기관이 파산할 경우 정부가 거의 모든 책임을 감수해야만 했다. 그러나 개혁을 통해 당사자 모두가 책임을 고루 분담토록 함으로써 정부가 책임져야 할 한계를 보다 명확히 하려 했다. 적기 시정조치와 국제적 기준에 따른 신자산건전성분류기준forward looking criteria을 도입함으로써 일개 금융기관의 도산이 금융산업 전체로 파급되는 것을 예방하고자 했다. 또한 정부는 금융기관들이 대출, 이익중심의 경영 그리고 위험관리 등과 관련한 선진금융기술을 도입하도록 유도했다.[34] 금융 거버넌스의 개혁을 강조하면서 특히 금융기관들이 사외이사제와 감사위원회 등을 설치하도록 유도했다.

시장중심개혁의 핵심은 공공서비스기관으로 인식되던 금융기관을 주주의 이익제고를 지상과제로 삼는 영리추구적 '기업'으로 전환시키는 것이었다. 이를 위해 정부는 경영자들의 경영업적을 보상하기 위한 스톡옵션을 강화하는 한편, 부실경영으로 재정적 손실을 입힌 경영자들에 대한 소송활동을 강화하며 도덕적 해이를 규제하기 위한 방안으로서 공시제도를 개선토록 했다. 시장중심제도의 기반을 구축하기 위해서는 감독적 규제를 보강하는 것이 필수조건으로 인식되었다.

또한 김대중정부는 금융감독제도를 강화하기 위한 제도적 노력의 일환으로 금융감독기능을 통폐합했다. '금융감독기구의 설치에 관한 법률'을 제정하여 은행, 주식, 보험 그리고 신용관리기금 등으로 분산되어 있던 감독기능을 통폐합했다. 이 법을 통해 1998년 4월 1일 통합적 금융감독기관으로서 금융감독위원회(이하 금감위)가 국무총리 산하에 설치되었다(별첨 그림 1을 참조). 금감위는 9명의 정규위원으로 구성되었으며 재정경제부의 차관, 한국은행의 부행장, 그리고 예금보험공사의 사장이 함께 참여하는 편제를 가지게 되었다. 그리고 금감원이 추천한 1명의 전문가, 재정경제부가 추천한 1명의 회계전문가, 법무부가 추천한 1명의 법률전문가 그리고 상공회의소가 추천한 1명의 재계대표를 참여시켜 금감원 행정의 전문성을 제고토록 하였다.

금융감독위원회는 재정경제부가 수행하고 있는 금융 관련 법령의 제개정 및 금융시장 안정 관련 업무를 제외한 모든 금융감독업무를 담당함으로써 금융감독에 있어서 다른 어느 기관보다도 강력한 권한을 갖게 되었다. 중앙은행인 한국은행이 보유하고 있던 은행감독권을 금융감독위원회로 이전시키고 한국은행의 역할을 통화량을 조절하는 일에 한정하였다. 또한 금융기관 경영 관련 인허가, 금융기관 검사·제제 및 증권·선물시장의 관리·감독·감시, 그리고 은행감독원, 증권감독원, 보험감독원 그리고 신용관리기금이 통합되어 탄생한 금융감독원에 대한 지시·감독업무를 담당하게 되었다.

금감위는 또한 증권 및 선물시장에 대한 전문적 감시를 위하여 증권선물위원회를 금융감독위원회 산하에 별도로 설치했다. 증권선물위원회는 위원장을 포함 5인의 위원으로 구성되지만 위원장은 금감위 부위원장이 겸임토록 했다. 조직편제상 증권선물위원회는 금감위의 내부조직이지만 증권 및 선물시장을 감독·운영함에 있어서 독자적으로 업무를 수행했다. 증권선물시장의 불공정거래조사, 기업회계기준·회계감리에 관한 업무, 금융감독위원회가 심의·의결하는 증권·선물시장의 관리, 그리고 감시 등의 주요 사항에 대한 사전심의 업무를 관장하게 되었다.

아울러 금융감독업무의 집행기관으로서 1999년 1월 금융감독위원회의 지휘를 받는 금융감독원이 설립되었다. 은행, 증권, 보험감독원 및 신용관리기금이 통합되어 등장한 금융감독원은 금감위원장이 감독원장을 겸임했다. 금융감독원은 금감위의 지시, 감독하에 은행, 증권, 보험 및 기타 제2금융권 금융기관에 대한 검사 및 제재업무를 수행하고 증권선물위원회의 지시를 받아 증권 · 선물시장에 대한 감시업무를 수행했다.

한편 김대중정부는 금융기관의 구조조정을 위해 공적자금[35)]을 조성했다. 1997년 부실종금사의 폐쇄를 시작으로 금융구조조정을 시작하여 1997년 말 2,102개의 금융회사가 2001년 3월 말 현재 1,600개사로 축소되었다.[36)] 전체의 23.9%에 해당하는 금융회사가 폐쇄되거나 인수 · 합병되었다.

원칙적으로 금융기관들은 자신들이 유발한 부실채권을 스스로 정리해야 한다. 그러나 1997년 들어 대기업의 도산이 심각해지자 은행들은 스스로 부실채권을 회수할 수 없는 상황에 도달하게 되었다. 금융거래기능을 정상화시키기 위해 정부는 정부의 재정자원을 이용키로 하고 금융기관들이 손실을 털어낼 수 있도록 공적자금을 제공했다. 정부가 공적자금을 제공하지 않을 경우 금융체제의 혼란이 심화되고 국민들의 부담을 증가시켜 결국 국가경제를 파탄으로 몰고 가게 될 것으로 정부는 보고 있었다.

특히 은행권은 금융구조조정의 1차 대상이었으므로, 신속하게 충분한 공적자금을 투입하여 금융기관으로서의 기능을 회복시킴으로써 금융시스템의 안정을 도모하고자 했다. 2001년 3월 현재 정부가 조성한 공적자금은 134.7조 원이었는데 세부적으로는 정부가 국회의 승인을 거쳐 조성한 기금채권이 111조 원 그리고 국유재산 및 공공자금 관리기금이 23.7조 원이었다.[37)]

이 중 60%에 달하는 80.7조 원이 특수은행을 포함한 은행권에 투입되었다. 정부는 우선 자체정상화가 어렵다고 판단된 5개 은행을 우량은행에 흡수시키는 방식으로 퇴출시켰다. 또한 외환위기 발발당시 부실화정도가 컸던 제일은행과 서울은행을 외국계 금융기관에 매각하거나, 조속한 매각을 위한 경영정상화를 추진했다. 비은행 금융기관에 대한 구조조정은 기본적으로 대주주의 자구노력을 중심으로 경영정상화를 도모한다는 방침아래 진행되었다. 2001년 3월 말까지 540개사의 비은행 부실금융기관이 인가취소, 합병소멸, 자진해산 등으로 정리되었다(별첨 표 7-1 참조).[38]

정부는 이처럼 금융구조개혁을 추진하는 과정에서 다음과 같은 원칙을 수립했다.[39]

(1) 비용최소화의 원칙: 즉 생존가능한 금융기관만 선별적으로 지원한다.
(2) 자기책임과 시장원칙 확립: 금융기관은 자신들에게 제공된 공적자금을 반드시 회수 반납해야 한다.
(3) 국제적 기준의 정합성과 제도화를 통한 객관성 확보: 지원대상기관을 선정함에 있어서 엄격한 국제적 기준이 적용되어야 하며, 정부는 자의적 결정을 자제해야 한다.
(4) 과감하고 신속하게 추진하되 시장의 혼란을 최소화한다.

등이다.

요컨대 1997년 금융위기 발생이후 정부는 금융산업부문에서 기본적으로 규제자 및 감독자로서의 역할을 강화하고자 했다. 과거 발전국가하에서 금융기관은 정부의 자원을 분배해주는 후원자로서의 역할이 강했다. 정부는 금융개혁을 단행함으로써 정부의 가부장적 역할을 종결하고 양자간에 객관적 관계를 설정하고자 했다. 이처럼 객관적 관계를 설정하는 궁극적인 이유는 금융시장의 자율성을 제고하기 위한 것이었다.

하지만 위에서 살펴본 바와 같이 정부의 금융시장에 대한 역할은 내용을 달리하여 적극적인 모습으로 나타났다. 정부가 자원분배과정에 간섭하는 경향은 감소했지만 정부가 금융시장을 감독하고 규제할 수 있는 능력은 오히려 증가했다.

## ❏ 기업구조조정: 빅딜 및 워크아웃

김대중정부는 경제개혁의 일환으로써 부실기업 정리도 추진했다. 부실기업 정리는 전두환정부하에서 산업합리화라는 이름으로 실행된 바 있었다. 그러나 추진의 내용에 있어서 김대중정부의 기업구조조정 프로그램은 전두환정부 당시의 그것과 많은 차이를 보여주었다. 무엇보다도 시장중심적인 원리가 상대적으로 비중 있게 적용되었다.

1997년 한보그룹, 삼미그룹 등 대기업들의 연쇄적 부도가 계속되자 금융기관(특히 종합금융회사)들은 기업들에 대한 채무연장을 취소하고 경쟁적으로 자금을 회수하기 시작했다. 이에 따라 도산이 파급되고 위기가 증폭되자 1997년 4월 18일 금융기관들이 주축이 되어 「부실징후기업의 정상화촉진과 효율적 정리를 위한 금융기관협약(부도유예협약)」을 체결하였으나 제대로 운영되지 못했다. 1997년 9월 22일 여신규모가 가장 컸던 기아계열의 소속기업들이 '부도유예협약' 적용 2개월 만에 화의 및 법정관리를 신청하게 되어 부도유예협약은 사실상 기능을 상실하게 되었다.[40]

한편, 1997년 12월 국제통화기금(IMF)과의 긴급구제금융지원협약이 체결된 후, IMF는 금융지원 조건으로 우리 경제 시스템에 민간자율과 시장원리에 기초한 새로운 형식의 기업구조조정제도를 설치하는 근본적인 개혁을 요구했다. 정부에서는 기업구조조정이 모든 기업에 동일하게 적용되기에는 한계가 있다고 보고 5대 그룹과 6-64대 그룹에 대한 차별적 방안을 마련했다.

5대 그룹에 대해서는 자기손실부담을 기본으로 한 빅딜 원칙하에 자율적 사업구조조정 및 재무구조개선약정 등을 실시하였고, 6-64대 중견기업을 대상으로는 워크아웃을 통해 구조조정을 실시하였다. 이를 위해 금융기관간의 이해를 조정하고 채권금융기관간 공조를 도모하기 위한 「기업구조조정협약」을 체결하였고 이견이 발생할 경우 기업구조조정위원회에서 해결할 수 있도록 하는 런던 방식London Approach을 적용하였다.[41]

## 1. 빅딜: 5대 재벌그룹[42]

빅딜Big Deal이란 그룹간 대형사업교환이라는 의미로, 대기업들끼리 중복되어 있는 사업을 그룹별 업종전문화를 통해 경쟁력 있는 한 곳에 주력 핵심업종부문으로 집중시켜 국제경쟁력을 갖춘 세계적 기업으로 거듭나는 계기를 마련하자는 것이다.[43] 예컨대 삼성, 현대, 대우, LG, SK 등 5대 재벌기업이 세계적으로 경쟁력 있는 3~5개의 주력업종에 전념케하고 나머지 분야는 경쟁력 있는 다른 그룹에 양도하는 것이 주요 핵심내용이었다.

빅딜은 정부가 추진한 재벌구조조정정책이었다고 비판받기도 한다. 강봉균 전 장관의 지적처럼 빅딜이 재벌들의 자발적 의지에 의한 주력업종화였다면 정부는 기업들이 상호업종교환을 하는 과정에서 발생할 수 있는 문제들에 대해서 규칙만을 제정하고 중재와 조정역할만을 수행했어야 했다. 하지만, 정부는 분명히 빅딜의 기본방향을 제시하고, 추진을 위한 각종 지원과 제재를 직접 집행한 측면이 있었다.[44]

그럼에도 불구하고 분명한 것은 빅딜은 불가피한 선택이었으며 대기업들도 대체로 이를 받아들였다는 것이다. 실제로 재계를 대표하여 삼성경제연구소, 대우경제연구소 등은 최악의 금융경색기를 헤쳐 나가기 위한 생존전략으로서 기업간 사업교환(빅딜)방식을 이미 고려한 바 있었다.[45] 빅딜 업종선정에 있어 정부가 먼저 과잉·투자업종을 제시한 것은 사실이지만 재계가 스스로 구조조정 내싱입종을 선정한 이후에야 빅딜은 시작되었다. 따라서 빅딜은 전통적 의미의 정부주도형 부실기업 정리라기 보다는 정부주도형에서 시장중심형 구조로 변화하는 과도기에 나타난 모습이었다고 보는 것이 더 적절할 것이다.

빅딜은 표 7-1과 같은 내용으로 재계가 상호합의한 업종을 중심으로 전개되었다. 세제 및 금융지원하에서 사업이관, 혹은 통합법인 설립이라는 방식으로 전개되었던 빅딜은 전체적으로는 자산의 15.1% 감축, 인력의 13.8% 감축, 부채의 25.8% 축소를 달성했다.[46] 화학섬유 등 과잉설비가 문제가 되고 있는 7개 부문에 대한 2차 빅딜이 거론되기도 했으나, 1차 빅딜의 결과 자동차, 반도체부문의 조업중단 등 부작용이 심각하게 드러나면서 성사되기는 않았다.

표 7-1 빅딜의 추진상황

| | 추진상황 |
|---|---|
| 정유 | - 현대정유가 한화에너지 정유부문 인수완료 → 인천정유로 개명 |
| 석유화학 | - 현대석유화학과 삼성종합화학이 단일법인설립 위한 외자유치협상 결렬<br>- 채권단은 각사의 구조조정계획을 승인<br>- 삼성종합화학: 삼성계열사들의 증자참여<br>- 현대석유화학: 채권단의 출자전환 |
| 항공기 | - 현대우주항공, 대우중공업, 삼성항공이 통합법인 「항공우주산업」 설립 |
| 철도차량 | - 현대정공, 대우중공업, 한진중공업이 통합법인 설립완료 → 현대모비스가 지배권을 확보 후 「로템」으로 개명 |
| 발전설비 | - 삼성중공업, 현대중공업의 발전설비를 한국중공업이 인수 → 두산에 매각 |
| 선박용엔진 | - 삼성중공업의 선박용엔진을 한국중공업에 이관, 통합법인 「HSD」 설립 |
| 반도체 | - 현대전자가 LG반도체 인수완료: 하이닉스 반도체로 명칭변경 → 마이크론사에 매각 실패 후 재매각 추진 중 |
| 자동차 · 전자 | - 삼성자동차와 대우전자의 빅딜 실패함 → 삼성자동차 법정관리 무산 |

출처: 김수길 외, 2003; 재정경제부 · 산업자원부 · 공정거래위원회 · 금융감독위원회, 1999. 8. 25; 산업자원부, 2001.

## 2. 워크아웃: 6-64대 중견기업

워크아웃workout이란 채권금융기관과의 협상을 통해 재무구조가 취약하여 단기적인 어려움을 겪고는 있으나, 회생이 가능하다고 판단되는 재벌그룹을 당장 파산시키는 것보다는 해당 기업에 대해

빚 탕감, 혹은 이자감면 등의 혜택을 제공하여 기업을 회생시킨 뒤 빚을 받아내는 방안이다. 외환위기 이후 부실기업이 동시에 부도처리 되는 경우 발생할 사회경제적 혼란에 대비하여 우리나라에 도입되었다.[47]

정부는 회생가능기업에만 워크아웃을 적용하기 위해서 채권은행들이 투표 등 자율적이고 객관적 판정절차를 최대한 활용하여 1998년 6월 55개 업체를 회생불가능으로 판정하도록 하였다.[48] 같은 달 25일엔 워크아웃 해당 그룹의 회생을 위해 금융기관들과 「기업구조조정 촉진을 위한 금융기관협약(기업구조조정협약)」을 체결하고 대부분의 국내 금융기관들이 가입토록 함으로써 채권금융기관들끼리 신속하고 원활하게 합의를 도출하도록 하였다. 하지만 협약에 의한 지침들이 구속력은 없었으며 워크아웃 당사자간에만 적용된다는 한계를 보였다.[49]

워크아웃 추진과정에서 채권금융기관들간의 상호이해를 조정하는 관행이 미성숙하여 구조조정이 지연되는 등 혼선이 발생했다. 그리고 도입이후에도 여전히 부실징후 대기업이 연달아 발생함으로써 전체적으로 기업구조조정이 충분하지 않다는 국내외의 비난이 일자 정부는 2001년 9월 15일 5년 시한의 「기업구조조정촉진법」을 시행했다. 여기서는 특히 채권금융기관협의회의 책임성과 합의기능을 크게 보완함으로써 무임승차free-riding를 막기 위해 노력하였다. 또한 부실기업에 대한 사후관리 장치를 마련하여 주 채권은행으로 하여금 경영정상화 약정 이행상황을 정기적으로 점검토록 함으로써 부실기업의 경영악화시 법정관리 또는 파산을 즉각 추진하도록 의무화하였다.[50]

결과적으로 워크아웃은 성공적인 부실기업처리제도로 작동했

표 7-2 워크아웃 추진현황(2002년말 현재) (단위: 업체수)

| 워크아웃 선정 | 시작전 탈락 | 워크아웃 적용기업 | | | | 워크아웃 결과 | | |
|---|---|---|---|---|---|---|---|---|
| | | 당초 | 합병 | 회사 분할 | 계 | 졸업 | 중단 | 현재 |
| 104 | 8 | 96 | 17 | 4 | 83 | 55 | 16 | 12 |

출처: 주채권은행.

다.[51] 워크아웃 적용 83개 기업 중 2002년 말 55개사가 정상화되었다(표 7-2 참조). 이는 정상화비율(2002년 말 66.3%) 및 소요시간(평균 2년 9개월)이라는 측면에서 상대적으로 우수한 결과였다.[52]

김대중정부하에서 진행된 빅딜 및 워크아웃을 전두환정부하에서 진행된 산업합리화와 비교해 보면 여러 가지 공통점에도 불구하고 기업구조조정과정에서 금융 시스템 운영방식이 근본적인 변화를 보여주고 있음을 발견할 수 있다. 특히 워크아웃은 빅딜과 비교해 볼 때 산업합리화와 보다 많은 차이점을 보여주었다. 금융위기 이후 진행된 구조조정과정에서 나타난 정부의 금융체제 운영방식은 전통적인 발전국가의 그것과 다음과 같은 점에서 차이를 보였다

첫째, 정부가 개입하는 모습을 최소화하려는 노력을 보였다. 정부가 안을 전달하고 전경련이 자발적으로 추진하는 방식으로 구조조정을 추진했다. 정부의 개입은 마지막 마무리 단계에 시도했다. 당시의 상황은 재벌이 환란의 주범이라는 여론이 비등해 있었고 경제위기를 조속하게 극복해야 한다는 분위기가 고조되어 있었으므로 정부가 압박을 가하는 것에 대해 비판적 여론은 그다지 크지 않았다.

그럼에도 불구하고 정부가 직접적으로 개입하는 것을 자제하려고 했던 것은 전두환정부의 경험에 비추어 볼 때 정부가 모든 것을 결정하는 방식은 후일 심대한 정치적 부담을 줄 수 있다는 판단 때문이었던 것으로 보인다. 산업합리화를 진행할 때는 정부가 인수 및 피인수 대상기업을 결정하는 과정을 사실상 전담하였다. 반면 김대중정부하에서는 시장원리에 대한 고려가 강조되었다. 최종결정을 인수 및 피인수대상을 결정하는 과정에서 외국계 컨설팅회사에 용역을 주어 객관적인 결정을 내리려 했던 점도 이러한 관점에서 이해될 수 있다.

둘째, 구조조정 대상기업을 결정하는 과정에서 채권단의 입장이 대폭 강조되었다. 전두환정부하에서 추진된 산업합리화과정에서 나타난 채권단의 입장은 정부가 내린 결정을 추진하는 '수동적 집행자'의 입장에 가까웠다. 그러나 금융위기 발생이후 IMF체제하에서 금융자유화 및 민영화의 중요성이 강조되고, 정부가 관치금융적 행태를 되풀이하는 것이 해외자본의 유치에 부정적 결과를 초래할 수 있는 분위기였던 만큼 정부가 채권단의 입장을 존중하지 않은 채 구조조정을 진행하는 데는 한계가 있었다.

셋째, 워크아웃을 진행함에 있어 공적자금이 투입된 것도 중요한 차이점이었다. 산업합리화 진행시에는 상대적으로 규모가 작아서 정부가 재정상·세제상 지원을 통해 손실을 보전하도록 도울 수 있었다. 그러나 금융위기 발생이후의 손실규모는 상대적으로 너무 커서 과거의 방식으로 해결할 수 없었다. 물론 과거와 마찬가지로 재정상·세제상 혜택이 대상기업들에게 주어진 것은 사실이었다. 그러나 기본적으로 정부가 구조조정 대상기업이나 은행들에게 공적자금을 지원하고 기업 및 은행을 정상화시켜 채권의 가치를 회복시킴으로써 공적자금을 회수하는 방식은 과거 산업합리화과정에서 정부가 한국은행을 통해 저리의 특별금융을 제공하던 것에 비해 보다 시장주의적인 접근이라 할 수 있었다. 과거의 방식은 한국은행이 통화증발을 통해 사실상 관치은행이었던 채권은행들의 손실을 보전해주던 것에 불과했다.

## ❑ 중소벤처기업 육성과 재벌개혁

금융개혁과 기업구조조정은 경제자유화를 추진하는 개혁이었다. 이와 더불어 김대중정부는 경제민주화 차원에서 사회안전망 구축과 중소벤처기업 육성 및 재벌개혁 프로그램을 추진했다. 사회안전망 구축 및 복지확충에 관해서는 제10장에서 구체적으로 다루기로 하고 다음에서는 벤처기업 육성 및 재벌개혁 프로그램에 관해서 알아보도록 한다.

1997년 금융위기 발생이후 한국의 거시경제를 관리하던 IMF의 요구에 따라 고금리정책을 실시하게 되자 기업경영의 한계상황에 이르렀던 한국의 대기업과 중소기업들이 대거 퇴출되는 사태가 발생했다. 그 결과 1998년부터 1999년까지의 기간 동안 실업률이 급격하게 상승하게 되었다.[53] 김대중정부는 산업구조조정을 통해 퇴출되는 기업들의 공백을 메우고 그 과정에서 도태된 인력들을 흡수할 수 있는 산업으로서 정보통신산업을 선택하고 이 산업을 육성하기 위한 정책을 적극 실행하게 되었다. 결과적으로 정보통신산업은 1997년부터 약 4년 동안 한국 경제성장의 견인차 역할을 충실히 감당해냈다.

정보통신산업이 선택되게 된 이유는 고부가가치산업이라는 점 그리고 대기업보다도 중소기업들이 보다 더 잘 진출할 수 있는 산업이라는 점 때문이었다. 김대중정부는 창의적인 기술과 아이디어를 바탕으로 새로운 일자리를 창출해 낸 미국의 실리콘밸리 모델을 벤치마킹하여 중소벤처기업에 관심을 가지게 되었다. 벤처기업들은 공장을 짓느라 땅이 많이 필요한 것도 아니고 임금도 제조업에 비해서 그리 높은 편도 아니기 때문에 국내경제를 '저비용 고효율' 구조로 체질개선하기 위한 좋은 조건을 지니고 있었다.

김대중정부가 정보통신 관련 벤처기업을 육성하는 과정은 과거 발전국가하에서 국가전략산업에 참여하는 재벌기업들을 육성하던 방식과 흡사한 면이 있었다. 그러나 벤처기업의 성장이 어느 정도 달성되고 육성과정에 숨겨졌던 각종 부작용이 나타나자 각종 감독적 규제를 강화한 것은 경제자유화 및 경제민주화를 거치는 동안 재벌기업에 대한 규제가 강화된 사례와 유사했다.

정부의 전략적 육성정책에 의한 벤처기업 육성은 결국 여러 가지 부작용을 낳기에 이르렀다. 2000년 4월 '벤처거품현상'이 급속히 확산되면서 코스닥 종합지수가 추락하기 시작했고 그에 따라 벤처산업은 거품이 급속히 빠지면서 2001년부터 조정기에 접어들었다. 실제로 1998년 말 2,042개사에서 꾸준히 증가추세를 보여온 벤처기업 확인업체 수가 2001년 말 1만 1,392개사에서 2002년 6월 말 현재 1만 182개사로 1,200여 개사 이상 줄어들었다.[54]

성장과정에서 정치권 및 정부관료와 유착관계를 가져온 벤처기업들의 도덕적 해이가 벤처거품현상을 초래한 주요한 원인이었다. 벤처비리사건에 연루된 벤처기업들은 정부지원의 힘을 빌어 무분별한 사세확장에 앞장섰고 연구개발에 투자하기 보다는 주가작전을 통해 단기간에 이익을 남기는 머니게임식 투자에 치중했다.

이와 같이 정부의 자금지원 위주의 벤처육성책과 그에 따른 부실한 사후관리, 벤처기업의 도덕적 해이와 재벌식 경영관행 답습은 대형벤처금융사고로 이어질 수밖에 없었다. 벤처비리사건으로 인해서 경제침체와 정권비리 차원으로 비화될 것을 우려한 김대중 정부는 벤처비리를 근절시키기 위해서 육성일변도의 벤처기업정책에서 한걸음 비켜나 제도적 장치를 통한 규제강화를 추진하게 되었다.

벤처기업과 관련된 각종 게이트가 연이어 터지면서 벤처기업 비리가 기승을 부리게 되자, 정부는 벤처기업에 대한 관리·감독을 강화했다. 공정거래위원회에서도 무분별한 투자와 분명치 못한 거래행태를 보여온 '문어발 벤처기업'에 대한 감독을 강화하는 차원에서 코스닥등록 주요 벤처기업과 재벌기업들이 출자한 벤처기업들을 대상으로 부당내부거래 조사를 실시했다. 그 결과 코스닥등록 벤처기업 11곳에 대해 부당내부거래 혐의로 시정명령을 내리고 5억 4,300만 원의 과징금을 부과했다.[55] 코스닥위원회에서도 벤처기업에 대한 코스닥등록을 어렵게 하면서 '벤처 옥석가리기'에 나섰다. 그동안 벤처기업의 경우 코스닥등록시 '자본잠식이 없을 것'이라는 요건을 면제해 왔으나, 벤처산업을 위축시키지 않는 범위 내에서 벤처기업에 대해서도 자본잠식 여부를 코스닥등록 심사요건으로 도입했다.[56] 이와 같이 정부는 벤처비리를 근절하고 부실벤처기업들을 시장에서 걸러내기 위해서, 벤처기업 육성일변도의 정책에서 물러나 제도적인 장치를 마련함으로써 시장합리적 방향의 적극적인 규제정책으로 이행했다(표 7-3 참조).

표 7-3 벤처기업 육성기와 조정기의 정부정책 비교

| 발전국가적 측면: 육성기 | 규제국가적 측면: 조정기 |
|---|---|
| ① 자금지원: 직접자원지원방식<br>- 창업자금지원(1998~2002년 5년간, 총 1조 4,700여 억 원 지원) 등 자금의 직접 지원<br>- 벤처인증기업에 대한 정부 전액 보증제<br>- 직접융자와 융자보증<br>- 장외주식시장(코스닥시장) 개설(1996)<br>② 세제지원: 기업에 대한 직접세제 지원방식<br>- '벤처기업육성에 관한 특별조치법'의 세제상 특례<br>- 코스닥육성방안에 의한 투자자 세제혜택<br>- 조세감면규제법에 의한 창업기업·창업투자회사·투자자·스톡옵션에 대한 과세 특례<br>③ 인력조달지원: 정부주도하의 인력지원방식<br>- 스톡옵션제도에 대한 세제지원(옵션행사시와 주식양도시 비과세)<br>- 병역특례제도 | ① 벤처기업 확인제도 개선<br>- '혁신능력평가기준' 도입<br>② 벤처기업 사후관리 강화<br>- 평가기관 실명제 실시<br>- 벤처기업 CEO나 최대주주의 불법행위적발시 벤처기업 확인취소<br>- 벤처기업협회에 '윤리위원회' 설치<br>③ 코스닥시장 등록요건 강화 코스닥등록 심사시 '자본잠식' 요건도입<br>④ 공정거래위원회 부당내부거래 조사<br>- 부당내부거래 혐의가 있는 벤처기업에 대해서 과징금 부과 |

김대중정부는 이처럼 중소기업을 육성하는 정책을 집행하는 한편 시장민주주의 원칙에 입각하여 독점자본으로서의 대기업에 경제력이 집중되는 것을 규제하려 했다. 이는 김영삼정부가 세계화 정책과 OECD가입을 추진하며 경제자유화를 진전시키는 맥락에서 정권 말기 대기업에 대한 규제를 완화했던 것과는 차이가 있었다.

국민의 정부를 표방한 김대중정부도 출범 초기에는 공정거래법을 개정하여 출자총액 규제를 철폐하는 대신 계열사간 상호지급보증규제만을 강화했었다. 1998년 2월 제6차 개정된 공정거래법은 제10조의 기업 순자산의 25% 이하로 규정한 출자총액제한제도를 폐지했다. 30대 재벌계열사의 순자산의 25% 이상을 타계열사에 출자하지 못하도록 규정한 출자총액제한제도는 그동안 재벌의 무분별한 다각화를 억제하는 가장 강력한 수단으로 인식되어 왔다. 그러나 이 제도가 신속한 구조조정을 저해하고 외국인에 의한 적대적 M&A가 허락된 상황에 오히려 국내기업이 역차별을 당할 수 있다는 지적에 따라 폐지되었다. 기업의 구조조정을 통한 국가경쟁력 강화를 위하여 결합재무제표의 도입, 지배구조의 선진화, 외국인에 대한 적대적 M&A허용 등이 추진됨에 따라 기업들이 무분별한 사업다각화을 할 가능성이 적어지고 있어 제도유지의 실익이 적은 반면, 외국기업에 비해 국내기업을 역차별하는 문제가 발생할 소지가 있다는 것이 그 이유였다.

그러나 이 제도는 1998년 12월 제8차 개정을 통해 부활했다. 공정거래법은 1999년 12월에 행한 제8차 개정을 통해 출자총액제한제도를 부활하여 다시 출자총액을 순자산의 25%로 제한했다.[57)]

아울러 계열사간 상호지급보증(채무보증) 금지조항은 오히려 강화되어 30대 기업에 대한 경제력집중억제정책은 김영삼정권에 비해 전반적으로 강화된 양상을 유지했다. 공정거래법 제6차 개정에서 출자총액제한제도는 폐지되었으나 계열회사에 대한 신규채무보증 금지조항은 강화되었다. 기존의 법은 계열회사에 대한 채무보증한도를 자기자본의 100% 이하로 규정하였으나, 기업의 구조조정을 저해하고 있고 IMF에서도 시정을 요구하고 있는 계열회사간 채무보증을 조기에 해소하기 위해 신규채무보증을 금지하고 기존채무보증은 2000년 3월 말까지 완전 해소하도록 하였다.

## ❑ 경제자유화를 통한 경제민주화

김대중정부가 추진했던 것은 결과적으로 경제자유화를 통한 민주화였다. 공정한 시장경쟁질서가 수립될 수 있는 시장을 조성하는 것이 경제적 불평등이 심각한 한국에서 시장민주주의를 구현하는 첩경이라고 보았던 것이다. 이러한 점에서 김대중정부의 접근법은 좌파와 우파식 접근법을 조화시킨 제3의 길이라 불리울만 했다.

그러나 김대중정부의 방식은 유럽의 제3의 길과는 달랐다. 우리의 사정상 유럽식 제3의 길은 가능한 선택은 아니었다. 그 이유는 무엇보다도 우리에게 복지국가의 단계가 없었기 때문이었다. 유럽 및 미국에서 제3의 길이 나타난 기반은 우선 사민주의 그리고 복지국가의 존재였다. 사민주의 정부가 신자유주의적 정책을 계승하여 제3의 길을 걸었다. 복지국가에 기초했던 사민주의 정권이 신자유주의적 정책을 수행하게 되었던 절박한 이유는 시장의 효율성이 낮은 복지국가를 유지하는 한 국제경쟁에서 뒤떨어질 수밖에 없다는 위기감 때문이었다. 복지국가 모델을 옹호하는 한 수권이 기회가 없을 거라고 판단한 사민주의 정권이 자신의 기반이었던 복지국가 모델을 수정하여 신자유주의를 수용한 것이다. 사민주의 정권의 전략은 신자유주의 요소를 도입하여 시장을 활성화하고 보다 많은 세금을 확보하여 이를 복지에 투입하는 것이었다. 사민주의 국가와 신자유주의라는 역설적 조합은 복지국가와 시장의 타협이라는 관점에서 이해될 수 있다.

그런데 우리에게는 시장과 타협할 주체로서 복지국가가 존재하지 않았다. 발전국가가 붕괴되고 신자유주의적 원리를 도입할 것을 강요받는 상황에서 오히려 사회안전망을 구축해야 하는 부담을 안게 되었던 것이다. 사회안전망을 먼저 구축하지 않은 채 신자유주의적 개혁을 추진할 경우 정부가 감당하기 어려운 정치적 부담을 안을 수밖에 없었다. 서구가 수백 년에 걸쳐 진행해온 시장의 자유화와 복지체제의 건설이라는 작업을 우리는 수년 내에 달성해야 하는 상황이 김대중정부하에서 전개되었다.

김대중정부는 금융위기 극복과정을 비교적 성공적으로 관리했다는 평가를 받을 수 있었지만 국가의 모델에 있어서 다소 모호한 입장을 가졌다는 평가를 받을 수밖에 없었다. 김대중정부가 형평과 분배를 지향한 좌파적 정부였다는 평가와 시장주의를 추종한 신자유주의적 정부였다는 평가가 동시에 존재했던 것도 바로 이러한 이유였다. 물론 김대중정부가 경제민주화를 실현하고자 하는 노력을 했다는 점을 간과할 수는 없다. 그러나 IMF의 정책적 간섭을 받을 수밖에 없는 것이 엄연한 현실이었다. 따라서 제10장에서 논의하겠으나 정부가 사회안전망의 구축을 위해 노력하고 재벌을 개혁하려 했지만, 그럼에도 불구하고 불균형성장정책의 여파로 발생한 사회경제적 불평등의 문제가 충분히 해결되지는 못했다.

전체적으로 보았을 때 김대중정부는 경제민주화에 대한 의지에도 불구하고 자의든 타의든 시장중심적인 정책을 많이 집행했던 것으로 보는 것이 보다 적절할 것 같다. 경제위기 극복이라는 과제에 직면해 있었고 시장주의적 개혁을 집행하라는 외부적 압력도 강했다. 그러기 위해서는 외국자본과 국내의 대산업자본, 즉 재벌들의 경제활동을 촉진할 수 있는 정책과 환경을 조성할 수밖에 없었다. 김대중정부의 뒤를 이은 노무현정부가 보다 분배중심적이고 노동친화적인 정책을 집행하려 했던 것도 바로 이러한 이유에 기인했다. 김대중정부의 의의는 불평등의 문제를 해결하려는 시도를 본격적으로 시도한 최초의 정부라는 점에 있다고 보아야 할 것이다.

[별첨그림 1] 새로운 중앙은행제도 및 금융감독체제

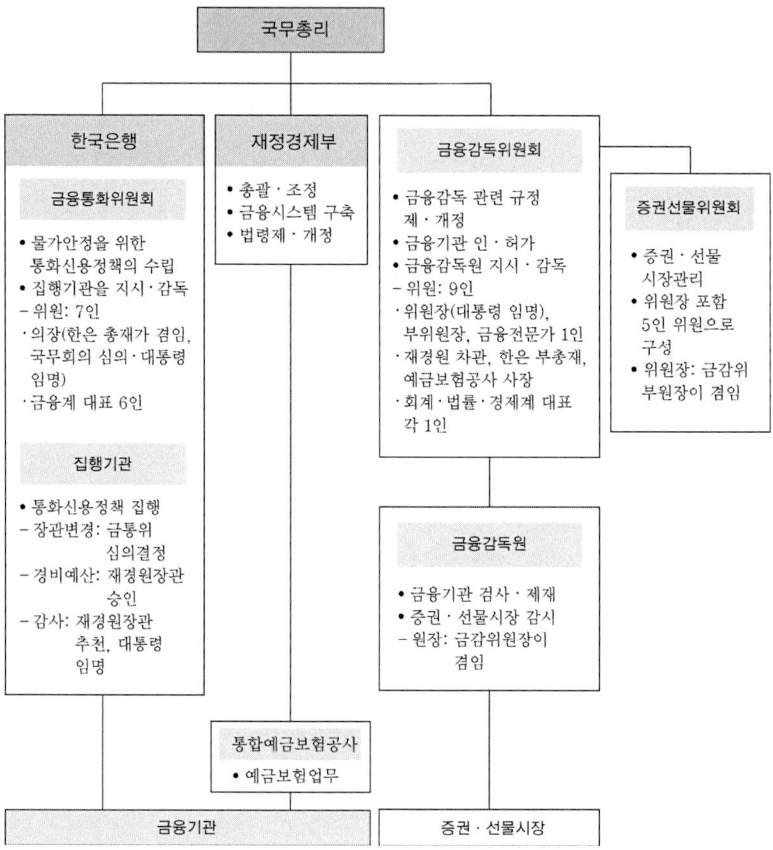

[별첨그림 2] 1998년 4월 1일 이전의 중앙은행제도 및 금융감독체계

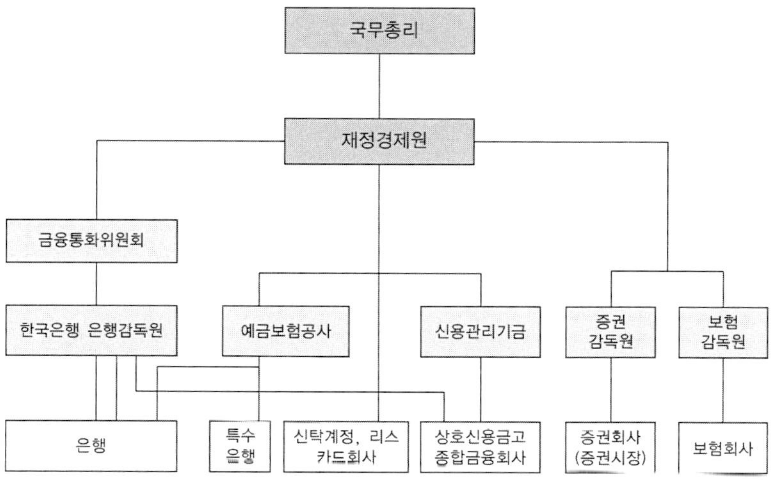


[별첨표 7-1] 금융기관 구조조정 현황 (단위: 개, %)

| 회사 | 총회사수 (97년말) | 구조조정(2001년 3월말 현재) | | | | | 신설 등 | 현재 |
|---|---|---|---|---|---|---|---|---|
| | | 인·허가 취소 | 합병 | 기타 * | 계 | 비율 | | |
| 은행 | 33 | 5 | 9 | | 14 | 42.4% | | 19 |
| 종금 | 30 | 22 | 4 | 1 | 27 | 90.0% | 1 | 4 |
| 리스 | 25 | 8 | 1 | | 9 | 36.0% | 3 | 19 |
| 증권 | 36 | 5 | 1 | 1 | 7 | 19.4% | 16 | 45 |
| 보험 | 50 | 5 | 6 | 5 | 16 | 32.0% | 3 | 37 |
| 투신 | 31 | 4 | 1 | 5 | 10 | 32.3% | 8 | 29 |
| 금고 | 231 | 53 | 25 | 25 | 103 | 44.6% | 12 | 140 |
| 소계 | 436 | 102 | 44 | 37 | 183 | 42.0% | 43 | 296 |
| 신협 | 1,666 | 2 | 102 | 267 | 371 | 22.3% | 9 | 1,304 |
| 합계 | 2,102 | 104 | 146 | 304 | 554 | 26.4% | 52 | 1,600 |

* 가교사 이전, 영업정지, 해산 등.
자료: 금융감독원.

제 8 장

## 노무현정부: 2003-2007

# 거버넌스와 민주주의

▌참여민주주의의 심화 ▌한국적 거버넌스의 등장 ▌개혁을 위한 자원동원 수단으로서의 거버넌스 ▌거버넌스 모델과 노무현정부의 정치적 이익 ▌참여민주주의와 재벌개혁 그리고 새로운 규제국가 모델의 시도 ▌진보적 개혁과 실용주의적 변화 ▌

## 노무현정부: 2003-2007

# 8 거버넌스와 민주주의

### ❑ 참여민주주의의 심화

김대중정부가 사회보장정책을 강화했음에도 불구하고 결과적으로 빈부간의 격차는 오히려 악화되었다. 불균형성장정책의 유산도 완전히 제거되지 않았다.[1)] 시장주의적 경제자유화개혁을 완성하라는 외부적 압력이 그만큼 강했다. 따라서 분배와 형평이라는 민주적 가치는 다소 부차적인 목표가 될 수밖에 없었다. 즉 경제적 자유화를 위한 개혁으로 인해 발생하는 문제를 해결하고 부작용을 완화하는 수단으로서 경제적 민주화정책이 동원되는 현상이 나타났다.

2000년대 초반들어 한국경제가 위기를 탈피했다는 안도감이 확산되자 분배와 참여에 대한 시민들의 욕구가 폭발적으로 증가하기 시작했다. 정치는 물론 경제분야에서도 민주화를 달성할 것이라 믿었던 김대중정부에 대한 시민들의 실망이 이러한 현상을 더욱 부채질했다. 이로써 한국적 상황하에서 민주주의와 자본주의의 관계정립에 관한 본격적 논의가 시작되었다.

노무현정부는 이러한 상황속에서 탄생했다. 노무현정부는 주로 서민과 노동자의 지지로 집권했다. 이들은 김대중정부하에서 진행된 경제개혁의 피해자들이었다고 할 수 있다. 자연스럽게 노무현정부는 보수기득권층을 개혁의 대상으로 삼았다. 김대중정부도 당초 이러한 목표를 가지고 있었으나 경제위기를 극복하기 위해서는 경제를 주도하는 이들과 현실적으로 날카로운 대립각을 세울 수는 없었다.

사실 김대중정부가 추진한 시장개혁 프로그램은 재벌의 입장에서 볼 때 성장을 위한 또 하나의 기회이기도 했다. 물론 경제자유화개혁으로 인해 기업들에 대한 정부의 지원과 보호가 제거되었다는 점은 재벌의 입장에서 볼 때 손실이었다. 금융위기로부터 회복되는 과정에서 추진된 기업구조조정 프로그램으로 인해 실제로 대우, 쌍용 등 몇몇 재벌기업들은 공중분해되기도 했다.

그러나 그 대가로 재벌기업들은 정부의 간섭과 규제로부터 해방되는 계기를 마련할 수 있었다. 기업의 경영적 결정에 간섭하거나 국가발전을 명분으로 준조세의 납부를 요구하는 발전국가적 행태로부터 벗어나게 되었다. 자율성을 강조하는 시장주의적 개혁은 정부의 정치행정적 간섭에 저항할 수 있는 명분을 기업들에게 제공했다. 그리고 경영효율성을 개선하고 시장접근권을 개선하기 위해 해외투자를 대폭 확대하는 것을 정당화할 수 있는 구실을 만들어 주었다. 이로써 재벌기업들은 국가와 국민들에 대한 부담을 떨어버리고 국가공동체적 의무로부터 탈피할 수 있는 기회를 충분하게 획득했다.

나아가 한국경제가 금융위기로부터 회복되어 가자 경제위기하에서 숨죽이고 있던 기득권계층의 영향력이 회복되기 시작했다.

재벌들은 한때 금융위기의 주범으로 지목받기도 했었다. 그러나 2000년도부터 상황이 급변했다. 같은 해 4월에 치러진 제16대 총선 결과 야당인 한나라당은 133석으로 제1당으로 복귀하였고 여당인 새천년민주당은 그보다 적은 115석을 차지했다. 보수기득권층의 정치경제적 저력은 여전히 단단했다.

2003년에 취임한 노무현 대통령은 지역중심 정당체제로는 보수기득권층의 장벽을 극복하기 어렵다고 판단했다. 그리하여 2003년 11월 새천년민주당을 탈당한 후 개혁적이고 탈지역적인 열린우리당을 창당했다. 열린우리당은 상대적으로 계층중심의 정당이었다.

열린우리당은 주요 강령으로 모든 국민이 열망하는 새롭고 깨끗한 정치실현, 중산층과 서민이 잘사는 나라구현, 더불어 사는 따뜻한 사회건설, 한반도 평화통일 지향 등을 제시했다. 이를 달성하기 위한 기본정책으로써 국민에게 희망을 주는 깨끗하고 정정당당한 정치구현, 정보기술 강국에 걸맞은 전자민주주의 실현, 국민 모두가 '우리'가 되는 참된 정치공동체 실현, 민의 수렴을 통한 국민대변과 정치발전, 자유민주주의와 시장경제를 근간으로 하는 안정과 발전, 번영의 21세기 대한민국 건설을 통한 풍요롭고 행복한 삶 구현, 전쟁 · 빈곤이 없는 평화로운 세상과 사랑 · 화해가 가득한 세상건설 등을 제시했다.[2)]

세부 실천사업으로 지역주의 극복을 통한 정치혁신, 햇볕정책의 지속적 추진, 민생경제 활성화, 한국 전통재래시장 육성, 부품소재 산업 집중 육성, 소모적인 정쟁의 정치종식, 일자리 창출, 노사관계 안정, 각종 기업규제의 획기적 개선, 불법정치자금 국고환수 특별법 제정, 여성의 정치참여 확대, 국민참여 국회윤리위원회 창

설 등을 제시했다.3)

한나라당을 포함한 보수세력은 열린우리당의 창립을 달갑게 보지 않았다. 2004년 3월 한나라당은 노무현 대통령이 떠난 새천년민주당과 연합하여 선거중립의무 위반과 측근비리 등을 문제 삼아 공동으로 대통령탄핵소추안을 발의하여 가결시켰다. 그러나 같은 해 5월 헌법재판소가 탄핵소추안을 기각하여 노무현 대통령은 가까스로 권한을 회복할 수 있었다.

이 사건으로 인해 보수세력과 한나라당은 다시 국민적 비판에 직면하게 되었다. 그 결과 2004년의 제17대 총선에서 열린우리당은 152석, 한나라당 121석, 민주노동당 10석, 새천년민주당 9석, 자민련 4석을 획득하며 승리했다. 특히 민주노동당은 지역구 2석으로 새천년당(5석) 그리고 자민련(4석)보다 적었지만 정당득표율에 따른 비례대표 8석을 획득했다. 이로써 대한민국 역사상 최초로 노동당이 제도권 정치에 진입하게 되었다.

이처럼 노동당이 국회에 진출할 수 있었던 것은 무엇보다도 선거제도의 개혁 때문이었다. 1인 2표 정당명부식 비례대표제로 개정함으로써 소수계층 정당이 국회에 진입할 수 있는 길을 닦았다. 기존의 1인 1표제는 소선거구제하에서 2위부터 꼴찌에게 던진 표가 사실상 사표가 된다는 문제가 있었다. 반면 새 선거법은 정당에 대한 투표를 포함시켜 1인 2표제를 도입함으로써 사표를 줄이고 소수정당의 원내진출을 가능케 했다.

노무현정부는 무엇보다도 김대중정부가 당초 지향했던 형평과 복지의 제고라는 목표를 달성하고자 했다. 이를 위해 가급적 많은 시민사회세력을 정책결정과정에 참여시킴으로써 계층간 이익이 고루 정책에 반영될 수 있도록 하고자 했다. 물론 김대중정부도 이러한 목표와 전략을 추구한 바 있었다. 그러나 김대중정부와 달리 노무현정부는 노동의 참여까지도 적극 권장했다. 김대중정부는 진보적 시민사회단체의 참여는 장려했으나 그 대상을 노동세력까지 적극 확대하지는 않았었다. 1998년 2.8사회협약 이후 한국노총과 더불어 민주노총이 합법화되기는 했지만 이들이 지나치게 계급세력화되는 것을 방치하지는 않았다. 그러나 계층정당화를 추진한 노무현정부는 노동계급이 정치세력화되는 것을 용납한 것은 물론 심지어 유도하는 경향마저 보여주었다.

## ❑ 한국적 거버넌스의 등장

외환위기 이후 한국의 전반적인 국정관리체계는 많은 변화를 겪었다. IMF가 구제금융의 대가로 제시하는 요구조건들conditionalities을 이행해야 했기 때문이었다. 그 결과 금융구조, 부실기업 정리방식, 한국은행의 독립 등의 분야에서 자유화가 진행되었고, '작고 강한 정부'를 표방하며 행정조직에서의 변화도 나타났다.

IMF와의 합의에 따라 김대중정부가 추진했던 경제적 자유화 프로그램은 다음과 같은 변화를 가져왔다. 우선 금융 · 외환분야에서 자유화가 진행되었다. 1997년 12월, 일중 환율변동폭 제한을 완전히 폐지하고 자유변동환율제도로 이행했다. 1997년 한국은행법 제6차 개정을 통해 한국은행의 중립성 보장이 법률에 명시되면서 한국은행의 독립성도 강화되었다.[4] 금융구조개혁과 함께 정부와 금융기관간의 관계에도 변화가 나타났다. 김대중정부는 기존의 위계적 정부-금융기관 관계에서 탈피하여 금융기관에 대한 직접적 통제 대신 금융감독원을 통한 감독기능만을 보유했다.

부실기업 구조조정방식에서도 시장주의적 방식으로의 변화가 나타났다. 김대중정부는 부실기업 정리를 위한 빅딜과 워크아웃 시행과정에서 정부의 역할을 공적자금 제공과 세금 및 금융혜택 제공에 한정하는 등 직접개입을 가급적 최소화하려는 노력을 경주했다.5)

공공부문에서는 김영삼정부때와 마찬가지로 원칙적으로 작고 강한 정부를 지향하고자 했다. 공공부문의 효율성과 투명성을 향상시키기 위해 시장원리와 민간 경영기법이 적극적으로 도입되었다. 그리고 이러한 기본방향에서 행정조직 개편, 공기업 민영화 등이 추진되었다.

요컨대 김대중정부가 추진한 시장주의적 경제자유화 프로그램으로 인해 경제효율과 투명성이 개선되었다. 그러나 아쉽게도 김대중정부가 당초 의도했던 사회경제적 불평등의 문제는 해결되지 않고 오히려 심화되었다.

이로 인해 노무현정부 취임을 전후하여 경제적 민주화 요구가 증대하였고, 노무현정부는 민주주의적 형평의 가치를 증진시키는 개혁을 상대적으로 더 강조하게 되었다. 김대중정부와 노무현정부는 외부적 요인으로 인해 경제자유화를 그리고 내부적 요인에 의해 경제민주화를 동시에 달성해야 하는 과제를 안고 있었다. 그런데 김대중정부하에서는 전자가 상대적으로 강조됨에 따라 노무현정부는 후자에 더 비중을 두게 되었다. 물론 세계화 흐름과 국제환경 변화에 따른 압력에 부응하여 노무현정부하에서도 원칙적으로 경제적 자유화의 기조가 여전히 유지되었다. 그러나 전체적으로 볼 때 형평을 요구하는 국내 정치경제적 요인들로 인해 경제적 민주화가 보다 비중있게 다루어졌던 것이다.

그 결과 노무현정부하에서는 OECD, 세계은행 등 국제기구에서 제시하는 신자유주의적 속성의 거버넌스 모델과는 다소 다른 모습의 거버넌스가 등장하기에 이르렀다. 노무현정부하에서 등장한 거버넌스의 성격은 다음 세 가지 측면에서 민주적 가치에 보다 경도되어 있었다. 첫째, 예산 및 공무원 수, 사회복지부문 지출증가를 통해 정부의 규모가 확대되었다. 노무현정부가 제시한 정부확대 논리는 국민을 위한 행정 및 복지서비스의 향상을 위한 것이었다.[6] 이는 세계은행이 제시하는 거버넌스 모델이 작고 효율적인 정부를 지향하는 것과 확연히 구분되었다.

둘째, 정부행정조직 및 행정절차에서 시장기제뿐만 아니라 민주적인 기제가 도입되었다. 신자유주의적 성격이 강한 신공공관리론New Public Management에서는 공공부문에 시장기제가 도입되나 노무현정부에서는 정부정책 결정과정에 대한 시민참여라는 민주적 기제의 증대도 동시에 나타났다.

[그림 8-1] 연차별 세입예산* 및 공무원 수

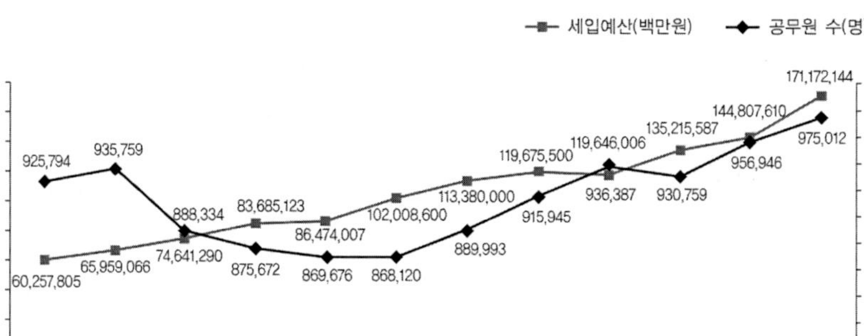


출처: 기획예산처 주요 재정통계 자료.
*주: 각 연도별 일반회계기준.

셋째, 자발적 시민사회의 시장감시활동이 강화되는 양상이 발생했다. 이는 자유로운 시장원리와 규제완화 그리고 시장의 독립성을 강조하는 신자유주의적 거버넌스 모델과는 대비되는 양상이었다.

이상을 좀 더 자세히 살펴보면 다음과 같다. 우선 1996년부터 2007년의 연차별 세입예산 변동을 보면, 2004년 세입예산이 소폭 감소한 것을 제외하고는 꾸준히 증가했다. 전체 공무원 수 역시 경제위기 이후 87만여 명 수준까지 감소했으나 2001년도 이후 서서히 증가하기 시작하여 2007년 7월 현재, 97만 명을 상회하기에 이르렀다(그림 8-1 참고).

정부크기의 증가는 사회복지부문에서의 국가역할 증대와도 밀접한 관련이 있다. 형평과 분배 그리고 복지확대에 대한 요구의 증가에 비례하여 정부의 규모가 확대되었다. 한국의 사회복지지출은 노무현정부가 출범한 2003년 약 45조 원으로 추계되었고, 이는 경상 GDP대비 5.86% 수준이었다. 임기 마지막 해인 2007년에는 78조

[그림 8-2] 사회복지지출 규모

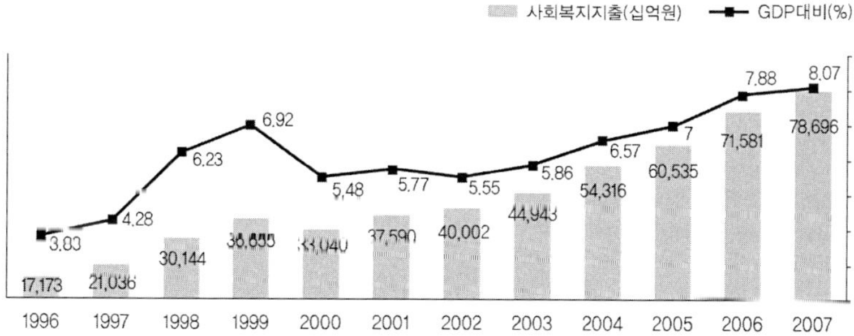


출처: 보건복지부, 사회복지지출보고서 2007년 기준 자료.

7천억 원으로 GDP대비 8.07%에 달했다. 이는 금융위기 이전보다 크게 증가한 것이다. 1996년의 사회복지지출 규모는 17조 2천억 원 수준이었으며 GDP대비 3.83%에 불과했다(그림 8-2 참조). 특히 1998년 외환위기 직후 사회복지지출이 급격히 증가했다. 외환위기 극복 이후 김대중정부 말기에는 사회복지지출 증가율이 다소 소강상태를 보였다. 그러나 2003년 노무현정부 취임을 전후하여 다시 지속적인 증가세를 보였다. 여전히 재정에서 차지하는 사회복지지출 비중 역시 노무현정부 기간 동안 지속적으로 증가하는 추세를 보였다(그림 8-3 참조). 이처럼 노무현정부에서 사회복지지출 비중이 증가한 것은 경제위기 극복과정에서 발생한 경제적 불평등 심화로 인해 사회적 안전망의 확충에 대한 국민의 요구가 증가했기 때문이었다.

[그림 8-3] 재정에서 복지지출 비중 (단위: %)

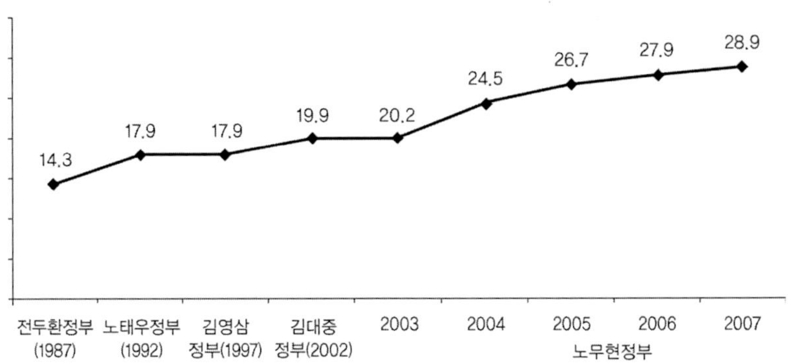


출처: 통계청.

행정조직상의 변화는 민주적 기제가 확대된 것과 관련이 깊다. 효율성을 높일 수 있는 시장기제를 도입하는 것뿐만 아니라 국민의 직접적인 참여를 유도하는 민주적 기제의 확대가 시도되었다. 특히 노무현정부는 행정조직과 절차의 민주화를 더욱 심화, 발전시키는 모습을 보여주었다. 대통령인수위 시절부터 '국민참여센터'를 개설하여 정책에 대한 제안을 받고, 새 정부의 장관후보를 추천받는 등 일반국민이 정치적 의사결정에 자발적으로 참여할 수 있는 다양한 통로를 열었으며, 이 과정에서 인터넷을 적극적으로 활용했다.

각 정부부처들은 홈페이지나 인터넷 국정브리핑 방송 등의 사이버 공간을 활용해 국민들에게 의제설정에서 정책결정, 정책에 대한 평가에 이르는 과정을 실시간으로 제공하는 전자정부 모델 e-government을 적극 도입했다. 또한 대한민국 전자정부http://www.korea.go.kr, 참여마당신문고http://www. epeople.go.kr, 국민고충처리위원회http://www.ombudsman.go.kr, 열린정부http://www.open.go.kr 등의 홈페이지를 통해 국민이 국가행정에 직접 참여할 수 있는 통로를 마련했다.

김대중정부에 이어 노무현정부하에서도 이어진 참여민주주의적인 정책기조로 인해 자발적 시민단체들의 정책결정과정 참여 및 시장감시활동이 증가했다. 두 정부는 모두 국민의 정치참여 욕구를 충족시키고 재벌과 기득권세력에 대한 개혁을 추진하기 위해 시민단체들의 정부정책 결정과정 참여를 유도하는 제도적 장치를 마련했다.

대표적인 것이 각종 위원회제도였다. 김대중정부 이후 시민단체 출신인사들의 정부위원회 참여가 급증했다.[7] 특히, 한국의 대표적 시민단체라고 할 수 있는 참여연대와 경실련[8] 임원출신 인사들이 다양한 위원회 및 정책 태스크포스TF에 참여하여 공직과의 인적 네트워크를 강화했다. 김대중정부와 노무현정부에서 이 단체들 출신인사의 공직진출이 크게 증가한 것은 두 정부 모두 재벌개혁을 위한 제3섹터, 즉 시민사회세력의 지원을 얻으려는 의도를 가지고 있었기 때문이라 볼 수 있다.

## ❏ 개혁을 위한 자원동원 수단으로서의 거버넌스

국가중심주의에 대한 회의와 비판이 형성된 상황에서 거버넌스는 진보적 정치세력들이 개혁을 추진하기 위한 자원동원의 수단으로 활용되었다. 1990년대 말부터 경제적·사회적 차원에서 민주주의의 심화현상deepening of democracy이 진행되었다. 무엇보다도 1997년의 경제위기가 국가주도적 발전전략에 기인한 것이라는 비판과 함께 경제민주주의의 필요성이 제기되었다. 경제민주주의는 경제적 기회는 물론, 소득에 대한 공평한 분배도 상정한다. 앞에서 보았듯이 발전국가적 성장전략은 재벌에 대한 경제력집중을 심화시켰다. 이에 경제위기를 극복하는 과정에서 시민단체들은 재벌 및 기득권 세력들이 경제민주주의를 수용하도록 '소액주주운동', '기업활동감시단활동' 등을 전개했다.[9)]

사회적 차원에서는 참여민주주의participatory democracy에 관한 논의가 이루어졌다. 참여민주주의란 사회의 모든 계층이 차별 없이 모든 정책결정에 동등하게 참여하여 자신을 개발할 수 있는 동등한 권리를 보장받고, 사회 주요 기관에 대한 규제에 시민들이 직접 참여하는 것을 강조하는 민주주의의 모델이다.[10)] 참여민주주의가 처음 도입된 것은 김대중정부에서였다. 그러나 김대중정부는 경제위기를 극복하기 위해 신자유주의적 경제개혁에 최우선 순위를 두었기 때문에 참여민주주의의 확산 정도는 다소 제한적이었다. 반면 경제개혁 프로그램에 관한 IMF의 간섭으로부터 자유로워진 노무현정부는 사회전반에 참여민주주의적 원리를 적용하고자 하였다.

김대중정부와 노무현정부가 참여민주주의 원리를 강조한 것은 자원동원이론resource mobilization theory의 관점에서도 설명될 수 있다.[11] 권력자원이론power resources theory은 약한 집단이 자신이 확보할 수 있는 권력자원을 최대한 동원하여 정치영역에서 대중운동이나 선거참여 등을 통해 자원을 효과적으로 활용할 경우, 강자중심의 불평등한 분배구조가 상당히 개선될 수 있음을 보여준다.[12] 자원동원이론은 기존상태를 변화시키기 위해 집단행동의 단위를 사회집단으로 설정하여 이 집단들이 확보할 수 있는 자원을 각각 최대한 동원하면서, 동시에 다른 집단 및 정치세력과 강력한 연합을 형성할 때 자신의 목표를 달성할 수 있음을 주장한다.[13]

김대중정부와 노무현정부 모두 출범당시 국회에서 여소야대(분점정부)의 상황에 처해 있었다. 김대중정부는 기득권세력에 대항하면서 서민과 중산층을 대변하는 정당을 표방하며 'DJP 연합', 즉 김대중·김종필간의 연합을 결성하여 집권에 성공하였다. 노무현정부 역시 한국사회의 비주류세력인 노사모 등 NGO와의 연대 및 지원을 통해 집권에 성공했다.[14] 따라서 소수자의 입장에 있던 김대중정부와 노무현정부 모두 사회 주류세력으로부터의 정치적 도전에 조응하는 한편, 일반국민의 참여를 통해 권력기반을 확대하기 위한 새로운 정치논리를 모색했다.

김대중정부는 시민사회세력에 대해서는 지원동원을 촉진facilitate

하는 전략을, 노동세력에 대해서는 억제repress하는 전략을 구사했다. '민주주의와 시장경제'라는 모토아래 정치적 · 경제적 보수세력들에 대한 대대적인 개혁을 추진하는 과정에서 시민단체를 개혁의 지원세력으로 동원하는 한편 생산적 복지를 추진하여 중하위권 서민들의 지지를 획득하고자 했다. 그러나 신자유주의적 구조조정, 즉 고용유연화를 달성하기 위해 노동에 대해서는 억압적 전략을 폈다.[15)]

노무현정부는 김대중정부 보다도 더 취약한 지지기반을 가지고 수립되었기 때문에 초기에는 노동까지 포함한 광범위한 국민적 참여를 통해 소수정권으로서의 난관을 극복하고자 했다. 즉 시민사회세력과 노동을 대상으로 공히 자원동원을 촉진하는 전략을 취했다. 그리고 이러한 맥락에서 참여민주주의 논리를 부각시켰다. 자신의 지지세력이라고 믿는 일반국민들의 목소리가 보수적 색채의 국회에 의해 여과되지 않고 바로 정책화될 수 있도록 하기 위해서였다.[16)] 참여정부하에서 NGO활동가들의 정부진출 및 정책연대가 매우 활성화되었으며, 민주노총 출신의 노동계 인사들이 노무현정부의 조각에 있어 상대적으로 높은 비율을 차지했다.[17)] 한편, 경제자유화를 수반한 민주화democratization *cum* liberalization전략을 활용하여 자유화를 통해 경쟁을 제고하는 한편, 기득권자들의 특권을 박탈하는 민주주의적 개혁을 시도했다.[18)] 노무현정부하에서 강조된 경제자유화는 민주주의라는 보다 상위원리에 의해 범위나 정도가 제한되었다.

노무현정부는 거버넌스 모델을 자신이 추구하는 참여민주주의를 실현하기 위한 수단으로 활용했다. 유엔과 세계은행에서 상정하는 자유주의적 거버넌스 모델이 제시하는 '참여'의 주체가 이익집단이나 전문성을 보유한 민간엘리트였다면, 한국의 정부가 상정한 대상은 자발적 시민사회단체와 노동조직이었다. 전자가 추구하는 거버넌스 모델은 민주주의 원리가 정치적 영역에만 한정되어 적용되는 법적·제도적(절차적) 민주주의에 입각해 있었던 반면, 후자의 경우는 민주주의 원리가 정치적 영역은 물론 사회·경제적 영역에까지 확대 적용되는 참여민주주의에 입각해 있었다.[19] 참여민주주의에 입각한 거버넌스 모델은 정부정책 결정과정을 개방하여 사회적 행위자들이 참여하도록 한다. 나아가 시장의 거대행위자, 즉 재벌을 규제함에 있어서도 정부와 시민사회가 연대하는 양상을 보인다.

당초 정치적 지지기반을 원내에서 충분히 확보할 수 없었던 노무현정부는 시민사회세력과 노동세력의 정치적 지지가 필요했다. 이러한 목적을 달성하기 위해 거버넌스 모델은 매우 유용한 개념이었다. 국가가 재벌을 규제할 때 정부의 부담을 줄이는 동시에, 보수적 관료들을 정치적으로 통제하기 위해 적합한 방안이었다.

이렇듯 국내적으로 시민단체의 정치적 기반을 확보하여 진보적 개혁정치를 추진하는 한편, 국제적으로는 유엔이나 세계은행이 지향하는 가치를 추구한다는 입장을 선전할 수 있었다. 중도 좌파적 성격을 가지고 있던 노무현정부가 일견 세계은행에서 추구하는 신자유주의적 가치를 수용한 것처럼 보였지만 실제로는 국제적으로 보여주기 위한 거버넌스 모델과 국내적으로 활용한 거버넌스 모델은 분명히 구분되었다.

요컨대 국내적 활용을 위한 거버넌스는 국가가 재벌을 규제할 때 정부의 부담을 줄이고, 보수적 관료들을 정치적으로 통제하기에 적합한 방안이었다. 노무현정부는 국가가 독점적으로 역할을 하기보다는 국가가 시민사회와 함께 협의하고 협력하는 방식인 거버넌스를 더욱 선호했다. 그리고 거버넌스를 바탕으로 진보적 정치세력과 진보적 정치사회세력간의 연합을 형성했다.

## ❑ 거버넌스 모델과 노무현정부의 정치적 이익

이상에서 살펴본 바와 같이 거버넌스 모델은 김대중정부와 노무현정부가 정권을 획득하고 정치개혁을 추진함에 있어 유용한 정체polity 모델이었다. 나아가 정권유지를 위한 우호적 세력을 확보하고 관리하는데 유용한 모델이기도 했다. 노무현정부는 거버넌스 모델을 도입함으로써 지방분권화를 통해 비수도권지역에서 지지 확대를 꾀하고, 진보언론 및 인터넷 매체를 통해 보수적 성향의 언론을 견제하였다. 또한 시민단체 및 노동과의 연계를 통해 개혁추진 동력으로서 거버넌스를 이론적으로 정당화하였다.

### 1. 지방분권화를 통한 정치적 지지기반의 확대

노무현정부는 출범 초 발표한 4대 국정원리를 통해 '분권과 자율'을 국정 12대 과제에서 '지방분권과 국가균형발전'을 제시했다.[20] 그리고 2003년 4월 '정부혁신지방분권위원회'를 발족시켜 분권화를 중앙정부의 혁신과 연계하여 추진하는 한편, '지방분권로드맵'을 구성하여 세부적인 추진절차와 제도적 장치를 마련했다.[21] 그리고 2003년 말 '지방분권특별법'을 통해 본격적인 분권화 작업에 착수했다. 그 결과 2005년 기준으로, 국가 총재정규모에서 지방재정이 차지하는 비율이 52.8%로 확대되는 등 역대정부 중 재정분

권이 가장 높은 수준으로 진행되었다.[22]

분권화는 중앙주도의 국가발전에서 벗어나 지방을 활성화하여 국가발전을 도모하고, 시민사회와 지방정부의 참여증대를 통해 중앙정부의 혁신을 추구하는 국가조직 재정비 작업이다. 또한 정부government에서 거버넌스governance로 국정운영 시스템을 전환하는 것을 의미한다.[23] 거버넌스의 관점에서 지방정부에 대한 제도적·재정적 지원체계와 함께 시민사회 및 정부간 수직적·수평적 구조를 아우르는 다양한 협력관계를 구축한다. 따라서 단순히 권한이양의 차원을 넘어선 훨씬 진일보한 지방분권전략이었다.

그러나 이러한 분권화 및 국가균형 발전논리는 노무현정부의 취약한 권력기반을 강화하기 위한 방안으로서 활용된 측면이 강했다. 한국에서 지역주의는 중앙집권, 정치권력의 분할지배와 함께 유기적 삼각연결고리를 형성해 왔다. 즉 지역주의에 기초하여 정권을 획득하면 중앙집권을 통해 모든 것을 독점할 수 있는 게임이 성립되고, 이는 또 다시 정치적 지역주의를 확대 재생산하는 구조가 형성되어 온 것이다.

그러나 기존정권들과 달리 지역주의적 지지기반이 미약했던 노무현정부는 지역주의 구도로부터 얻을 수 있는 정치적 이익이 크지 않았다. 오히려 한국정치의 오랜 병폐였던 지역주의를 타파하는 것으로서 내의명분을 획득하고, 소외되었던 지역의 지지를 이끌어낼 수 있었다. 분권화정책은 기존의 지역주의 정치구도를 '지역경영의 정치politics of territorial management'라는 새로운 정치게임으로 대체하려는 시도였다.[24] 지역주의를 대체하는 분권화는 전통적 지역주의를 이완시키는 동시에 소외지역에 대한 지원을 가능하게 했다.

## 2. 보수언론의 견제를 통한 정치적 지지기반의 확대

노무현 대통령은 임기 내내 보수언론의 권력화를 타파하기 위한 다양한 조치를 취했다. 정부는 정치권력에 의해 견제를 받지만 언론은 다른 어떤 기관으로부터도 견제 받지 않는다는 것이 노무현 대통령의 기본적인 생각이었다. 그는 서울에서 열린 제58차 세계신문협회 총회연설에서 "언론자체가 시장의 독점과 독점적 지배구조를 통해 권력화할 수도 있다"면서, "언론권력의 남용을 제어할 수 있는 제도적 장치가 중요하다"고 역설했다.[25) 특히 조선일보, 중앙일보, 동아일보 등의 보수적 언론 3개 사에 대해서는 집권 내내 비우호적 입장을 견지했다. 세 언론사는 이미 그 자체로서 거대기업이면서도 가장 큰 광고주인 재벌기업들의 이익으로부터 중립적이기 어려운 구조에 놓여 있다고 보았다. 노무현정부에게 있어서 소수 보수언론사들이 지배하는 독과점적 신문시장을 개혁하는 것은 기득권세력 중심의 정치구조를 타파하는 핵심방안이었다.

이를 위해 노무현정부는 인터넷 매체를 중시하고 진보언론세력과 연합했다. 출범당시 노무현정부는 정부와 언론의 관계는 적절하게 견제하고 협력하면서 상생하는 '건강한 긴장관계'를 유지하겠다고 밝혔다. 그러나 실제로 집권 내내 조선일보, 중앙일보, 동아일보로 대표되는 보수언론과는 적대적 관계를 유지했다. 반면, 진보성향의 일간지인 한겨레신문, 경향신문, 인터넷 매체인 오마이뉴스 등과 심정적 유대관계를 형성했다. 공기업과 정부기관의 광고집행 사례에서 보듯이 노무현정부의 보수언론 견제는 분명하게 드러났다. 발행부수나 광고수주액이 월등한 보수언론의 광고집행은 줄이고, 상대적으로 경영이 어려운 진보언론 광고집행을 늘림으로써 보

**표 8-1** 청와대 정부행정기관에 진출한 언론주변단체 출신인사

| 이름 | 전·현직 | 대표경력 |
|---|---|---|
| 최민희 | 3기 방송위 부원장, 언개련 집행위원장 | 말지 기자<br>민언련 상임대표 및 사무총장 |
| 이상희 | 前 3기 방송위원장, 방송문화 진흥회 이사장 | 방송문화진흥회 이사장, 민언련 고문 |
| 주동황 | 前 3기 방송위원 | 민언련 이사 겸 정책위원 |
| 신태섭 | KBS 이사 | 민언련 공동대표 |
| 김영호 | 신발위 위원, 유통원 이사 | 언개련 공동대표 |
| 김서중 | 신발위 부위원장 | 언론광장 공동대표 |
| 김주언 | 前 신발위 사무총장 | 사무총장 |
| 장행훈 | 신발위 위원장 | 언론광장 대표 |
| 안영배 | 국정홍보처 차장,<br>대통령 비서실 홍보수석실 국내언론 비서관 | 말지 편집차장, 미디어 오늘 편집국장 |
| 정구철 | 대통령 국내언론 비서관,<br>대통령 비서실 | 언론노보 기자, 미디어오늘 편집부 차장, 가사협회 편집국장 |
| 양정철 | 대통령 홍보기획 비서관,<br>대통령 비서실 국내언론 행정실 행정관(3급),<br>대통령 비서실 홍보수석실 국내언론 비서관(2급) | 언론노보 기자 |
| 남영진 | 신발위 사무총장,<br>방송광고공사 감사 | 언개련 대외협력 위원장, 미디어오늘 사장 · 편집인 |
| 정현철 | 前 게임등급위 총괄기획 단장,<br>대통령 비서실 홍보기획 비서실 행정관 | 미디어오늘 차장 |
| 이영태 | 홍보처 정책포털운영단, 정책 뉴스팀 취재 총괄 | 미디어오늘 편집국장 |
| 이호석 | 청와대 국내언론 비서관실 행정관 | 미디어오늘 차장 |
| 신미희 | 청와대 국내언론 비서관실 행정관 | 민언련 간사, 미디어오늘 기자, 오마이뉴스 편집국 부장 |

출처· 동아일보, 2007. 10. 10.

수언론과 진보언론간의 균형을 맞추고자 했다. 예컨대 2000~ 2006년 10대 일간지 정부광고 수주현황에서 발행부수가 많은 주요 보수신문사의 연평균 광고수주 건수가 발행부수가 적은 신문사들의 건수보다 오히려 적은 것으로 나타났다.[26)]

또한 민주언론시민연합(민언련), 언론개혁시민연대(언개련) 등 노무현정부와 이른바 '코드'가 일치하는 언론주변단체나 언론주간지 출신인사가 대통령홍보수석실, 방송위원회, KBS이사회, 신문발전위원회 등에서 요직을 맡아 정부의 언론정책 기획 및 실행을 담당했다. 예를 들어 노무현정부에서 제정된 신문법은 언론주변단체들이 수년 전부터 주장해온 신문과 신문시장에 대한 국가개입 조항을 법제화 한 것이었다.[27)] 특히 민언련은 최민희 방송위원장을 비롯하여, KBS이사 등 7명을 배출해 참여정부에서 가장 영향력 있는 언론단체로 부상했다(표 8-1 참고).[28)]

## 3. 시민사회단체의 참여촉진을 통한 정치적 기반 공고화

노무현정부는 시민단체의 참여를 활성화하여 보수세력 중심의 권력구조를 개혁하고 미약한 정치적 기반을 공고히 하기 위해 다각적인 노력을 펼쳤다. 노무현정부의 이러한 노력은 시민단체의 지원 확대 및 시민단체 유력인사의 공직진출 사례에서 분명하게 나타났다.

우선 국가예산을 지원 받아 시민활동을 전개하는 시민단체들이 나타났다. 2006년 현재 활동 중인 시민단체는 23,000여 개, 중앙행정기관 및 시도 관할부서에 등록을 마친 단체는 6,490개 정도였다. 김대중정부 시절 입법된 '비영리민간단체지원법'에 근거하여 매년 100억 원 이상의 국고보조금을 1,300개 이상의 사회시민단체에 지원했다.29) 그리고 행정자치부는 중앙정부 주관의 '2007년 비영리민간단체 지원사업'에서 155개 사업(140개 단체)에 49억 원을 지원했다(표 8-2 참조). 지원사업의 심사를 담당하는 '공익사업선정위원회'의 위원 15명 중 12명은 시민단체의 추천을 받았으며 나머지 3명은 국회의 추천을 받았다. 결국 노무현정부와 이념적 친화성을 가진 단체들을 중심으로 시민사회 내부의 권력배분에 따라 지원단체가 선정되었다. 따라서 정부의 비영리민간단체에 대한 지원은 선별적이고 배제적인 지원이었으며, 동시에 시민단체의 정치화를 의미했다.

시민단체와 노무현정부간의 연계는 시민단체 출신인사들의 공직진출 사례로도 확인되었다. 한국의 대표적인 시민단체인 참여연

표 8-2 2007년 공익지원사업선정내역

| | | 사업수 | 지원액(백만원) |
|---|---|---|---|
| 2007년 신규 선정사업 | 사회통합과 평화 | 23 | 910 |
| | 문화시민사회구축 | 19 | 609 |
| | 자원봉사 | 12 | 276 |
| | 안전문화, 재해재난 극복 | 11 | 378 |
| | 소외계층, 인권신장 | 33 | 1,018 |
| | 자원절약, 환경보전 | 14 | 493 |
| | 국제교류협력 | 19 | 523 |
| | NGO 활동기반 확대 | 13 | 407 |
| 2005년 선정 계속 사업 | | 4 | 106 |
| 2006년 선정 계속 사업 | | 7 | 180 |
| 합 계 | | 155 | 4,900 |

출처: 행정자치부, "2007년도 비영리민간단체 지원사업 선정결과," 「보도자료」, 2007년 5월 2일.

대의 전·현직 임원의 36.1%가 청와대와 정부고위직, 산하 각종위원회 위원 등으로 진출했다. 특히 대통령 산하기구에는 121개 대통령 직속기관 중 63곳(52.1%)에 50명의 전·현직 참여연대 임원이 활동했다. 이는 김대중정부(48개 기관)에 비해서도 급격히 증가한 수치였다(표 8-3 참조). 또한 대통령 비서실에는 이백만 전 청와대 홍보수석을 비롯, 참여연대 임원출신 인사가 5명이나 포함되었다.[30] 노무현정부의 장관 정책보좌관 84명의 경력을 분석한 결과 시민단체 회원이 10명으로 11.9%를 차지했다(표 8-4 참조).

시민단체 지원과 시민단체 출신인사들의 공직진출 증가는 시민단체로 하여금 기업 및 시장에 대한 견제자 역할을 담당토록 하여, 기득권 중심의 정치경제구조를 개혁하고 노무현정부의 정치적 기반을 강화하기 위한 시도였다는 측면에서 이해할 수 있다. 출범 초기 노무현정부는 '더불어 사는 균형발전사회'를 3대 국정목표 중

표 8-3 참여연대 임원의 공직진출기구 및 진출 정권

| | 김영삼정부 | 김대중정부 | 노무현정부 | 기타 | 합계 |
|---|---|---|---|---|---|
| 대통령 산하 | 6 | 48 | 63 | 4 | 121 |
| 국무총리 산하 | 0 | 16 | 16 | 3 | 35 |
| 정부 각 부처 | 5 | 27 | 51 | 5 | 88 |
| 입 법 | 1 | 5 | 3 | 3 | 12 |
| 사 법 | 1 | 1 | 2 | 1 | 5 |
| 독립기구 | 6 | 13 | 21 | 2 | 42 |
| 지방정부 | 3 | 3 | 2 | 2 | 10 |
| 합 계 | 22 | 113 | 158 | 20 | 313 |

출처: 유석춘·왕혜숙, 「참여연대 보고서」, 서울: 자유기업원, 2006.

표 8-4 노무현정부 장관 정책보좌관의 경력분석

| 출 신 | 수(명) | 비율(%) |
|---|---|---|
| 청와대, 여당 보좌관/당직자 | 39 | 46.4 |
| 공 무 원 | 13 | 15.5 |
| 교수 및 연구원 | 12 | 14.2 |
| 시민단체 회원 | 10 | 11.9 |
| 법 조 인 | 2 | 2.4 |
| 경 제 인 | 2 | 2.4 |
| 기 타 | 6 | 7.2 |
| 합 계 | 84 | 100 |

출처: 데일리안, 2006. 10. 13.

하나로 정하고 불평등으로 인한 갈등구조를 타파하고자 했다. 이를 위해 투명하고 공정한 시장질서를 구축하여 경제력집중으로 인한 문제들을 해결하는 것을 중요한 과제라고 밝혔다.[31]

참여연대 역시 '시민의 참여확대'와 함께 '부정부패, 국민 위에 군림하는 사법도덕성을 잃어버린 기업활동을 감시하고 견제'하는 것을 기본정신으로 삼았다. 소수의 지분을 가진 재벌일가가 막강한 권한을 행사하는 것을 가능케 하는 기업지배구조를 개선하고, 대기업 중심으로 경제력이 집중되어 있는 시장구조를 개혁하는 것을 주요 목표로 정하고 관련활동을 전개했다.[32] 경제력집중문제에 대한 인식과 경제개혁의 방향성에 있어서 노무현정부와 참여연대는 서로 유사한 입장을 공유했다.

특히, 공정거래법 개정과정과 증권집단소송법 입법과정에서 노무현정부와 참여연대는 상호수렴하는 목표를 가지고 있었다. 참여연대는 공정거래법이 재벌규제가 강화되는 방향으로 개정되도록 개정과정에 적극적으로 영향력을 행사하고자 했다. 이는 인수위 시절부터 공정한 경쟁 시스템과 기업지배구조 개선을 강조한 노무현정부의 입장과 일치하는 것이었다. 노무현정부의 12대 국정과제 중 주요 경제분야 과제였던 '자유롭고 공정한 시장질서 확립'의 하부과제로 금융회사보유 자기계열사 주식의 의결권행사 제한, 출자총액제한제도와 상호출자 및 채무보증금지제도 유지, 그리고 기업집단 소유지배구조 공개 등이 설정되었다.[33] 참여연대 출신의 권오승이 공정거래위원장으로 취임한 이후 독과점방지를 위한 순환출자 규제에 대한 입법화 논의를 제기하는 등[34] 노무현정부와 참여연대의 호혜적인 상호의존성은 증가하였다.

또한 참여연대는 증권집단소송법을 도입하여 소액주주들의 권리를 확대하고 기업지배구조를 개선할 것을 주장했다.[35] 반면, 거래비용의 증가를 우려한 재계는 이 법의 도입을 반대했다. 노무현정부는 '투명하고 공정한 경쟁 시스템 구축'을 위한 방안으로 "소액다수 서민층 소비자를 위한 공익소송제의 도입검토"를 천명했다.[36] 노무현정부의 의지와 참여연대의 활발한 활동에 힘입어 증권집단소송법은 2003년 12월 17일, 국회법사위 전체회의에서 시행시기 등을 일부 수정한 법안이 표결처리로 통과되었고 2005년 1월 1일부터 시행에 들어갔다.[37]

이미 강력한 기득권세력으로 성장한 재벌을 대상으로 하여 개혁을 추진하기는 쉽지 않았다. 이에 노무현정부는 국가와 시장 사이에 존재하는 제3섹터로서 시민사회를 설정하고 시민단체들로 하여금 시장을 감시토록 함으로써 시장자유화과정에서 발생할 수 있는 집단행동의 문제를 최소화하고자 했던 것이다. 나아가 국가주의 하에서 발생한 경제적 불균형을 교정함으로써 사회적 파편화현상을 치유하는 중심세력으로 기능토록 했다.[38] 사익을 추구하는 영리 기업과는 달리 공익을 추구하는 시민사회단체를 활용하는 것은 참여민주주의 논리에 의해 정치적으로 정당화되었다.

## 4. 노동의 참여촉진을 통한 정치적 기반 공고화

정치개혁의 과정에서 노무현정부는 시민단체와 노동세력을 개혁의 파트너로 삼고 우호적 관계를 맺으려 했다. 거버넌스 모델에 기반하여 노동까지 정책결정과정에 참여를 확대시킴으로써 개혁을 위한 지지기반을 넓혔다. 당선자 시절부터 대통령직 인수위원회에 시민단체, 노동출신 전문가들을 대거 참여시켰다. 그리고 '사회통합적 노사관계'를 국정운영 12대 과제 중 하나로 선정하여 추진했다. 이는 노동이 상대적 약자라는 인식하에 노동에 힘을 실어줌으로써 노동의 제 목소리 내기를 도우려 한 시도였다. 정부의 조각에 있어서도 노동계 출신인사들, 특히 민주노총 출신인사들의 진출이 다른 정부에 비해 큰 비율을 차지했다.[39]

노무현정부의 이러한 노력은 17대 총선이전의 선거법 개정과정과 17대 총선결과를 통해서 분명하게 드러났다. 선거법 개정에 대한 요구는 1990년대부터 학계 및 시민단체에 의해 꾸준히 제기되었다. 그 이유로 첫째, 비례대표 의원비율이 낮다는 비판이 제기되었다. 예컨대, 16대 국회의 의원정수 273명 가운데 비례대표 의석수는 46석으로 16.8%에 불과했다. 둘째, 기존 선거법에 의한 비례대표의석은 지역구선거에서의 정당별 득표수나 득표율에 의거해 배분되기 때문에 직접선거원리에 위배된다는 비판도 제기되었다.[40] 결국 오랜 기간의 논의 끝에 17대 총선을 한 달여 앞둔 2004

년 3월 12일, 1인 2표 정당명부식 비례대표제의 도입을 포함한 개정 선거법이 국회를 통과했다.[41] 그리고 2004년 4월 15일 치루어진 17대 총선결과, 여당인 열린우리당이 국회 의석 299석의 과반(155석)을 차지하였고, 민주노동당이 최초로 제3대 정당으로 원내등원에 성공했다(표 8-5 참조). 따라서 여당인 열린우리당이 과반수를 장악한 여대야소의 단점정부unified government가 수립되었다. 이로써 노무현정부는 국회와의 원활한 협력을 통해 효율적인 국정운영이 가능할 것으로 기대됐다.[42]

표 8-5는 투표결과를 새선거법과 구선거법에 의거하여 각각 계산한 것이다. 수치상으로 본다면 개정 선거법을 통해 여당인 열린우리당의 의석수가 3석 감소했다. 그러나 노무현정부는 열린우리당 의석수 3석 감소를 훨씬 뛰어 넘는 세 가지의 효과를 동시에 누릴 수 있었다. 첫째, 여소야대 정국을 이끌어온 한나라당의 의석수가 기존 선거법에 따른 의석수(추정치)보다 3석 감소함과 동시에 원내 제2당이 되었다. 둘째, '권력을 국민에게 당권을 당원에게' 돌려주기 위한 정당의 내부개혁이 성공적으로 이루어져[43] 기존정당의 지지기반과 주력세력을 교체할 수 있었다. 노무현 대통령 당선 직후부터 민주당 내부에서는 민주당 개혁 관련 이슈들을 둘러싸고 구주류와 신주류 사이에 첨예한 갈등이 나타났다. 결국 민주당 신주류는 분당하여 열린우리당을 창당했다. 개혁적인 국민통합정당을 목표로 한 열린우리당의 구성원은 대부분이 노무현 대통령의 지지세력이었다.[44] 즉 열린우리당 창당과 국회 과반수 의석수 확보는 노무현 대통령으로 하여금 민주당 내부의 기득권과 김대중 대통령이라는 거대한 그림자를 깰 수 있는 발판이 되었다. 셋째, 노무현정부의 정치개혁 파트너라 할 수 있는 노동세력의 원내진출이

가능하게 되었다. 여당을 포함한 기존정당의 의석수 감소가 민주노동당의 의석수 증가로 직접 이어졌다는 점에서, 결과적으로 노무현정부의 정치개혁을 위한 지지기반이 더욱 확고해진 것이다.

표 8-5 제17대 국회의원 선거결과: 새선거법과 구선거법에 의한 의석배분결과 비교

| | | | 열린우리당 | 한나라당 | 민주노동당 | 새천년민주당 | 자민련 | 국민통합21 | 무소속 | 총합 |
|---|---|---|---|---|---|---|---|---|---|---|
| 선거결과 | 지역구 | 득표율 | 41.9 | 37.9 | 4.3 | 7.9 | 2.6 | - | - | - |
| | | 의석수 | 129 | 100 | 2 | 5 | 4 | 1 | 2 | 243 |
| | 전국구 | 득표율 | 38.3 | 35.8 | 13.0 | 7.1 | 2.8 | - | - | - |
| | | 의석수 | 23 | 21 | 8 | 4 | 0 | 0 | 0 | 56 |
| | 의석수 합계 | | 152 | 121 | 10 | 9 | 4 | 1 | 2 | 299 |
| 추정치 | 지역구 | | 129 | 100 | 2 | 5 | 4 | 1 | 2 | 243 |
| | 전국구 | | 26 | 24 | 1 | 5 | 0 | 0 | 0 | 56 |
| | 의석수 합계 | | 155 | 124 | 3 | 10 | 4 | 1 | 2 | 299 |
| 비 교 | | | -3 | -3 | +7 | -1 | 0 | 0 | 0 | |

출처: Lee, Yeonho and Yoojin Lim, “The Rise of Labor Party in South Korea: Causes and Limits,” *The Pacific Review* 19-3, 2006.

## □ 참여민주주의와 재벌개혁 그리고 새로운 규제국가 모델의 시도

노무현정부의 경제정책은 분배와 성장간에 균형을 달성하는 것이었다. 노무현정부의 정권인수위원회가 준비하여 2월에 발표한

'국정비전과 과제'는 '자유롭고 공정한 시장경제질서 확립'을 신정부 경제정책의 목표로 설정하였으며 세부과제로 형평, 분배 그리고 불균형의 시정을 강조하였다. 이러한 관점에서 볼 때 재벌개혁정책은 신정부 경제정책의 근간을 이루고 있었다. 노무현 대통령은 취임이전부터 재벌개혁을 다짐하였으며 경제력집중에 대한 심각한 우려를 갖고 있었다. 노무현 대통령은 기업경영 투명성의 결여, 회사경영 신뢰의 결여, 정직하지 못한 회계관행, 주가조작, 부정한 방법을 통한 부의 상속 등에 대하여 강력하게 비판한 바 있다.

대기업의 가족중심 소유구조를 개혁하기 위해 노무현정부는 재계의 강력한 반대에도 불구하고 소액주주에 의한 집단소송제를 도입하고, 재벌소유 금융기관이 보유하고 있는 주식에 대한 의결권을 제한함과 동시에 금융기관을 재벌의 영향력으로부터 분리시키는 개혁을 단행했다. 또한 출자총액제한제도를 지속적으로 적용하고 계열사간 상호출자 및 지급보증을 계속 금지할 것임을 천명했다.

또한 공정거래위원회로 하여금 계열사간 비합법적 내부거래를 조사할 수 있는 수사권을 부여하고, 재벌기업의 부당한 상속을 규제하기 위하여 '상속세 포괄주의'를 도입할 것이라고 밝혔다. 또한 노사관계에 있어서는 노와 사간의 힘의 불균형을 반드시 바로잡을 것임을 주장했다.

노무현정부의 개혁안은 시장에 대한 규제를 완화하는 전 세계적인 추세에 반한다는 이유로 한나라당 및 재계의 강력한 반대에 직면했다. 반재벌적 개혁을 추진하기 위해서 노무현정부는 시민사회의 지원이 필요했으며 따라서 양자간에 협조적 관계는 전임정부 때보다도 더욱 강화되었다. 실제로 노무현정부가 추진하고자 하는 재벌정책들은 참여연대나 경실련이 주장해온 것들과 맥을 같이했다. 경제적 불균형을 해소하기 위한 시민단체의 시장감시활동 역시 한층 더 강화되었다.

김대중정부에 이어 노무현정부하에서도 시민조직들 중 가장 두드러진 활동을 보인 것이 참여연대였다. 참여연대는 애드보커시 활동의 일환으로 소액주주운동을 전개함으로써 재벌기업의 대주주나 경영진이 자신들의 이해관계에 기초하여 행동하는 도덕적 해이를 견제하려고 했다.

그런데 한국에서는 참여연대가 소액주주운동을 전개하기 시작한 1997년 이전까지 주주에 의한 기업의 감시 및 견제활동은 사실상 존재하지 않았다. 이 운동의 목적은 경영의 투명성과 효율성을 증진하여 경영성과가 주주 전체에게 고루 배분되도록 하는 것이다. 건전한 자본시장을 만들어 투자위험을 줄이고 유능한 경영진이 효율적인 경영을 할 수 있도록 유도하는 것이 한국경제의 경쟁력을 높여줄 것이라는 게 참여연대의 주장이었다.[45]

소액주주들을 모아 일정지분을 확보하여 상법과 증권거래법에 보장되어 있는 소수주주권을 행사하고 경영진의 불법행위에 대해 민형사적 수단을 동원하여 법적 책임을 추궁하는 것을 내용으로 했다. 구체적으로 소액주주들의 이사선임권을 강화해주는 집중투표제 그리고 소액주주들이 회사를 상대로 단체로 소송을 낼 수 있게 하는 집단소송제를 법제화하는 운동을 전개했다. 소액주주운동은 총수 및 그 일가들이 소유권과 경영권을 독점적으로 행사하는 재벌기업들의 부당한 경영행위를 견제하기 위한 민간차원의 운동이라는 점에서 의의가 있었다.

노무현정부 취임직후인 2003년 3월 10일 SK그룹의 최태원 회장이 검찰에 의해 기소된 사건도 참여연대의 소액주주운동의 한 결과였다. 서울지검은 SK글로벌이 회계분식을 통해 1조 5천 587억 원의 이익을 부풀린 혐의를 확인, SK 최태원 회장 등을 특정경제범죄가중처벌법(배임 등) 위반혐의를 비롯, 증권거래법 위반, 주식회사의 외부감사에 관한 법률 위반 등의 혐의로 기소했다.[46)]

이처럼 참여연대가 전개한 소액주주운동을 표로 정리하면 표 8-6과 같다. 소액주주들의 힘을 규합하여 현대중공업, 삼성전자, LG반도체, (주)대우, SK텔레콤, (주)한국화약 등 재벌기업들의 정기 주주총회에서 투자실패에 대한 재벌총수의 책임문제, 부당 내부거래 관련 임원의 문책, 해외 현지법인의 부채내역 공개 등의 문제를 제기했다. 삼성 등 재벌기업들이 불법적으로 상속 및 증여를 행하는 것을 감시하고 이 과정에서 세금징수가 공정하게 집행될 것을 촉구하는 운동을 전개했다. 또 재벌개혁 감시단을 발족하여 정부의 기업지배구조 개선작업이 차질없이 진행되는 지를 감시하는 운동도 추진했다. 나아가 분식회계 등 부당경영의 혐의가 들어나면 기업을 고발하는 활동도 적극적으로 병행했다.

표 8-6 참여연대가 전개한 소액주주운동 내용

| 연 도 | 소액주주운동 전개 내용 |
| --- | --- |
| 2002년 | ▪ 한화그룹 분식회계 고발을 통한 한화그룹의 대한생명인수 반대운동 전개<br>▪ 증권집단소송제 제정 촉구<br>▪ (주)두산이 발행한 해외신주인수권부사채(BW)를 그룹지배주주일가가 대부분 인수하여 편법증여 및 그룹내 지배권을 노린 사실을 적발 발표<br>▪ (주)LG화학이 총수일가에게 계열사 주식을 헐값에 매각하고 고가에 총수소유의 주식을 매입한 것과 관련 주주대표소송 |

| | |
|---|---|
| | 제기<br>▪ 1999년 SK증권과 JP모건간에 맺어진 이면계약과 관련 최태원 SK그룹 회장을 배임죄로 고발<br>▪ 민영화된 KT의 지배구조 개선을 위한 정관개정안 제안 |
| 2001년 | ▪ 현대투신 헐값매각 반대운동 전개하여 AIG컨소시엄 인수 무산<br>▪ 집단소송제 도입운동 전개<br>▪ 노태우 대통령에게 뇌물을 공여한 이건희 회장과 부실기업인 이천전기를 인수키로 결의한 삼성의 이사들을 상대로 주주대표소송을 전개하여 승소 |
| 2000년 | ▪ 제일은행 주주대표소송 항소선고심에서 승소<br>▪ 현대투신 불법자금운용 실태발표와 손해배상소송 제기<br>▪ 삼성SDS가 신주인수권부사채(BW)를 이건희 회장 자녀들과 이 사들에게 헐값매각한 것과 관련 항소심에서 승소<br>▪ 집중투표제 의무화와 집단소송제정을 촉구하는 청원서 제출 |
| 1999년 | ▪ 삼성전자, SK텔레콤, 현대중공업, (주)대우 주주총회에 참석 대표소송 제기<br>▪ 현대전자 주가조작 검찰수사와 손해배상청구소송 제기<br>▪ 현대전자 주가조작에 참여한 현대증권 불매운동 전개<br>▪ SDS가 이건희 회장 2세들에게 발행한 BW처분금지 및 신주 발행금지 가처분신청 제기 |
| 1998년 | ▪ 부실금융기관인 제일은행에 대한 주주대표소송 제기 승소<br>▪ 삼성전자 이사회의사록 위조 고발<br>▪ 삼성전자 등 계열사 외자도입법 위반 등으로 고발<br>▪ 삼성전자 대표이사 11명을 상대로 주주대표소송 제기<br>▪ SK텔레콤을 상대로 소액주주운동 전개 |
| 1997년 | ▪ 제일은행에 대한 소액주주운동 전개<br>▪ 삼성전자 전환사채발행 무효소송 전개 |

자료: 참여연대.

참여연대는 소액주주운동을 전개하는 과정에서 구체적으로 다음과 같은 방법을 활용했다. 이사회에 경영을 의뢰하고 있는 소액주주들도 다양한 법적 수단을 통하여 정책결정과정에 직접 참여할 수 있는데 참여연대는 소액주주의 이익을 표출하는 방법으로 (1) 주주총회에 직접 참여하여 주주들의 견해를 직접전달하기, (2) 주주총회에서 제안서 제출하기(증권거래법 제84조 제21항), (3) 대리탄원(증권거래법 제199조), (4) 특별주주총회 개최요구(상법 제412조) 등의 방법을 활용했다. 또 공정한 기업경영을 감시하기 위해 (1) 장부 및 기록열람권, (2) 경영진의 비합법적 활동중단 요구 (3) 경영상 불법행위 중지명령 등을 행사했다.

기업인들의 비판에도 불구하고 이러한 시민단체들의 활동이 기업경영의 투명성을 제고하는데 어느 정도 긍정적으로 기여했다고 볼 수 있다. 기업들은 주주총회를 개최할 때마다 시민단체들의 감시를 의식하게 됐다. 일부기업들은 참여연대가 추천한 사회이사들을 포함하는 감사위원회를 구성했으며 계열사와 내부거래를 하거나 주요한 경영방침을 결정할 때 감사위원회의 사전동의를 받도록 참여연대와 합의하기도 했다.

노무현정부도 시민단체들의 이러한 경제개혁운동을 적극 수용하고 후원했다. 인수위원회에 시민단체활동가들이 대거 참여함으로써 경제개혁안에 시민단체들이 주장했던 방안들이 대거 포함되었다. 노무현 자신이 '시민운동의 축적이 없었다면 대통령 당선을 불가능했다'고 밝힐 만큼 시민운동이 이 사회를 이끌어 가는 중심이라는 믿음을 갖고 있었다.47)

요컨대 노무현정부는 시민조직의 활동을 지원함으로써 이들로부터 개혁을 위한 정치적 후원을 이끌어냈다. 시민조직들로 하여금 시민사회와 경제사회(즉 시장)간에 갈등보다는 협조가 발생할 수 있는 제도를 건설하도록 유도했다. 정부가 직접 간섭함으로써 시장을 규제하고 처벌하는 것보다는 시민조직으로 대표되는 사회적 힘을 통해 규제할 수 있도록 하는 것이 보다 효율적이라고 보았다. 사회적 파편화현상을 국가가 직접적인 시장간섭을 통해서 보다는 사회적 힘을 이용해서 치유하려 했다는 점에서 열린우리당 정부는 참여민주주의적 국가-시장-사회관계를 수립하려 했다고 볼 수 있을 것이다.

그렇다면 김대중정부에 이어 노무현정부하에서 새롭게 등장한 국가는 어떻게 정의될 수 있었던 것일까? 발전국가 퇴조이후 한국에서 등장하고 있는 새로운 형태의 국가를 설명함에 있어서 영미식 규제국가 모델은 다소 제한된 적실성을 보인다. 영미식 규제국가the regulatory state는 시장에 대한 국가의 간섭을 축소하고 국가가 시장제도의 설계, 운영 및 감독에 집중할 것을 상정한다. 공동체의 이익보다는 개인의 이익을 강조하므로 확산적 복지정책을 수행하지도 않는 시장중심적 국가이다. 정부는 시장의 투명하고 공정한 경쟁을 유도하기 위해 매우 정교하게 발전된 규제장치를 고안하고 운영하는 업무를 담당한다.

물론 신자유주의적 개혁을 적극적으로 추진했던 김영삼정부하에서부터 국가의 성격은 영미식 규제국가 모델로 변화하는 경향을 보였다. 그리고 1997년 발생한 금융위기를 IMF의 지도하에 수습하는 과정에서 시장중심적 개혁이 가속화되고 규제국가적 모습이 보다 구체화된 것도 사실이었다. 그럼에도 불구하고 김대중정부 특히 노무현정부는 경제자유화(즉 시장의 정치로부터의 해방)를 추진하면서도 다른 한편으로 참여민주주의(즉 시장참여자들에게 동등한 참여의 기회를 부여하는 것)로의 심화를 시도하였다. 따라서 새로이 등장한 규제국가는 경제자유화뿐만 아니라 참여민주화라는 정치적 논리 위에서 형성되었다.

시장자유화를 주로 지향하는 영미식 규제국가는 복지국가의 과보호로 인하여 방만해진 시장에 규율을 세우는 국가였다. 시장의 제도들을 정치적 영향력으로부터 격리하고 경쟁의 원리를 주입하되 규제의 제도화를 통해 공정한 경쟁환경을 국가가 조성하는 것이 핵심이었다. 또한 노동이 경제민주화라는 명분하에 정부의 경제정책과정에 과도하게 간섭하는 것을 통제하는 국가였다. 영국의 대처정부가 신자유주의적 개혁을 추진하기 위해서 강한 국가의 수립을 모색했던 이유도 개혁을 단행했을 때 손해를 볼 수 있는 행위자들의 저항을 극복하기 위해서였다.

한국의 경우는 이러한 영미적 상황과 달랐다. 영국과 미국 나아가 신자유주의를 받아들인 일부 유럽 국가들의 문제의식이 복지국가하에서 발생한 시장의 비효율성에 기인한 것이었다고 한다면 우리 국민들의 주된 관심은 발전국가의 불균형성장정책에 의해 조성된 사회경제적 불평등을 개선하는 것이었다. 즉 서구 국가에서는 복지와 형평중심주의에 대한 오래된 회의가 신자유주의적 개혁을 촉발했지만 우리나라에서는 불균형을 해소하라는 민주화의 요구가 심화되었을 때 금융위기로 인해 시장주의적 개혁의 압력에 동시에 직면했던 것이다.

한국적 현실의 특징은 다소 상충적일 수 있는 자유화와 민주화에 대한 요구가 동시에 발생했다는 데 있었다. 그 결과 시장자유화는 그 자체로서 목적이 되기보다는 사회적·경제적 불평등을 해결하기 위한, 즉 민주화의 수단으로 활용되는 경향을 보이기도 했다. 즉 국가와 시장간에 형성된 결탁구조를 시장원리의 힘을 빌어 해체해야 한다는 의미에서 경제적 자유화가 논의되었다는 것이다. 한편으로 김대중 그리고 노무현정부가 시장자유화를 추진하면서도 다른 한편으로는 경기부양을 위한 시장간섭을 지속하고 노동시장의 유연화에 소극적이며 심지어 비재벌부문의 육성을 위해 IT벤처기업에 각종 특혜를 제공한 것도 이러한 맥락에서 이해될 수 있다.

노무현정부하에서 형성되었던 새로운 규제국가에는 경제자유화논리 이상으로 참여와 형평을 강조하는 경제민주화의 논리가 내포되어 있었다. 민주주의 심화의 결과로 등장한 참여민주주의는 발전국가하에서 조성된 경제적 불평등을 치유하여 모든 시장행위자들이 동등하게 참여하고, 성장의 과실을 동등하게 나누어 갖으며, 이를 통해 사회적 파편화를 치유하려는 시도였다. 경제자유화가 국가와 시장/사회이라는 이분법적 사고에 입각해 있다면 민주화는 국가-사회-시장이라는 3분법적 논리에 입각해 있었다.

신자유주의적 개혁의 경제적 논리는 작고(즉 덜 간섭적이고) 강한 국가를 만들어야 효율적인 시장이 형성된다는 것이었다. 또 신자유주의적 개혁의 사회적 논리는 사회적 반발을 극복하고 개혁을 추진하려면 작지만 강한 국가가 있어야 한다는 것이었다. 즉 경제적 자유화의 논리는 국가와 시장/사회관계를 다소 대립적인 것으로 보았다.

반면에 참여민주주의적 논리는 국가와 시장간의 완충자인 제3섹터로서의 사회를 설정하고 시민조직이 감시자와 고발자로서 역할하여 시장 내의 불평등문제를 해결하는 전략을 제시했다. 경제적·사회적 참여를 제고하기 위한 여건을 마련하기 위해서 국가의 사회에 대한 지원적 간섭을 오히려 증가시켰고 경제적 불평등의 원인이 된 국가의 시장에 대한 간섭은 축소시켰다. 경제자유화의 논리는 일부 시장행위자들이 정부의 지원을 받아 불공평한 경쟁에 임하던 것을 교정하여 모든 행위자들이 공정하게 동일선상에서 출

표 8-7 영미식 규제국가와 김대중·노무현정부의 규제국가 비교

| | 영미지역의 규제국가 | 김대중 노무현정부의 규제국가 |
|---|---|---|
| 전환경로 | 복지국가에서 조정국가로 전환 | 발전국가에서 조정국가로 전환 |
| 민주주의의 제도적 성격 | 법적 · 제도적 · 절차적 민주주의 | 참여민주주의 (그리고 결사체민주주의) |
| 자유화의 내용 | 경제적 자유화 중심 | 경제적 자유화와 경제적 민주화의 혼재 |
| 주요 행위자 | 정부-기업 | 정부-기업-시민단체 (부분적으로 노동) |
| 발생원인 | 경제자유화에 따른 민주주의의 역심화 | 민주주의의 심화 |
| 신자유주의와의 관계 | 신자유주의의 적극 수용 | 전체적으로 신자유주의 수용 (단, 일부 각론에서는 배격) |
| 복지제도의 수준 | 복지제도의 축소 및 정비 | 복지제도의 확대 |
| 국가의 시장에 대한 역할 | - 시장감독을 위한 제도의 수립 및 운용<br>- 신산업육성을 위한 부분적 개입 | - 시장감독을 위한 제도의 수립 및 운용<br>- 신산업육성을 위한 부분적 개입<br>- 사회경제적 불균형을 교정하기 위한 개입 |
| 국가-시장/사회관계와에 대한 이해 | 상호대립적 | 상호보완적 |
| 시민 및 노동단체의 참여에 대한 시각 | 부정적(사회적 합의에 도달하는 과정에서 집단행동문제가 발생하므로) | 긍정적(사회적 자본이 축적되어 강한 사회를 수립하므로) |

출처: 이연호, "한국에서 민주주의 심화가 조정국가의 변화에 미친 영향," 「신아세아」 제23권 2호, 2006, p.36

발하도록 하는 논리로 활용되었다.

신자유주의적 논리는 시장에 대한 비경제적(즉 사회적·정치적) 간섭을 극소화하는 것이지만 참여민주주의 논리하에서 시장에 대한 비경제적 간섭은 유지되었다. 참여민주주의가 진전됨과 더불어 시민사회조직들의 등장이 가속화되었고 이들의 시장에 대한 간섭도 증가했다.

이러한 관점에서 보았을 때 노무현정부하에서 등장했던 규제국가는 영미지역의 그것과는 구분되었다. 시민의 참여를 통해 자유로울 뿐만 아니라 민주화된 시장을 모색하고, 민주주의를 달성함으로써 사회적 결합social cohesion을 도모하려는 시도였다. 한국의 사례는 시장주의적 개혁과 더불어 발전국가가 규제국가로 전이했음을 보여주었다. 그럼에도 불구하고 새로운 규제국가는 발전국가의 퇴조이후 복지와 형평의 문제를 해결하지 못한 상황에서 경제자유화논리와 더불어 경제민주주의 논리가 혼재된 채 나타난 새로운 형태의 규제국가였다.

## ❑ 진보적 개혁과 실용주의적 변화

노무현정부는 전체적으로 김대중정부의 정치경제적 노선을 큰 변경 없이 수용했다. 다만 김대중정부가 추진한 신자유주의적 개혁으로 인해 빈부간의 격차와 경제력집중현상이 심화되자 분배와 형평을 강조하는 정책을 집행하는 경향을 보여주었다. 지방분권을 위한 신행정수도의 건설을 시도한 것도 균형성장을 통해 지역간 형평을 제고하기 위한 노력이었다. 복지 관련 정부재정지출을 전임정부들에 비해 증가시켰으며. 양성간 평등을 제고하기 위한 정책을 집행했다. 재벌을 개혁하기 위한 정책으로 상속증여 완전포괄과세 정책, 소액주주의의 발언권을 높이기 위한 증권분야 집단소송제도, 출자총액제한제도 그리고 금산분리법 등을 도입했다.

그러나 정권 중반기 이후로 가면서 보다 실용적인 입장으로 선회한 점도 지적할 필요가 있다. 무엇보다도 한미 자유무역협정FTA을 추진했다. 미국에 대한 안보독립을 추구하면서 생기는 공백을 메우고 경제적 동맹을 강화하기 위한 수단으로 FTA를 추진했다. 또 정보화, 생명공학, 그리고 나노기술개발 등 신산업육성을 위한 정책도 전개했다.

반면에 대노동관계는 정권 말기에 들어 다소 경색되는 경향을 보였다. 초기와는 달리 말기에 들어 긴장적인 관계가 형성되는 것을 마다하지 않았다. 2003년 6월의 철도파업과 전교조 투쟁이후 공권력 투입이 빈번하게 이루어졌고 민노총과의 관계도 경색되었다.

그럼에도 불구하고 노무현정부는 반기득권세력 특히 노동세력의 정치사회적 참여를 확대시키는 정치적 제도개혁을 단행했다는 점에 주목할 필요가 있다. 노동당이 헌정역사상 처음으로 국회에 진출할 수 있었던 것도 노무현정부가 총선에서 1인 2표 정당명부식 비례대표제를 도입한데 기인한바 컸다. 당초 김대중정부에게 기대했던 경제사회적 민주화가 국민들의 기대만큼 성취되지 못한 것을 인식하고 이를 달성하고자 했다. 이는 결국 보수기득권세력의 반발을 불러일으켰고 2007년 대선에서 보수 한나라당의 이명박정권이 들어서게 되는 빌미를 제공했다.

제 9 장

## 이명박정부: 2008-2012

# 친시장주의 대 친기업주의

▌민주화 이후의 민주주의적 갈등 ▌MB노믹스: 친기업주의적 경제론 ▌자유주의적 친시장정책 대 신자유주의적 친기업정책 ▌친기업주의 정책의 진화 ▌친기업정책을 둘러싼 정치적 논란 ▌친기업적 MB노믹스와 양극화 ▌친기업주의의 한계와 경제민주화 ▌

## 이명박정부: 2008-2012

# 9 친시장주의 대 친기업주의

### ❑ 민주화 이후의 민주주의적 갈등

노무현 전 대통령은 2009년 5월 23일 경남 봉하마을의 자택 뒷산에서 투신하여 스스로 생을 마감했다. 검찰의 박연차 정관계 로비사건 수사가 전방위로 확대되면서 측근 정치인은 물론 가족들마저 포괄적 뇌물죄 혐의를 적용받아 수사를 받는 상황에 이르자 극단의 선택을 한 것으로 알려졌다.

고 노무현 대통령의 장례식을 지켜본 후, 보수주의의 원로 김동길 교수는 그것이 계획되고 준비되어진 과정이 상상을 초월하는 것이었고 진보적 사회세력의 조직역량이 보수층이 예상했던 것보다 훨씬 견고한 것이었다고 평가했다. 그러면서 김교수는 한국 내에 또 하나의 정부가 확실히 존재한다고 결론지었다.[1] 사실 고 노무현 대통령에 대한 국민들의 향수병은 예상보다 훨씬 더 강한 것이었다. 300만 명이 넘는 시민들이 분향소와 장례식에 참석했는데 이는 가장 존경받는 대통령으로 간주되는 고 박정희 대통령의 200만 명보다 훨씬 더 많은 것이었다.

한국 내의 진보적 시민진영은 보수세력에게 일종의 공포적 대상이었다. 진보시민세력은 2008년 3월 이명박 정부의 취임 직후 3개월 동안 전국적인 반미·반쇠고기 수입시위를 전개했다. 이들은 미국산 쇠고기 수입이 한미 FTA를 타결짓기 위한 전제조건이라며 극렬히 반대했다. 그럼에도 불구하고 이명박 정부는 한미 FTA협상을 진전시키는 노력의 일환으로 2008년 4월 22일에 미국산 쇠고기를 수입하기로 결정했다.

촛불시위를 통한 진보세력의 강력한 반대에 부딪히자 이명박 정부와 한나라당은 소위 노무현세력에 대해 극도의 반감을 갖기에 이르렀다. 미국산 쇠고기 수입에 대해 반발하는 시민저항으로 인해 이명박정부는 초기 정부정책들을 시행하는데 난항을 겪었다. 미국산 쇠고기 수입과 FTA는 당초 노무현정부에 의해 주도된 것이었다. 따라서 이명박정부는 전임 대통령이 진보적 시민진영을 조종해 보수진영에 정치적인 압력을 행사하고 있는 것으로 간주했다.

과거 김대중과 노무현정부는 관료, 보수언론 3사와 재벌로 대표되는 보수진영을 개혁하는 작업에 진보적 시민조직들과 인터넷 뉴스매체들을 활용한 바 있었다. 그리고 참여민주주의를 지지하는 학생연합과 노동조합들을 포함한 진보적 사회진영의 정치적 참여를 이끌어내기 위해 인터넷 매체를 적극 장려했다. 이를 통해 젊고 진보적인 시민세력들끼리 보다 빈번하고 대규모로 접촉하도록 유도했다.

노무현 대통령은 퇴임이후에도 온라인 매체를 통해 진보적인 사회진영을 조직하고자 하는 노력을 그만두지 않았다. 그는 청와대 집무실의 행정기록들을 봉화마을에 위치한 자신의 고향 집으로 가져갔다. 이에 이명박정부는 그가 정부기록들을 횡령하고 있다고 비난하면서, 노무현 대통령이 퇴임이후에도 정치와 국가행정에 개입하려는 의도를 가지고 있다고 주장했다. 검찰이 정치 뇌물수수 혐의로 노무현 대통령을 조사하면서 대통령 기록물의 사적 보유여부에 관해 비서관들과 사무직원들을 심문했고 결국 노무현 대통령은 기록들의 사본들을 정부에 반납할 수밖에 없었다.

이 사건이후, 노무현 대통령은 2008년 9월 18일에 “민주주의 2.0”이라는 정치적 토론 웹사이트를 개설했다. 그리고 사이트 개설 의도에 대해서 다음과 같이 설명했다.

> “자유와 깊이가 있는 대화를 즐길 수 있는 시민공간을 만들자 … 나는 우리가 개방성, 상호공유, 참여와 책임감을 ‘민주주의 2.0’의 운영원칙으로 내세울 것을 제안한다.”[2)]

이 사이트는 갖가지 주제들에 관한 다양한 분야의 토론을 제공했다. 토론의 형식과 논의가 진행되는 방식은 참여자들에 의해 결정되었다. 이 사이트의 주된 목표는 시민참여의 온라인 공간을 제공하는 것이었다.

노무현 대통령이 인터넷을 통한 온라인 의사소통에 집착했던 이유는 비용 때문이기도 했다. 최소한의 비용으로 최대한 신속하게 다수의 사람들을 교육시키고 여론을 결집하는 것이 가능했다. 신문을 장악한 언론 3사는 보수층의 영향력 아래에 있었으므로 그들에게 접근하는 것은 비용적으로도 불가능했다. 물적자원이 부족했던 진보진영은 인터넷 매체를 통해 정치적 자원을 동원하는 것이 훨씬 더 효율적이었다.

이명박정부와 한나라당은 노무현 전 대통령의 이러한 시도를 비판했다. 진보진영이 거짓된 정보로 시민들을 선동하려 하고 있다고 주장했다. 보수정치진영은 노무현이 인터넷을 통해 정계로 복귀했고 사이버 대통령으로서 군림하려 한다고 주장했다. 진보적 언론매체 중 가장 대표적인 한겨레신문도 전직 대통령이 정치적 토론사이트를 운영하는 것은 민주주의에 유해하고 시민들간에 증오와 갈등을 심화시키는 일이 될 것이라고 비난했다.[3)]

이명박정부가 노무현 대통령의 정치적 시도에 대해 강하게 비판했던 또 하나의 이유는 시민의 정치세력화를 우려했기 때문이었다. 대중적 인기를 바탕으로 시민을 규합하여 정부의 정책집행을 방해할 수 있다고 예상했다. 이에 이명박정부는 노무현세력에 대해 두 가지 형태의 정치적 압력을 행사했다. 우선적으로, 노무현과 그의 가족들 그리고 지지자들에게 대한 세무감사를 집행했다. 검찰측은 노무현과 지지세력에게 정치자금을 개인적으로 제공한 혐의로 사업가인 박연차를 구금했다. 노무현 대통령 자신도 뇌물수수 혐의로 공식기소될 예정이었다. 뇌물수수사건에 관한 검찰수사는 노무현 대통령 자살의 가장 직접적인 요인이었던 것으로 보인다.

다른 한편으로 이명박정부는 인터넷 언론에 대한 정부의 감시를 강화함으로써 진보진영이 정치적으로 재통합할 수 있는 기회를 제거하고자 미디어법의 개정을 시도했다. 방송언론이 신문에 비해 진보계층의 정치적 이익을 대변하는 것으로 간주했다. 따라서 취임과 더불어, 이명박 대통령은 정부소유의 케이블 뉴스 네트워크인 YTN, 공영 방송국인 KBS의 최고위직들을 자신의 지지자들로 교체했다.

노무현정부는 '다음'과 '네이버'를 포함한 인터넷 포털사이트들을 진보여론의 결집을 위한 수단으로, 특히 진보적이고 젊은 인터넷 사용자들을 규합할 수 있는 수단으로 활용한 바 있었다. 사이버 공간에서 진보계층의 목소리가 과잉 대표되고 있다고 여긴 이명박정부는 미디어법안을 개정하며 변화를 추구했다. 미디어법은 정보통신망 이용촉진 및 정보보호법(사이버명예훼손법), 방송법, 신문법, 언론중재법, 라디오법, 인터넷 멀티미디어 방송사업법, 디지털전환 특별법, 저작권법을 포함했다. 이에 여론은 정부와 한나라당에 의해 제안된 개정 법안이 재벌과 언론 3사의 이득을 반영한 것이며, 정부가 대중매체를 조정하려는 악랄한 행태라고 비난했다.

새로운 미디어법안은 방송국들의 소유권 규제를 완화해서 재벌들과 언론 3사가 TV방송회사들의 경영권을 인수하는 것을 가능하게 하는 것이 골자였다. 기존의 법은 재벌이 TV언론회사를 소유하는 것을 막기 위해, 자산가치가 총 10조 원이 넘는 기업이 TV방송사업을 운영하는 것을 금지했었다. 새 법안은 신문사나 대기업이 지상파 방송의 10%, 종합편성채널 및 보도전문채널의 경우 각각 30%까지 지분을 소유할 수 있게 했다.

신문법의 새 법안은 TV방송사와 신문사들의 공동경영을 금지하던 조항을 폐지했다. 이 조항은 다양한 여론의 보호라는 명목으로 헌법재판소에서 합헌 판결을 받았다. 새 법안은 또한 인터넷 포털사이트들이 보도기사와 논평을 포스팅하여 여론을 환기시키는 것을 금지시킴으로써 정보전달자의 역할로 국한시켰다. 노무현정부하에서 사이버 여론의 형성자로 기능하던 '다음'과 '네이버'와 같은 인터넷 포털사이트들이 더 이상 여론형성기능을 수행할 수 없게 하는 것이었다.

언론중재법의 새 법안은 2009년 8월에 시행되었다. 기존의 법은 기사를 쓰지 않고 단순 뉴스를 전달했던 포털사이트들에게 기사를 조정하고 중재하며 오류를 교정해야 하는 부담을 부과하지 않았었다. 그러나 새 법안은 인터넷 포털사이트들을 법적 적용대상에 포함시켰다.

마지막으로, 정보통신망 이용촉진 및 정보보호법의 새 법안에서는 사이버 모욕죄와 인터넷실명제를 도입했다. 인터넷에서 악성 댓글로 시달린 몇몇 연예인들이 자살을 기도하는 심각한 부작용이 있었기에 사이버 모욕죄를 도입해야 한다는 것이 당초의 명분이었다. 그럼에도 불구하고, 반대파는 정부가 사이버 공간에서 자유토론을 제한하는 용도로 이용할 가능성이 있어서 법안 개정을 반대한 바 있었다.

김대중과 노무현정부는 노동자와 진보사회세력의 정치적 자원을 결집시킴으로써 재벌, 행정부관료들, 보수대중매체 그리고 다수당인 한나라당과 대응하고자 했었다. 진보진영은 인터넷을 통해 그들의 이익을 관철시키며 보수진영에 대항했고, 이는 정치에서 자발적 시민참여의 확대를 가져왔다. 그러나 부작용도 없지 않았다. 시민사회가 촛불집회와 같은 집단시위로 그들의 목소리를 직접 정부에게 전달하게 되자 의회민주주의가 약화되었다.

이명박정부는 시민참여를 촉진하기 위해 취해졌던 이러한 조치들을 무효화시키려고 했다. 정치적 토론이 사회화되는 것을 억제하고자 시도했다. 사이버 공간에서 진보층의 목소리가, 특히 젊은 세대에서 과도하게 증폭되고 있다고 여겼다.

시민사회에 대한 동세와 더불어 이명박정부는 노동에 대한 규제도 강화했다. 비정규직이 정규직으로 전환을 하기 위해 갖춰야 할 자격요건인 최소 근무기간을 2년에서 4년으로 연장했다. 그리고 최소임금제에 적용되는 노동대상의 범위도 확대했다. 또 시위에 참가하는 노동자들과 사회운동가들을 통제하기 위한 방편으로 집회와 시위 법안의 개정을 추진했다.

이와는 대조적으로, 유산상속세와 기부세금 그리고 종합부동산세 체계를 개정해 재벌들을 포함한 부자들의 세금부담을 줄이는 친보수적 조치를 취했다. 다음에서 자세히 보겠지만 투자와 소비를 유도하기 위해 세금감면과 규제완화 조치도 시행되었다.

이명박정부에 의해 추진되었던 개정조치들은 사실상 시민사회세력의 정치화를 억제하는 정책이었다. 시민사회세력과 노동세력은 이명박정부의 참여민주주의에 대한 공격을 비판하면서 이것이 민주주의의 위기와 권위주의의 부활을 야기할 것이라고 주장했다.

요컨대 이명박정부의 민주주의 의식은 참여민주주의적인 것과는 상당히 거리가 있었다. 시민과 노동이 국가와 시장에 개입할 수 있는 여지를 축소함으로써 국가의 힘을 강화시키는 신우파적 전략을 구사했다. 민주주의의 원리를 정치분야에 주로 적용하는 법적·제도적 민주주의 모델을 선호했다고 볼 수 있다.

정부가 집행한 경제정책 역시 신우파적 또는 신자유주의적 속성을 짙게 내포했다. 시장을 정치로부터 분리시키고 자율성을 강화시키는 것이었다. 이명박정부의 친기업적 정책도 이러한 맥락에서 탄생한 것이었다. 이는 기업활동에 대한 외부 개입을 정부가 차단해 줌으로써 기업의 생산활동을 촉진하고 경제를 활성화시키는 전략이었다.

이명박 대통령 자신이 기업가출신이므로 대기업관계가 원활할 가능성이 높았다. 정부는 2008년의 미국발 금융위기를 타개하기 위한 시도로 친기업적 규제완화정책과 감세정책을 적극 추진했다. 그리고 경제활성화를 위해 많은 혜택을 기업들에게 제공했다.

그러나 이명박정부와 대기업의 관계는 예상과 매우 다르게 전개되었다. 결과적으로 양자는 매우 갈등적인 관계를 갖게 되었고 중반기 이후 정부의 대기업 통솔능력도 급격히 약화되었다. 대기업들은 친기업정책의 혜택을 향유했음에도 불구하고 고용확대 등을 요구하는 이명박정부에 협조하지 않았다. 그러면 왜 이러한 현상이 발생했던 것일까? 이명박정부의 사례는 시민의 민주주의적 참여가 위축되면 친시장주의가 한낱 친기업주의로 전락할 수 있음을 보여주는 좋은 사례였다.

## ❑ MB노믹스: 친기업주의적 경제론

이명박 대통령이 대선후보 시절부터 내세운 소위 MB노믹스는 이론적으로 우파적 성향이 매우 강한 경제정책이었다. 이명박 대통령 자신은 MB노믹스에 이념적 색깔을 입히려 하지 않았다. 말, 즉 토론보다는 실천을, 이념보다는 실용을 앞세워야 한다고 주장했다. 그는 전임 김대중정부와 노무현정부가 국민의 참여를 촉진한다는 명분을 강조하느라 효율적으로 경제를 운용하지 못했다는 비판적 시각을 가지고 있었다. 소위 NATO No Action Talking Only를 일삼기 보다는 실용적 정책을 강력하게 실천하는 것이 더 중요하다고 주장했다.[4]

그리하여 김대중정부와 노무현정부가 국민의 참여 그리고 형평 등 민주주의적 가치를 강조한데 비해 MB노믹스는 경쟁과 효율 등 자유적 가치를 보다 강조하는 경향을 보였다. 같은 맥락에서 정치보다는 시장과 경제에 우선순위가 놓여졌다. 심지어 이명박 대통령은 정치는 비효율적인 속성이 있어 경제의 효율성마저 저하시킨다는 반정치적 인식마저 가지고 있었다.

MB노믹스의 핵심적 키워드는 경제성장이었다. 이명박 대통령이 후보당시 내세웠던 경제성장률 목표는 7%였다. 전임 노무현정부 기간 동안 경제성장률인 3~5%였던 것에 비해 2~3% 높은 것이었다. 복지를 위해 경제성장을 희생할 것이 아니라 경제성장을 도모함으로써 복지를 해결할 수 있다고 보았다.

경제성장을 위해 제시한 수단은 우선 과감한 규제완화와 감세였다. 규제완화를 통해 경영환경을 향상시켜 기업을 육성하고, 법인세와 부유층에게 부과되는 세금을 낮춰 기업활동과 소비를 촉진한다는 것이었다. 또 금융산업과 서비스산업을 육성하며 신산업을 발굴하여 매년 60만 개의 일자리를 창출한다는 계획도 제시했다. 특히 신성장동력산업으로 친환경녹색산업을 집중 육성하고자 했다. 아울러 정부규모를 축소하고 비효율을 제거하여 예산 20조 원을 절감하고 공기업을 민영화하는 계획도 수립했다.[5]

한편 노동문제에 관해서 MB노믹스는 '노동 없는 곳에 임금 없다'며 매우 냉정한 입장을 견지했다. 노조전임자 급여지급을 금지하고 '귀족노조'로 불리는 대기업 노조를 견제하며 노사문제에 정부의 개입을 자제한다는 입장을 지향했다.[6] 노사정위원회의 역할을 축소한 것도 이러한 맥락이었다. 강경노조에 의해 정부의 정책이 좌절되는 일이 없도록 하겠다고 했다. 아울러 전국단위로 운영되던 노사정위원회를 지역별 운영체제로 전환하도록 했다.

이상에서 언급한 MB노믹스의 세부사항들은 궁극적으로 친기업정책으로 수렴됐다. 전임 노무현정부의 정책이 반기업정서를 가지고 있었다고 비판하면서 친기업적 환경을 조성하겠다고 공언했다. 규제를 완화하고, 세금을 낮추며, 경영권보호장치를 강화하는 등의 방법을 통해 기업의 사기를 북돋움으로써 경제성장의 발판을 마련하겠다는 것이 MB노믹스의 핵심적 내용이었다. 그렇다면 친기업주의란 무엇인가?

## ❑ 자유주의적 친시장정책 대 신자유주의적 친기업정책

이명박정부가 당초 친기업정책을 천명한 것은 정부가 취임한 2008년에 미국발 금융위기가 발생하여 전 세계적으로 경기가 악화된 것과 관련이 깊다. 친기업정책은 친시장정책과 구분된다. 친시장정책은 시장의 자율성을 강화하는 정책이다. 고전파 그리고 신고전파경제학이 상정하는 자유주의적 시장중심주의와 맥락을 함께 한다.[7]

이 이론들은 수요가 스스로의 공급을 창출한다는 세이의 법칙 Say's Law이나 수요공급간의 자동균형 메커니즘을 설명하는 발라의 균형이론Walra's Law 등을 신봉한다. 국가가 시장 메커니즘에 간섭하기 위한 규제를 제거하고 건전한 시장경쟁을 감독하기 위한 새로운 규제를 수립하는 것 등이 친시장적 정책의 예라 할 수 있다.[8] 반면에 특정산업을 육성하기 위해 국가가 시장에 재정 및 금융수단을 동원하여 개입하는 것은 이런 의미에서 반시장적이라 할 수 있다.

물론 국가가 시장을 완전하게 자유방임하는 것은 아니다. 만일 시장의 실패, 즉 시장의 완전경쟁이 붕괴되어 시장의 효율이 저하되는 현상이 발생할 경우 국가는 시장에 개입할 수 있다. 그러나 국가는 문제가 발생했을 때 일시적으로 개입하고 문제가 해결되면 즉시 개입을 철회한다. 국가가 항시적으로 개입하는 것을 상정하는 케인즈주의나 리스트주의적 중상주의와는 다르다.[9)]

반면에 친기업주의는 기본적으로는 친시장주의를 표명하나 실제로는 시장전체가 아닌 대기업 등 일부에만 혜택을 집중시키는 경향을 보인다. 이념적 측면에서 볼 때 자유지상주의적 속성이 강한 신자유주의와 여러 면에서 맥락을 같이한다. 시장의 자율성을 극도로 강조하며 정부의 시장개입에 대한 반대가 고전적인 자유주의가 상정하는 것보다도 강하다.

한 예가 반독점정책이다. 신고전학파 경제학의 입장에 서있는 하버드학파의 경우 시장의 독점구조를 규제해야 한다고 주장한다. 반면에 신자유주의적 경제이론의 기초를 제공하고 있는 시카고학파의 경우 특정기업에 의한 시장독점상황이 조성되더라도 이것이 효율창출적이라면 정부가 이를 금지해서는 안 된다는 입장을 견지한다.[10)]

이러한 관점에서 보았을 때, 이명박정부는 고전적 자유주의보다는 신자유주의를 지향했다고 볼 수 있다. 그리고 친시장적이기보다는 친기업적인 정책에 경도되어 있었다. 기업 특히 수출을 담당하고 있는 대기업의 자유로운 경제활동을 영위케 함으로써 한국경제를 회복시키고 고용을 창출하고자 했다.

물론 과거의 발전국가처럼 정부가 재벌을 육성하기 위해 보호주의를 실행하거나 정책금융을 통해 직접적으로 재정적 지원을 제공하는 방식을 채택하지는 않았다. 금융위기 이후 IMF체제하에서 진행된 금융개혁으로 인해 한국은행과 시중은행은 자율화되고 민영화되었기 때문이다. 따라서 이러한 과거의 방식보다는 금융정책이나 환율정책, 감세정책 등을 통해 대기업의 경제활동을 촉진시키는 시장주의적 정책을 집행했다.

이명박정부가 이처럼 친기업적 정책을 택했던 이유는 정부가 민주주의 모델로서 법적·제도적 민주주의의 모델을 채택한 것과 관계가 깊다. 법적·제도적 민주주의 모델은 분배, 형평, 참여 같은 민주주의적 가치가 정치과정에서 주로 구현되는 것을 강조하는 모델이다. 따라서 민주주의적 원리가 정치영역 이외의 경제나 사회분야에까지 확대 적용되는 것을 굳이 요구하지 않는다.[11)]

이는 김대중정부나 노무현정부가 채택한 참여민주주의 모델과 차이를 보인다. 참여민주주의는 정치뿐만 아니라 경제·사회분야에까지 확대하여 민주주의적 가치가 구현되는 것을 강조한다. 특히 이 모델은 시민들이 국가 및 시장영역에 참여하는 것을 독려한다. 정부의 정책결정과정에 참여하거나 이 과정을 운영하는 공무원들을 감시하는 활동을 전개한다. 또 시장의 행위자들이 시민들의 이익에 위배되는 활동을 하지 못하도록 견제하는 활동도 전개한다.[12)]

요컨대 참여민주주의는 시민사회의 역할을 매우 강조할 뿐만 아니라 민주주의 구현을 위해 시민의 적극적인 참여가 필요하다는 입장이다. 이에 비해 법적·제도적 민주주의 모델은 시민사회를 주로 이익집단의 연합으로 보고 있다. 따라서 이들의 국가 및 시장에 대한 지나친 간섭은 민주주의의 효율성을 저하시키므로 바람직하지 못하다는 입장을 견지한다.

앞장에서 살펴보았듯이 김대중정부와 노무현정부는 참여민주주의 모델을 도입함으로써 재벌 그리고 이들과 계층적으로 연합한 보수세력을 견제할 수 있는 수단을 마련하고자 했다. 진보적 시민사회단체의 결속을 정부가 지원하여 이들로 하여금 보수적 관료세력과 재벌을 감시하고 정치적으로 견제하는 역할을 수행토록 했다. 이들 시민사회단체가 전면에 나서서 재벌을 견제하고 정부는 이를 수용하여 정책화하는 방식을 사용했다.13)

이러한 방법을 통해 진보적 정부의 지지자들이 요구하는 경제민주화와 IMF체제가 요구하는 경제자유화를 어느 정도 조화시킬 수 있었다. 근본적으로는 경제자유화를 추진하면서 궁극적으로 경제민주화를 달성하고자 했다. 경제자유화논리를 제시하여 공정한 경쟁이 이루어 질 수 있는 경제환경을 조성함으로써 재벌 및 대기업을 규제하고 이를 통해 경제민주화를 달성하는 전략을 활용했던 것이다.

반면에 신자유주의나 법적·제도적 민주주의 모델에 기반한 이명박정부의 경우 시민사회단체의 참여에 대해 비판적인 입장을 가지고 있었다. 전임 정부들이 국가-시장-사회라는 3섹터 모델을 상정한 것과는 달리 국가-시장이라는 이분법적 모델을 상정했다. 시민사회는 단순히 이익집단으로 간주됨으로써 재벌의 문제는 단순히 정부가 단독으로 관리하는 이슈로 전환되었다.

시민사회의 참여가 결여되자 이명박정부의 친시장정책이 친기업정책으로 변질되는 것은 시간문제였다. 시장활성화정책은 사실상 수출대기업지원정책으로 전환되었다. 정부의 정책결정과정에 시민사회의 참여가 봉쇄된 채 대기업의 영향력만 집중 투입되는 현상이 발생했다. 이러한 현상은 경제적 불균형과 시민들의 상대적 박탈감을 심화시켜 집권여당에 대한 지지가 낮아지는 현상이 가시화될 때까지 지속되었다. 정권 말기에 예정된 2012년 총선과 대선을 앞두고 여당 내부에서 정책전환을 요구할 때까지 계속됐다.

이러한 비판에 직면하고 재벌의 비협조에 실망한 이명박정부는 친기업정책을 다시 친시장정책으로 전환하고자 하였으나 구조적 한계를 경험할 수밖에 없었다. 정부는 시민사회의 정치적 지지를 결여하고 있었으므로 재벌을 정치적으로 견제할 수 있는 능력을 보유할 수 없었다. 결국 친기업정책을 집행했음에도 불구하고 재벌에 대한 정부의 영향력은 도리어 위축되는 결과가 발생했던 것이다.

## ❑ 친기업주의 정책의 진화

이명박 대통령은 한나라당 대선 후보자 당시 참여정부에 대해 경제파탄의 책임을 물으며 경제살리기 구호를 핵심공약으로 내걸었다. 특히 이명박 후보자가 현대그룹에서 최고경영자, 대표이사 등의 직책을 지낸 경력이 국민들의 경제회복에 대한 열망과 결합하여 17대 대통령으로 당선될 수 있었다.

그런데 2007년 미국 서브프라임 모기지 사태 발생이후 2008년부터 선진국발 국제 금융위기가 엄습해 왔다. 전 세계적 금융위기와 국내의 저성장상황에 직면한 이명박정부는 한국 금융시장의 충격을 줄이고 수출경쟁력을 확보하기 위해 친기업적 정책을 전면에 내세웠다. 그러나 이명박정부는 중·후반기에 들어서자 양극화심화에 대한 사회적 비판과 여당의 지지도의 하락을 의식하여 규제와 행정지도를 통한 경제력집중억제정책으로 선회했다. 그러나 이명박정부가 친기업적 성향을 떨쳐버리고 친서민 혹은 친시장정책으로 전환하는 데는 한계가 분명했다.

이명박정부의 친기업정책은 공정거래위원회와 공정거래법조

항, 녹색성장 프로젝트, 동반성장위원회, 그리고 관련 정부기관을 통해 집행되었다. 이를 구체적으로 살펴보면 다음과 같다.

## 1. 대(對)기업 규제완화기(2008~2009년 상반기)

대선과정에서 이명박 후보자는 기업경영자출신임을 강조하며 노무현정부 말기에 침체되었던 경제의 회복을 핵심공약으로 내세웠다. 이명박정부는 경제공약인 '747 비전', 즉 7% 성장과 4만 달러 국민소득 그리고 세계 7위 경제규모를 달성하기 위한 핵심실천 방안으로 비즈니스 프렌들리business friendly, 다시 말해 친기업정책를 채택했다. 기업활동이 활성화되어 기타 국내경제로 효과가 파급되는 적하효과trickle-down effect를 기대했다.

이명박 대통령은 취임사에서도 경제살리기를 핵심정책으로 제시하고 경제효율성을 제고하기 위해 작은 정부, 큰 시장을 만들 것을 공언했다.[14] 그리고 기업주도적 경제성장효과를 극대화하기 위한 제로베이스 규제개혁을 계획했다.[15] 이명박 대통령은 자신을 '대한민국 주식회사 CEO'로 소개하는 한편, 작은 정부, 공공개혁, 규제완화로 특징지은 경제정책을 'MB노믹스'로 명명했다. 동시에 대통령이 된 후 첫 공식 방문일정을 전국경제인연합회로 선택하는 등 친기업적이고 재벌중심적인 경제운용을 공언했다.

이명박정부가 초기부터 규제완화의 대상으로 삼았던 것들은 첫째, 재벌의 다각화를 억제하는 제도인 출자총액제한제도의 폐지와 지주회사 규제완화, 둘째, 금산분리 완화 및 산업은행의 민영화, 셋째, 전략적 규제개혁, 넷째, 금융지주회사제도의 개선, 그리고 마지막으로 수도권 규제의 합리화였다. 취임 즉시 대통령 직속으로

표 9-1 핵심정책적 규제개혁 사례

| 구분 | 규제내용 | 개혁내용 | 개정일 |
|---|---|---|---|
| 경제력 집중 억제 규제 | 출자총액 제한 | 폐지 | 2009. 3 |
| | 상호출자제한기업집단 규모 제한 | 2조 원 → 5조 원 | 2009. 5 |
| | 지주회사 전환요건 규제 | 부채비율 제한 폐지<br>중손회사 보유요건 완화:<br>100% → 20%, 40% | |
| 금산 분리 규제 | 산업자본의 은행주식 보유한도 제한 | 4% → 9% | 2009. 5 |
| | 산업자본이 PEF에 투자한 경우 산업자본 간주 기준 완화 | 10% → 18% | |
| | 금융회사와 일반지주회사의 비금융·금융 자회사 소유 금지 | 보험지주회사의 비금융 자회사 소유 및 중간지주회사의 금융 자회사 소유 허용, 지주사 전환촉진 위한 유예기간 5년 부여 | 2009. 7 |
| 수도권 규제 | 산업단지 내 입지규제 | 모든 공장입지 규제 폐지 | |
| | 과밀억제권역 공장입지 규제 | 기존공장 증설범위 대폭 확대 | |
| | 자연보전권역 환경규제 | 규제방식 전환: 입지규제 →<br>총량제 및 배출규제 | |
| | 공장건축면적 규제 | 창고 사무실 면적의 면적제한 규제대상 제외 | |

출처: 조성봉 외, 「이명박정부 정책평가 및 선진화 과제(상)」, 서울: 한국경제연구원, 2011.

국가경쟁력강화위원회를 설치하여 재벌의 경제력집중을 억제하기 위해 세워졌던 규제들을 완화하는 개혁을 진행했다.

2008년 10월 7일 정부는 규제완화 등 100대 국정과제를 발표하고 곧이어 금산분리 완화 법안의 추진과 수도권 산업단지 내 공장신설의 전면 허용을 발표했다. 2009년 3월 국회에서는 출자총액제한제도 폐지가 통과되고 금산분리와 관련된 일부 조항의 개정(2009년 5월 27일, 법률 제9741호)으로 금산분리 규제완화가 이어졌다. 이후 2009년 7월 금융지주회사법 개정으로 비은행지주회사의 비금융자회사 소유가 가능해졌고 금융지주사 활성화의 차원에서 지주사의 자회사 출자한도를 폐지했다.[16)] 이명박 대통령의 소위 'MB개혁입법'은 2008년 국회공전에 따른 2009년 3월 임시국회에서 국회의장이 15개 쟁점 법안을 직권상정함으로써 일부 처리되었다. 이로써 대기업 규제완화가 본격화되었다.

'MB노믹스'의 핵심인 감세정책에 대한 세제개편안도 2008년 9월 마련됐다. 이는 소득세와 법인세의 단계적 인하와 감세로 대기업의 투자를 촉진하려는 목적이었다. 또한 수출 대기업들이 주요 수혜자가 되는 고환율 · 저금리정책을 펼쳤다.

규제완화와 더불어 이명박정부는 2008년 8.15경축사를 통해 '저탄소 녹색성장'을 신국가발전 패러다임으로 설정했다. 이어 국가육성전략사업으로 녹색성장전략을 발표했다. 녹색성장전략은 2009년에서 2013년 5년 동안 저탄소 녹색성장을 구현한다는 취지였다.[17)] 녹색성장은 크게 두 가지로 나뉘어지는데, 하나는 녹색뉴딜로 거론되는 4대강 사업이고 다른 하나는 환경 관련 기술을 개발하는 녹색기술사업이었다.

녹색기술개발분야에서 정부는 대기업을 중심으로 정책을 추진했다. 2008년 하이브리드 차에 대한 소비세 면세(100만 원 한도)와 노후차량 교체시 감세(최대 250만 원)를 실시하여 주요 자동차기업이 2008~2009년 크게 성장할 수 있는 환경을 제공했다.[18)]

정부의 주요 녹색기술에 대한 지원을 통해 삼성은 LED독립법인 신설 계획을 진행했고 현대기아차는 하이브리드 차와 수소연료전기차, 삼성 SDI는 리튬이온전지를 개발하는 등 차세대 성장동력 발굴에 착수했다. 녹색성장위원회와 환경부는 녹색기업을 지정하여 인센티브를 제공했는데 210개 기업 중 8개사만이 중소기업일 뿐 거의 대부분 대기업이 혜택을 독점했다.[19] 특히 녹색성장과 관련된 분야는 다른 경제정책과는 다르게 대기업 편향이라는 특징을 강하게 보여주었다.

## 2. 전환기(2009년 하반기~2010년 중반기)

이명박 대통령은 2009년 8.15경축사를 통해 변화된 국정기조를 '친서민 중도실용'으로 제시하고 2009년 하반기 이후 경제정책에서 서민을 중시하겠다는 입장을 표명했다. 친서민 중도실용의 실천을 위해 2009년 9월 정운찬 전 서울대 총장을 국무총리에, 기획재정부 장관에 윤증현을 임명하고 대통령실도 개편했다.

그리고 2010년 국정운영의 화두를 공정사회로 정하고 산업분야에서는 대중소기업의 동반성장을 정책목표로 제시했다. 이에 앞서 세계 금융위기에 대응하기 위한 목적으로 2009년 1월부터 신설된 비상경제대책회의에서도 중소기업과 친서민을 위한 정책이 논의되었지만 실제 효과는 미비했다. 2009년 하반기부터 중소기업과 서민을 위한 제도로 미소금융과 보금자리주택, 취업 후 학자금상환제 등 민생정책이 늘어났지만 빚만 늘리는 결과를 낳았다.[20]

집권 초반부터 추진되었던 친기업적 정부정책의 변화도 시작되었다. 2009년 세제개편안에서 소득세와 법인세에 대한 감세계획를 유예하고 제한적인 세율인하를 추진했다. 대기업에 대해서는 지원정책과 더불어 규제정책이 등장하기 시작했다. 대기업과 중소기업의 상생협력문화를 유도하기 위한 불공정행위의 감시강화 그리고 하도급계약 추정제 도입 등[21] 대기업에 대한 견제가 이루어졌다. 2010년 하반기에 정운찬 국무총리에 의해 기업 양극화문제가 지적되면서 공정거래위원회의 주도로 대규모 직권 현장조사가 실시되기도 했다.

즉 2009년 하반기부터 2010년의 기간은 이명박정부가 친서민 중도실용 및 공정사회라는 정책기조를 도입하면서 대기업 중시정책의 기조 위에 친서민정책이 새로이 시작되는 과도기였다. 2010년 하반기로 가면서 친서민과 중소기업정책은 보다 강화되는 추세를 보였다.

### 3. 공정경쟁 강화 및 물가억제집중기(2011~2012년)

이명박정부 하반기에 나타난 대기업정책은 집권 초기와 상당히 다른 양상을 보였다. 집권 초기에는 대기업과의 관계를 우호적으로 맺으며 대기업의 성장을 통한 적하효과를 기대했다. 그러나 이러한 효과가 미미하고 일자리 창출 실패와 양극화심화에 대한 국민의 반감이 커지자 이명박정부는 초기 정책구상과는 상반된 대기업 규제정책과 대기업 때리기식 행정지도를 펼치기에 이르렀다.

특히 하반기에 나타난 정책의 특징은 대기업의 무분별한 사업확장 억제와 물가잡기였다. 정부는 초기에 대기업의 성장을 통해 중소기업이나 중산층이 성장하는 적하효과를 기대했으나, 후반기에는 대기업을 규제하고 중소기업과 영세상인을 적극적으로 보호

표 9-2 30대 재벌의 적하효과 지표의 추이

| | 2008 | 2009 | 2010 | 2011 | 2012(계획) |
|---|---|---|---|---|---|
| 종업원(명) | 932,367 | 969,349 | 1,061,354 | 1,185,000 | |
| 신규채용(명) | 84,642 | 77,000 | 110,000 | 131,000 | 136,000 |
| 투자규모(원) | 81조 8,702억 | 72조 1,000억 | 100조 4,000억 | 109조 9,000억 | 120조 4,000억 |

출처: 공정거래위원회·전국경제인연합회, "2012년 규제개혁 체감도 조사분석: 이명박정부 규제개혁 4년 평가와 향후 과제," 「규제개혁 시리즈」, 12-1, 2012.

하는 양상을 보여주었다. 그 대표적인 예가 기업형 슈퍼마켓을 규제하는 유통법과 상생법이다.[22)]

정부는 대기업과 중소기업간의 갈등을 해결하고 동반성장하는 환경을 조성하고자 2010년 12월 동반성장위원회를 출범시켰다. 비록 민간기구이지만 청와대의 정책기조를 대변할 인물인 정운찬 전 총리를 위원장으로 하여 출범했다. 동반성장위원회는 초과이익공유제를 도입하였고 중소기업 적합업종을 선정하여 대기업의 진출을 제한하였다. 또한 소모성자재 구매대행MRO 가이드라인을 논의하는 등 정부를 대신하여 대기업 규제에 관한 대안을 제공했다.[23)]

공정거래위원회는 대형유통업체 판매수수료를 인하하도록 유도하고 대기업의 소비자 가격 담합을 적발하는 등 감시활동을 강화했다.[24)] 그리고 비록 대기업의 자율에 맡긴다는 한계가 있지만 정부는 대기업의 일감몰아주기 행태에 대한 과세기준을 정하는 등 대기업에 대한 규제를 강화했다. 이러한 규제적 행위 외에도 이명박 대통령은 행정지도를 통해 대기업을 압박했다. 또 2011년 8.15경축사를 통해 집권 후반기 정책기조를 '공생발전'으로 제시했다.

이어 가진 30대 대기업 총수들과의 오찬간담회에서는 대기업의 사회적 책임과 서민층과 공생하는 모습을 강조하고, 전경련 창립 50주년 행사에 참석하여 전경련에게 새로운 기업가정신과 모습을 주문하기도 했다.25)

2012년에도 지속적으로 대기업에 대한 비판의 강도를 더했다. 대기업간 담합을 근절하기 위해 전국경제인연합을 중심으로 자율적인 협의를 진행할 것과 대기업의 골목상권 진입과 생필품 가격인상 제한 등에 관한 행정지침을 대통령이 직접 언급했다. 공정거래위원회도 카르텔 규제, 불공정행위 단속, 공정거래 및 동반성장 협약체결 지원 그리고 하도급 법령의 개정을 추진했다.

대기업이 누리던 혜택의 핵심이라 할 수 있는 감세정책에 대한 정부의 기조도 크게 변화했다. 2011년 세법개정안에서 소득세와 법인세와 관련 최고 상위구간에 대한 감세계획을 철회했다.

재벌총수에 대한 법집행도 더욱 엄정해졌다. 정부 초기와는 확연하게 달라졌다. 최태원 SK그룹 회장과 김승연 한화그룹 회장, 정몽구 현대차그룹 회장에 대해 2008년 광복절 사면, 이건희 삼성그룹 회장에 대해서는 2009년 단독 특별사면이 이루어졌었다. 그러나 2012년 들어서 한화 김승연 회장에 대해 법정구속이 선고되는 등 사법적 측면에서도 재벌을 압박하며 사회적 책임을 요구하는 모습이 나타났다.

그러나 정부의 이러한 태도변화가 재벌의 행태변화를 유발하지는 못했다. 대기업에 대한 정부의 행정지도와 규제는 오히려 정부와 대기업간의 관계를 악화시킨 채 소득없이 종결되었다. 대기업은 정부의 이런 정책을 대기업때리기로 규정하고 정부와 대통령을 비판하기 시작했던 것이다. 게다가 생산시설의 해외이전을 고려할 수도 있다며 정부에 대한 불쾌함을 공공연하게 노출했다.[26)]

요컨대 집권 하반기 이명박정부는 초기의 비즈니스 프렌들리 정책을 버리고 대서민정책에 주력하고자 했으나 정권 초기에 지향했던 친대기업정책의 근본 틀을 벗어나지는 못했다. 경제적 성과를 정권의 최우선 목표로 삼고 있는 이명박정부에게 있어서 수출과 내수의 대부분을 차지하는 대기업을 근본적으로 통제하기에는 한계가 분명했다. 결국 한편으로 대기업 관련 규제완화정책을 지속하면서도 다른 한편으로는 정부와 대기업간 갈등이 심화되는 역설적 상황에 봉착하고 말았다.

표 9-3 이명박정부의 대기업정책의 변화

| 시 기 | 정 책 | 내 용 |
|---|---|---|
| 기업규제 완화기<br>(2008~2009년 상반기) | 비즈니스프렌들리 정책 | 대기업 관련 규제완화, 감세정책 등 |
| 조정기<br>(2009년 하반기~2010년) | 친서민, 상생협력 유도 정책 | 서민 · 중소기업에 대한 관심 증가, 대기업에 직접적 규제나 행정지도 적음 |
| 공정경쟁 및 물가 집중기(2011~2012년) | 동반성장, 공생발전 정책 | 대통령이 대기업에 의한 직접적 담합행위를 언급하며, 대기업의 변화를 요구, 대기업 규제 및 행정지도 |

## ❑ 친기업정책을 둘러싼 정치적 논란

시민사회를 배제한 채 친기업적 경제노선을 걸었던 이명박정부가 집권 중반기 이후 대기업에 대한 규제완화 등 혜택을 축소하고 대기업에 대한 규제를 확대하게 된 이유는 무엇이었을까? 해답은 이러하다. 친기업정책의 시행에도 불구하고 고용증가를 비롯한 적하효과가 나타나지 않았고, 서민경제의 악화와 양극화의 심화로 인해 이명박정부와 여당이 수세에 몰려 각종 선거에서 패배하는 상황이 전개되었기 때문이다.

친기업적 경제노선에 대해 우려를 표명하던 야당과 시민사회와는 달리 10년 만에 정권을 재창출한 한나라당은 이명박정부의 기조에 따라 '규제완화'와 '기업하기 좋은 나라'를 주요 공약으로 삼아 2008년 4월에 치루어진 18대 총선에서 압승한바 있다. 한나라당은 총 299석 중 153석을 얻었고 친박계 인사들의 복당과 무소속 의원들의 입당으로 총 172석을 차지하며 국회를 장악했다.

대선과 총선에서의 승리로 인해 이명박정부의 친기업적 경제정책은 정권 초기 별다른 반발에 직면하지 않았다. 한미 FTA와 관련하여 미국산 쇠고기 수입 반대 장외투쟁이 전개되고 민주당의 'MB악법 저지'[27)]공세로 인해 주요 친기업적 법안처리가 지연되기는 했다.

그러나 이명박정부는 한나라당 내 친이계의 우세를 기반으로 청와대와 정부주도하에 국정 핵심과제인 대기업 위주의 성장정책과 'MB개혁입법'을 추진할 수 있었다. 특히 한나라당 내에서 친이계의 세력이 컸던 것이 큰 힘이 되었다. 2009년 초 임시국회에서 김형오 국회의장의 직권상정을 통해 출자총액제한제도가 폐지되는 등 경제력집중 규제완화가 탄력을 받게 되었고 녹색성장전략도 추진할 수 있는 환경이 조성됐다. 이를 토대로 2009년 1월 이명박 대통령의 측근과 테크노크라트를 중심으로 새로운 경제팀을 구성하여[28] 2009년 상반기까지 청와대가 힘을 가지고 정책을 펼칠 수 있었다.

그러나 2009년 중반이후부터 이명박정부의 정책기조가 조정기에 들어선 것은 재보선 패배로 인한 한나라당 내 분열 때문이었다. 2009년 4월 29일에 있었던 재보선에서 패배하자 조기전대와 쇄신 요구가 거세게 일어났다. 비교적 중립적 입장을 취하고 있었던 박근혜 전 대표도 기획재정위로 상임위를 옮긴 후 양극화와 경제사회적 불균형문제의 해결을 요구하기 시작했다.[29]

이어 2009년 6월 한나라당 쇄신특별위원회에서도 이명박정부의 거시경제정책과 감세정책, 규제완화에 대한 비판이 쏟아졌다.[30] 4월 재보선 이후 당내외에서 친기업적 'MB노믹스'에 대한 비판과 양극화에 관한 문제제기가 폭증했다.[31] 게다가 노무현, 김대중 대통령의 서거는 이명박 대통령과 한나라당의 정치적 부담을 배가했고, 상대적으로 민주당 지지층은 확대되었다.

이처럼 한나라당 내 요구와 지지율의 하락으로 인해 이명박 대통령은 우편향에서 벗어나 '친서민 중도실용'으로 정책의 변화를 도모할 수밖에 없었다. 2009년 초중반까지는 이명박정부가 힘을 가지고 경제정책들을 추진할 수 있었다. 그러나 10월 재보선에서 패배하고 세종시 수정안을 둘러싼 친이계와 친박계의 갈등이 극심해지자 상황은 급반전됐다. 대기업 위주의 정책과 부자정당이라는 비판을 극복하기 위해 친서민 정책기조로 변경하고 이명박정부도 대기업 위주의 정책추진보다 중소기업과 친서민정책에 관심을 기울이기 시작했다.

그러나 친기업정책을 일거에 포기할 수 있는 것은 아니었다. 여권 내 보수파들은 포퓰리즘이라고 비판하며 제동을 걸었다.[32] 그러나 2010년 6월 지방선거에서 한나라당이 패배하고 한나라당의 분열로 세종시 수정안이 국회에서 부결되자 이명박 대통령이 친기업정책을 고수할 수 있는 여력은 현격하게 소진되었다. 그 결과 2010년 하반기에 이명박 대통령은 공정사회를 국정운영의 기조로 천명하였고 대기업과 중소기업간의 동반성장을 도모하는 방향으로 전환해야 했다.

동반성장위원회 설립과 함께 2011년부터는 이명박정부의 대기업 비판과 행정지도가 강화되었다. 이는 2010년 지방선거 패배와 여당 내 친박과 친이계 갈등이 심화된 결과였다. 한나라당 내에서도 정부의 경제정책에 대한 비판이 거세졌다. 2011년 상반기부터 한나라당 친박계 의원들은 이명박정부의 경제정책을 전면적으로 비판하기에 이르렀다.[33] 결국 정부는 당정청 협의 후 여당의 압박으로 부자감세정책을 철회했다.

더욱이 2011년 오세훈 서울시장의 무상급식논란에 대한 주민투표 실시는 양극화의 심화문제와 복지문제를 극명하게 부각시키는 계기가 되었다. 양극화문제가 쟁점이 된 10.26재보궐선거에서 선거관리위원회 디도스 공격사건 그리고 2008년 전당대회 돈봉투 사건이 언급되자 한나라당에 대한 지지율은 결정적으로 추락했다. 게다가 이명박정부를 조롱하는 '나꼼수'의 인기가 폭발하면서 2012년 19대 총선에 앞서 한나라당을 더욱 위기로 몰아넣었다.

한나라당의 위기상황에서 조기에 당대표로 복귀한 박근혜 대표는 결국 한나라당의 부정적 이미지에서 벗어나고자 새누리당으로 당명을 바꾸기에 이르렀다. 이로써 여당 내에서 친이계세력은 몰락하고 친박계가 주도권을 장악했다.

2011년을 거치면서 복지와 양극화문제가 사회쟁점이 되었고 서민물가의 상승과 대기업의 무분별한 확장의 실체가 드러났다.[34) 이로써 친기업정책의 적하효과는 사실상 부정되었다.

이명박정부의 친기업적 경제정책을 민심이반의 원인으로 본 여당의 정부비판이 거세지고, 친박계가 주도권을 잡으면서 정책변화 압력이 분출했다. 박근혜 대표는 친서민정책과 경제민주화를 새누리당의 핵심정책으로 삼았다. 그리고 대기업의 일감몰아주기에 대한 과세, 독점규제 및 공정거래법률 시행령 개정 등 경제민주화와 관련된 규제의 도입을 시도했다.[35)

요컨대 이명박정부의 친기업적 노선이 변화한 주된 원인은 잇단 선거에서 여당의 패배와 지지율 하락으로 2012년 총선과 대선을 앞두고 고조된 여당의 위기감이었다. 2009년 후반부터 재보선 및 지방선거에서 한나라당이 패배하면서 정책변화의 필요성을 인식했지만 친이계와 친박계의 팽팽한 대립속에서 친기업적 정책과 친서민적 정책 어느 것도 주도적으로 추진할 수 없었다. 집권과정에서 자본에 대한 의존도가 심했던 만큼 그에 대한 여타계층의 반발도 거셀 수밖에 없었다. 10.26지방선거에서 양극화와 복지문제가 핵심쟁점이 되면서 이명박정부의 친기업적 정책은 여당의 지지하락의 원인으로 당내에서 비판받기에 이르렀던 것이다.

2012년 총선을 앞두고 경제민주화가 핵심이슈로 부각되었다. 그러나 상대적으로 대기업의존도가 심한 이명박정부가 반기업으로 완전하게 돌아서는 것은 불가능했다. 2012년 9월 10일 정부는 경기회복을 촉진한다는 명분하에 자동차와 고가의 가정용품에 대한 특별소비세를 인하하는 정책을 집행했다. 이 품목을 주로 생산하는 것은 대기업들이었다. 결과적으로 친기업적 정책으로 일부 회귀한 것이었다.

이러한 연유로 이명박정부의 친서민 드라이브에도 불구하고 서민 및 중소기업의 정부에 대한 지지가 근본적으로 변화할 가능성은 낮았다. 결국 이명박정부는 서민과 자본 모두로부터 비판의 대상이 되었다. 이명박정부의 친기업정책은 국가의 대기업에 대한 자율성을 구조적으로 약화시켰던 것이다.

동등한 경쟁환경을 조성하는 친시장정책과 달리 대기업 및 자본에게 많은 혜택을 제공한 친기업정책은 시민사회와 중소기업의 비판을 유발하게 된다. 이를 의식하여 정부는 뒤늦게 자본을 규제하고자 하지만 자본규제정책은 다시 자본의 반발을 불러일으켜 정부의 정치적 기반을 약화시킨다. 결국 친기업정부는 모든 계층으로부터 고립될 수밖에 없다. 이명박정부는 친기업적 정부의 암울한 결말을 보여주는 사례였다.

## ❑ 친기업적 MB노믹스와 양극화

경제정책의 측면에서 볼 때 전임 노무현정부와 이명박정부의 차이는 분명했다. 노무현정부는 시장경제의 활성화와 복지정책의 병행을 통해 서민경제를 회복시키고자 했다. 이점에서 경제민주화적 색채도 강했다. 시장경쟁이 활성화되면 중소기업과 서민이 시장에 참여할 수 있는 기반이 마련되고 이는 결과적으로 경제민주화에도 기여할 수 있다는 입장이었다. 반면 이명박정부는 적하효과를 기대하면서 대기업에게 규제완화 등 각종 혜택을 제공하는 친기업적 정책을 집행했다.

물론 전임 노무현정부도 친기업적 정책의 유혹에서 완전히 벗어나진 못했었다. 후반기인 2007년에 이루어진 공정거래법 13차 개정에서 지주회사 부채비율과 출자총액제한제도가 대폭 완화되어 경제력집중억제규제의 핵심조항이 사실상 폐지된 바 있었다. 노무현정부는 초기 공정거래법을 재벌규제 및 구조개선의 도구로 사용했지만, 국내외 경제환경의 침체와 대기업 투자제한으로 인해 경제가 악화되자 대기업 경제력집중억제규제를 완화하는 등 경제민주화정책을 약화시켰다.

그럼에도 불구하고 전체적으로 볼 때 노무현정부가 경제자유화와 경제민주화의 조화를 추구했던 반면 이명박정부는 처음부터 시종일관 친기업정책을 추구했다고 보아도 무리가 없다. 공정한 경쟁을 중시하는 경제자유화와, 분배와 형평을 강조하는 경제민주화의 상호보완적 관계를 무시한 채 대기업의 성장만을 주로 고려했다. 대기업들이 자유롭게 활동하고 성장할 수 있도록 공정거래법상의 경제력집중억제 관련 규제들을 폐지 혹은 대폭 완화했다.

양 정부의 민주주의와 시장경제에 대한 인식에는 근본적인 차이가 있었다. 국민의 직접적인 참여와 시민단체의 참여를 활성화했던 참여정부와는 달리 이명박정부는 시민참여에 대한 거부감이 강했다. 이명박 대통령은 노무현정부 시기 동안 시민사회의 직접적 정치참여로 한나라당이 수세에 처했던 기억을 가지고 있었다. 또한 취임 초 미국산 쇠고기 수입 반대시위로 인해 국정운영에 차질이 발생하는 상황을 경험했다. 따라서 이명박정부는 법치의 확립이라는 명분하에서 시민사회의 국정간섭을 차단하려 했다[36] 시민사회수석의 지위는 강등되었고 국가경쟁력강화위원회와 규제개혁위원회 등 대통령 직속위원회에서도 시민사회대표의 자리가 제거되었다.[37]

결국 이명박정부하에서 시민사회단체들의 정책결정과정 참여는 거의 차단되었고 정부는 독단적으로 대기업 위주의 경제정책을 추진했다. 이명박정부는 절차적 민주주의 모델에 입각해서 민주주의를 보았다. 따라서 시민사회 또는 이익집단의 국정참여와 시장간섭을 가급적 배제했다. 그 결과 시장경제는 친기업적 경제로 왜곡될 여지가 많았다.

결국 MB노믹스가 지향한 친기업주의는 사회경제적 양극화의 확대로 나타났다.[38] 우선 소득불평등현상은 이명박정부 들어서도 개선되지 않았다. 소득분배 지니계수는 2008~2011년 기간 동안 0.314~0.311 수준에 머물렀다. 이는 전임 노무현정부에 비해 오히려 악화된 것이다.

자산불평등은 소득불평등보다 더 심각했다. OECD국가들과 비교해 보면 상대적으로 양호한 편이긴 했다. 2012년 현재 상위 10%가 순자산의 46.1%를 점유하는 것으로 나타났다. 이에 비해 이탈리아는 40%를 미국은 70%를 소유하고 있었다. 이를 지니계수로 환산해 보면 2011년 현재 우리는 0.619로 스웨덴 0.89, 미국 0.84, 이탈리아 0.61보다는 다소 양호했다. 그럼에도 불구하고 국내 자산불평등의 추이는 1993년 0.571, 1997년 0.655, 2001년 0.629, 2006년 0.660으로 점차 악화되는 경향을 보였다. 다만 2010년 0.628, 2011년 0.619로 약간 개선되는 정도에 그쳤다.[39]

대기업과 중소기업에 근무하는 근로자간 임금격차 역시 확대됐다. 500인 이상 사업체의 시간당 총급여수준을 100으로 볼 때 2003년과 2010년의 규모별 급여비율은 5~9인은 56.8% → 52.5%, 10~29인은 64.7% → 59.2%, 30~99인은 68.9% → 64.5%, 100~299인은 76.7% → 72.7%로 대중소기업간 임금격차가 악화되었다.40)

아울러 복리후생비용과 교육훈련비용, 즉 간접노동비용의 격차도 벌어졌다. 간접노동비용은 2010년 300인 미만 중소기업의 경우 612,000원으로 300인 이상 대기업의 1,168,000원의 52.4% 정도였다. 이러한 경향은 2~3차 중소기업으로 갈수록 더 심하게 나타났다. 반면 대기업 근로자의 임금 프리미엄은 확대되었다.

이처럼 대기업과 중소기업간의 임금격차가 발생하는 이유는 무엇보다도 대기업과 중소기업간의 불공정한 거래관행 때문이었다. 대기업이 중소기업에 대해 공급단가의 인하를 지속적으로 요구했기 때문이었다. 그 외에도 중소기업의 낮은 생산성, 중소기업간 경쟁의 심화, 노동조합의 유무여부, 마지막으로 대기업의 글로벌 조달증가가 원인으로 지적될 수 있다. 특히 대기업이 글로벌 아웃소싱을 급속하게 확대함으로써 대기업의 수출증대가 중소기업의 매출증대로 이어지지 않았다.41)

양극화현상을 논하면서 간과할 수 없는 것이 경제력집중의 심화였다. 재벌, 즉 대기업의 상대적 확장은 역대정권하에서 지속되었지만 특히 이명박정부하에서 악화되는 양상을 보였다. 공정거래위원회에 따르면 2008년 이후 3년간 20대 대규모 기업집단의 계열사 수는 36% 그리고 자산총액은 54.2% 증가했다. 2008년 4월 678개였던 20대 대기업의 계열사는 2011년 1월 현재 922개로 증가했고, 자산총액도 683조 6천억 원에서 1,054조 4천억 원으로 증가했다. 상위 10대 그룹의 계열사 수는 40.8%, 자산총액은 55.3% 증가했다. 상위 5대 그룹의 계열사 수는 51%, 자산총액은 59.1% 증가하는 등 상위 대기업으로 갈수록 확대 경향은 두드러졌다. 삼성의 경우 계열사가 59개에서 78개로 19개 증가(32.2%)했으며 자산도 59.9%나 증가했다. 삼성이 차지하는 5대 그룹의 자산비중은 37.1%나 되었다.[42)]

소유지배구조 역시 집중이 심화되었다. 2011년 4월 현재 총수가 있는 10대 그룹의 내부지분율(총수, 친족, 임원, 계열사 지분의 합)은 53.5%로 20년만에 최고를 기록했다. 외환위기 이후 재무구조를 개선하느라 출자를 늘인 것이 한 원인이기는 했다. 특기할 것은 재벌총수의 지분은 증가하지 않는데 비해 계열사의 지분은 증가했다는 점이다. 총수의 지분율은 1992년 4.2%에서 2011년 1%대로 낮아져 있다. 반면 계열사지분율은 1992년 35.5%에서 2000년 41.2%, 2006년 46.0% 그리고 2011년 50.3%로 증가했다.

아울러 이명박정부 들어 금산분리 규제가 완화됨에 따라 금융보험 관련 계열사에 대한 출자도 증가했다. 35개 기업진단이 보유한 금융보험사 수는 2010~2011년 기간 동안 20개가 증가했다.[43)]

총수일가 지분이 많은 기업일수록 내부거래 비중이 높아진다는 점도 주목할 일이었다. 이들 기업들은 계열사에 일감을 집중적으로 몰아줌으로써 성장을 도모했다. 비계열사는 거래에서 배제됨에 따라 기업간 불균형성장을 야기하는 한 원인이 되었다.

아울러 대기업의 양적 성장방식이 자산투자가 아닌 친기업적 저금리정책에 기인했다는 점도 문제가 되었다. 2008~2011년 기간 동안 상위 10대 기업의 자산은 19.04% 증가(43조 8,041원에서 52조 1,461원으로)한데 비해 부채는 48.4% 증가(423조 390원에서 618조 4,140원으로 증가)했다.[44)] 즉 대기업의 현금성자산이 증가했음에도 불구하고 빚에 의존한 투자를 지속했다는 것을 의미한다.

결과적으로 대기업 투자환경 조성과 R&D비용의 지원, 녹색성장 프로젝트, 규제완화 등을 통해 정부가 대기업 성장동력을 제공했음에도 불구하고 기대했던 적하효과는 뚜렷하게 나타나지 않았다. 오히려 대기업들은 문어발식 확장에 집중했고 정부가 원하는 정책 예컨대 고용증대에 적극 응하지도 않았다. 경기가 불투명하다는 이유였다. 결국 비즈니스 프렌들리정책에 대한 비판이 커지며 양극화와 복지문제가 정치이슈로 부각됨에 따라 이명박정부는 동반성장으로 관심을 돌릴 수밖에 없었지만 대기업은 정부에 협조하지 않았다.

이명박정부는 태생적으로 가지고 있는 친기업적 입장으로 인해 대기업이 협조하지 않더라도 이를 통제할 수 있는 수단을 가지지 못했다. 재벌이 지지를 철회하는 순간 정부가 추진하던 대기업 중심의 경제성장정책은 동력을 상실할 수밖에 없었다. 친기업적 이명박정부의 대자본자율성은 민주주의와 시장원리를 강조하던 이전 정부들에 비해 매우 취약할 수밖에 없었다.

이명박정부가 추진한 경제정책의 중심은 처음부터 끝까지 대기업에 있었다. 그 방식이 대기업에 대한 인센티브 제공이거나 반대로 물가와 공정경쟁을 위한 행정지도라는 반대의 모습으로 나타났지만 한국의 경제를 조정하기 위해 대기업과의 관계를 주요 수단으로 활용하는 친기업적인 모습은 사라지지 않았다. 공정경쟁을 위한 제반장치나 법제의 마련 없이 대기업에 대한 규제를 완화했지만 이명박정부는 결국 대기업에 압도당하는 올가미에 갇히게 되었고 시민사회와 정치권으로부터 경제민주화를 저해했다는 비판에 부딪혔다. 친서민정책을 시도했다 하더라도 이명박정부의 친기업적 이미지에 압도당한 서민과 중소기업은 정부를 친근하게 느낄 수 없었다.

## ❏ 친기업주의의 한계와 경제민주화

이명박정부의 친기업정책은 시장자유화의 한 양상인가 아니면 맑시스트들이 주장하듯이 자본주의 사회에서 국가가 자본의 도구로 종속되어 나타나는 현상인가? 1997년 금융위기를 기점으로 한국은 중상주의적 국가자본주의에서 시장주의적 자유자본주의로 진화해 왔다. 과거 발전국가하에서는 국가가 시장이나 기업을 통솔하면서 상대적으로 높은 자율성을 구가한 것으로 분석되었다.

그러나 시장자유화가 진전되면서 자본 특히 재벌은 정부로부터 독립적인 존재가 되었고 정부에 영향력을 행사할 수 있는 힘도 강해졌다. 김대중정부와 노무현정부는 민주주의적 논리를 강조함으로써 이러한 가능성에 대비했다. 즉 시민사회의 정치적 지지를 이용하여 시장에 대한 국가의 자율성을 제고시켰다.

반면 민주주의보다는 대기업 규제완화를 통한 경기회복에 관심을 두고 있던 이명박정부는 친재벌정책을 실시했음에도 불구하고 오히려 재벌의 영향력에 의해 압도당하는 상황에 직면했다. 재벌은 고용증대를 요구하는 정부의 입장을 수용하지도 않았다. 정부의 혜택을 독점했으나 그에 상응하는 선물을 정부에 제공하지 않았다.

재벌기업의 배신에 직면한 정부는 집권 중반기부터 재벌규제를 시도했으나 구조적인 한계가 명백했다. 경제적 성과가 정부의 성공여부를 판단하는 중요한 기준인 이상 수출과 내수를 주도하는 재벌의 영향력은 절대적이었다.

이명박정부의 친기업정책이 발전국가 붕괴이후 한국국가의 단순한 자율성 상실 또는 맑시스트적 자본주의 국가(즉 자본의 이익증대를 위한 도구에 불과한 국가)의 등장 중 어느 것으로 간주될 수 있는지 판단하기는 어렵다. 그러나 적어도 어떤 정부든 친시장정책이 아니라 친기업정책을 집행하는 한 재벌에 대한 정부의 영향력은 위축될 수밖에 없음을 이명박정부의 사례는 보여주고 있다.

시장자본주의화가 진행된 한국의 경우 경제성장을 위해 경제적 자유화라는 요소의 강조가 불가피하지만 민주주의라는 요소를 병행 발전시키지 않으면 정부의 재벌에 대한 자율성은 더욱 제한될 수밖에 없다. 자유와 민주라는 두 요소는 자유민주주의의 핵을 구성한다. 양자는 권위주의적 체제에 대항하는 강력한 이념동맹이다. 그러나 민주화 이후에는 반드시 그렇지도 않다. 서로 조화하기도 하지만 갈등하기도 한다. 이 두 요소간의 균형을 잘 유지할 능력이 있는 국가를 만드는 것이 선진국으로 가는 첩경이 될 것이다.

한국의 이명박정부의 사례는 친기업정책이 친시장 또는 경제자유화정책과 동일화 될 수는 없다는 점을 보여주고 있다. 경제자유화정책은 건전한 시장경쟁제도의 확립이다. 모든 행위자들이 동등하게 경쟁할 수 있는 환경의 조성을 의미한다. 이는 형평을 강조하며 따라서 경제민주주의와도 직간접적으로 관련이 있다. 시장규제완화나 친기업정책을 친시장정책으로 호도할 경우 결국 정부는 대자본자율성을 침해 당할 수밖에 없다. 이명박정부의 사례는 근시안적 친기업정책의 한계를 보여주었다.

제 10 장

# 경제력집중과 복지

▎재벌과 경제력집중 ▎경제력집중현상과 정부 ▎사회경제적 불평등구조와 복지문제 ▎

# 10 경제력집중과 복지

## ❑ 재벌과 경제력집중

박정희정부 이래 거의 지속적으로 추진되어온 불균형성장정책은 한국경제에 깊게 뿌리박고 있는 경제력집중현상의 주요한 원인이 되었다. 경제력이란 경제적 자원이 소유를 바탕으로 생산요소 및 상품시장에 대한 지배력과 투자, 기술개발 등 민간부문의 주요 경제활동뿐만 아니라 정부의 정책결정에 영향을 줄 수 있는 힘을 의미한다. 경제력집중이란 경제적 자원이 소수의 개인 또는 기업의 손에 장악되는 현상을 지칭한다.[1] 경제력집중의 제 양상에는 국부가 소수의 손에 장악되는 소유집중, 소유자가 경영까지 장악하는 소유경영의 미분리, 국가의 주요한 생산수단이 특정기업에 의해 배타적으로 독점되는 생산집중, 계열사를 동원한 무분별한 업종다각화와 시장독과점, 그리고 금융자원을 과잉흡수하는 여신편중 등이 있다.

경제력이 집중되는 현상에 대해서는 두 가지의 상반된 견해가 있다. 자유시장주의적 입장에서는 이러한 현상을 반드시 부정적인 문제로 보지는 않는다. 예컨대 우리나라에서 대기업이 형성된 것은 자산을 기업내부에 축적함으로써 효율을 제고하기 위한 선택에 기인한 것이며 이는 거래비용을 축소하는데 크게 기여했다고 주장한다. 즉 경제자원이 집중됨으로써 자본축적의 효율성이 증대될 수 있었다고 보는 것이다. 따라서 정부가 규제를 통해 정치적 논리로 경제력집중을 억제하는 것은 시장의 효율을 저하시키는 행위이므로 바람직하지 않다고 본다. 다만 독과점이 발생하여 시장의 실패가 분명할 경우 경쟁을 회복시키기 위하여 정부가 개입할 수는 있다고 주장한다.[2]

반면에 정치경제적 입장은 경제력집중현상이 미칠 부정적 영향에 관한 심각한 우려를 갖고 있다. 경제력이 소수의 손에 집중될 경우 이들이 막강한 정치경제적 권력을 행사하게 되어 국가 전체의 경제가 소수에 의해 통제되는 현상이 발생할 뿐 아니라 결국 이는 정치권력구조에도 영향을 주게 된다는 것이다. 생산수단을 사유화하지 못하게 하고 대신 사회화 또는 국유화하자는 극단적인 주장도 이러한 문제의식과 관련이 있다.

경제력집중이라는 단어는 당초 맑시스트적 시각에서 제시된 개념인 만큼 주로 부정적인 의미로 사용되고 있다.[3] 특히 우리나라의 경우 재벌에 의한 경제력집중현상이 주로 도마에 오르고 있다. 경제력집중현상이 유발하는 정치사회적 이슈를 정리하면 소수에 의한 국민경제의 지배, 경제적 분배의 왜곡에 의한 사회적 불평등, 정경유착, 중소기업의 위축, 재벌의 정치간섭 그리고 언론에 대한 소유와 통제 등이다. 재벌에 의한 경제력집중이 자본주의 성장과정에서 나타나는 당연한 현상이라는 주장에도 불구하고 중산계층과 노동계층의 상대적 박탈감을 심각하게 유발하고 있다는 점에서 문제가 되고 있다. 계층간의 갈등을 심화시켜 국가통합의 실패를 야기하고 있기 때문이다.

재벌, 즉 대기업의 상대적 확장은 역대정권하에서 지속되었다. 특히 2008년 미국발 금융위기에 따른 세계경제 침체로부터 벗어나기 위해 친기업적 정책을 집행한 이명박정부하에서 더욱 심화되는 양상을 보였다. 공정거래위원회에 따르면 2008년 이후 3년간 10대 대규모 기업집단의 계열사 수는 385개에서 562개로 무려 177개 증가하여 45.8%의 증가율을 보였다. 평균적으로 10대 재벌은 2011년 현재 56.2개의 계열사를 보유하기에 이르렀다. 특히 최대 기업인 삼성의 경우 계열사가 59개에서 78개로 19개 증가(32.2%)했다.[4] 경제력집중 억제정책을 본격적으로 시작한 전두환정부 시절인 1983년도에 10대 상위재벌의 계열사 숫자가 평균 22.5개였고 세계화정책을 추진한 김영삼정부가 출범했던 1993년도에 32.6개였던[5] 점을 고려할 때 그 증가폭은 매우 크다고 하지 않을 수 없다.

10대 재벌의 전체부채는 2008년 423조 3,390억 원에 달했으며 2011년에는 618조 4,140억 원으로 48.4% 증가했다. 그럼에도 불구하고 이들의 현금성자산은 2008년 172조 6,150억 원에 달했고 2011년까지 59.1% 증가했다. 삼성의 경우 자산증가율은 59.9%나 되었고, 삼성이 차지하는 상위 5대 그룹 내에서의 자산비중은 37.1%에 달했다.[6] 재벌들이 이명박정부의 친기업적 저금리정책을 이용하여 자산투자가 아닌 부채에 의한 양적성장을 추구했다는 비판을 받았던 것도 이러한 현상에 기인한 것이었다.

소유지배구조 역시 집중이 심화되었다. 2011년 4월 현재 총수가 있는 10대 그룹의 내부지분율(총수, 친족, 임원, 계열사 지분의 합)은 53.5%로 20년만에 최고를 기록했다. 1987년 민주화가 진행되면서 그 비율은 56.2%에서 1993년 43.4%로 하락했었다.[7] 이처럼 집중화된 소유지배구조가 문제가 되는 이유는 내부지분율이 높은 기업일수록 내부거래 비중도 증가하기 때문이었다. 이들 기업들은 동일 계열사에 일감을 집중적으로 몰아줌으로써 배타적 성장을 도모했다. 비계열사가 거래에서 배제됨에 따라 불공정거래가 발생하고 나아가 기업간 불균형성장을 야기하는 한 원인이 되었다.

아울러 이명박정부 들어 금산분리규제가 완화됨에 따라 금융보험 관련 계열사에 대한 출자도 증가했다. 35개 기업진단이 보유한 금융보험사 수는 2010~2011년 기간 동안 20개가 증가했다.[8] 역대 정부들은 대기업이 금융회사를 가급적 보유하지 못하도록 규제하는 정책을 견지해 왔다. 산업자본에 의한 금융자본의 독식 또는 지배를 방지하기 위해서 였다. 그러나 대기업들의 외형이 커질수록 금융기관을 보유함으로써 자본을 원활하게 조달하고자 하는 욕구가 더불어 증가했다.

경제력집중현상이 수반한 중요한 문제 중 하나는 정부의 규제 노력에도 불구하고 이 현상이 획기적으로 완화되지 않고 있다는 점이다. 역대 정부는 재벌에 의한 경제력집중현상을 억제하기 위해 다양한 정책을 구사했다. 가장 대표적인 것이 공정거래법이다. 이 제도를 통해 시장지배적 지위남용금지 및 경쟁제한, 상호출자금지 및 출자총액제한 그리고 채무보증제한 등의 규제를 실시했다.

아울러 과거 상공자원부와 재무부의 주관으로 여신관리제도를 운영했다. 이를 통해 계열기업군(즉 재벌) 여신한도 관리, 기업부사 부동산 취득 승인 그리고 업종다각화를 억제하기 위한 업종전문화 제도 등을 추진했다.[9] 그러나 김영삼정부 들어 여신관리제도가 대폭 약화되었다가 1997년의 금융위기 위후 중앙은행 독립 그리고 은행민영화가 추진되면서 이 제도는 사실상 폐지되었다. 현재는 공정거래제도가 거의 유일한 재벌경제력집중 억제제도로 작동하고 있다.

공정거래법의 기원은 1961년의 물가조절에 관한 임시조치법이다. 이후 1972년 물가안정에 관한 법률, 1975년 물가안정 및 공정거래에 관한 법률로 진화하다가 1980년 12월에 독점규제 및 공정거래에 관한 법률이 입법됨으로써 그 모습을 갖추었다. 1986년 말 공정거래법의 1차 개정을 통해 기업결합 및 대규모 기업집단의 출자를 규제할 수 있는 법적 근거를 마련하는 등 경제력집중을 억제할 수 있는 구체적인 수단이 도입되었다. 이어 1990년 2차 개정과 1992년 3차 개정을 통해서는 경제력집중억제책이 추가되었다. 특히 제2차 개정에서 계열사간 상호출자금지를 강화하고 제3차 개정에서는 대규모 기업집단 계열기업간 채무보증제한제도를 도입하는 등 억제책을 강화하는 모습을 보여주었다(별첨 표 10-1 참조).

공정거래법은 '사업자의 시장지배적 지위의 남용과 과도한 경제력의 집중을 방지하고, 부당한 공동행위 및 불공정거래행위를 규제하여 공정하고 자유로운 경쟁을 촉진함으로써 창의적인 기업활동을 조장하고 소비자를 보호함과 아울러 국민경제의 균형있는 발전을 도모하는 것을 목적으로 한다'고 규정하고 있다.[10] 따라서 이 법은 공정한 시장경쟁의 구현은 물론 경제력집중억제까지도 추구하고 있다는 점에서 한국적 특성을 보여주고 있다.

공정거래법은 제2장에서 시장지배적 사업자의 지위남용금지에 관한 규제를, 제3장에서는 기업결합의 제한 및 경제력집중의 억제에 관한 규제를, 제4장에서는 부당한 공동행위의 규제를 그리고 제5장에서는 불공정거래행위금지를 각각 규정하고 있다.

특히 경제력집중억제에 관한 조항을 규정하고 있는 제3장은 금산분리, 즉 금융·비금융산업 분리원칙에 입각하여 지주회사가 금융 및 비금융산업을 동시소유하지 못하게 하고 있다(제8조의 2). 이외에도 계열사간 상호출자의 금지(제9조), 계열회사 채무보증금지(제10조의 2), 대기업 집단 소속 금융·보험회사의 의결권 제한(제11조), 대규모 내부거래 공시제도(제11조의 2), 비상장계열회사의 중요사항 공시제도(제11조의 3) 그리고 기업결합제한(제12조)에 관한 규제를 규정하고 있다.

이상에서 언급한 각종 규제 중 정부와 재벌간에 가장 첨예한 의견대립을 보이고 있는 제도는 상호출자금지제도, 출자총액제한제도 그리고 계열회사 채무보증제한제도였다. 계열사간 상호출자금지제도는 자산총액의 합계가 대통령령이 정하는 일정금액 이상인 기업집단에 속하는 계열회사끼리 상호주식을 취득하지 못하게 하여, 실질적인 자금의 도입없이 가공적으로 자본금을 증액 또는 계열기업 수를 늘려가는 것을 규제하기 위한 제도이다.

출자총액제한제도란 30대 기업들이 순자산액의 일정비율을 초과하여 다른 회사의 주식을 취득·소유하지 못하도록 하는 제도이다. 1997년 기업합병과 적대적 인수를 어렵게 한다는 이유로 제6차 개정에서 폐지되었다가 재벌의 비대화를 촉진한다는 이유로 1999년 제8차 개정을 통해 재도입되었다. 그러나 2009년 이명박정부는 이 제도를 폐지했다. 부채비율이 감소하고 금융위기 이후 구조조정에 성공한 기업들이 수익성 위주로 투자를 하므로 무분별한 다각화도 감소했다는 명분이었다. 그러나 실제로는 제도의 폐지를 통해 대기업의 투자를 장려하여 경제하락을 막겠다는 친기업적 고려가 중요하게 작용했다.

계열회사 채무보증 제한규제제도는 부실기업 퇴출 장애요인인 채무보증을 규제하는 제도이다. 계열사들이 특정회사의 채무에 대해 지급보증을 하는 것을 금함으로써 무분별하게 계열사를 증가시키는 것을 억제하고 나아가 계열사간 동반부실을 방지하려는 목적을 가지고 있다. 공정거래법은 국내 소속회사 자산총액의 합계가 대통령령이 정하는 일정액을 초과하는 채무보증 제한기업집단에 속하는 회사는 국내계열사에 대하여 채무보증을 해서는 안 된다고 규정하고 있다.

한편 소유집중억제는 공정거래의 주요 내용은 아니나 '소유분산우량회사'로 선정될 경우 출자총액제한제도의 예외가 되는 등의 간접적 규제를 시행하고 있다.

## ❑ 경제력집중현상과 정부

한국에서 재벌에로의 경제력집중문제가 비판의 대상이 되고 있는 이유는 재벌의 성장이 발전국가적 정부의 지원을 비롯한 비경제적 요소에 기인한 바가 크다는 점 때문이다. 이는 폴 크루그만 Paul Krugman이 한국 및 동아시아 국가들의 경제가 효율성의 증가가 아니라 정부의 동원에 의한 생산요소의 증가에 의한 것이라고 했던 주장과 일맥상통하는 것이다.[11] 재벌에 관한 기존의 연구들은 한국재벌의 성장을 가능케 한 요소로서 저임금, 저금리, 저임차료, 조세감면, 외자의 독점, 수출지원제도, 부동산 투기, 중화학공업화, 부실기업 정리, 상호출자에 의한 문어발식 규모확장 등을 지적하고 있다.[12] 이들은 대부분 경제 또는 경영적 효율성제고와 관련이 있기 보다는 정부의 정책적 지원과 관련이 깊다.

우선 경제개발 초기에는 노동자원이 풍부했으므로 임금이 낮았고, 산업화가 진행되어 임금이 상승하자 권위주의적 정부는 임금의 상승을 억제하는 정책을 집행했다. 또 기업들은 정부가 정책적으로 제공한 저금리의 혜택을 향유했다. 실질금리가 마이너스였거나 시장의 실세금리보다 관영화된 은행이 제공하는 명목금리가 더 낮았다. 재벌들은 제도권 은행의 금융자원을 독점했으므로 저금리 정책에서 파행되는 이익 역시 사실상 독점할 수 있었다.

또 주기적이고 지속적인 지가상승은 기업의 임차료를 낮게 유지해주는 효과를 가져왔다. 재벌들은 생산활동에 필요한 것 이상으로 토지를 소유하여 지가상승의 부담을 덜었을 뿐만 아니라 자산증가효과를 누림으로써 임차료 부담을 상쇄할 수 있었다. 재벌들이 부동산 투기에 열을 올렸던 이유도 이런 이유에서 였다.

정부의 조세감면정책 역시 생산요소가격을 낮추는데 기여했다. 수출기업에 대한 관세면제나 정책적 육성산업에 대한 조세감면정책의 혜택을 누림으로써 여기에 참여하지 못한 중소기업이나 그 밖의 기업들에 비해 유리한 성장조건을 향유했다.

이뿐만이 아니었다. 외환이 귀하던 시절 재벌들은 정부가 제공하는 외자를 독점한 것은 물론 금리, 환율 그리고 지급보증 등의 혜택을 받았다. 수출산업에 참여할 경우 저리의 정책금융 중 수출금융을 제공받았다.

아울러 정부가 1970년대 전략적으로 추진한 중화학공업화에 참여한 기업들은 오늘날 재벌로 성장하는 중요한 발판을 마련할 수 있었다. 이들 기업들은 실질적으로 마이너스 금리의 정책금융을 공급받았고 투자조정과정에서 도태된 부실기업을 인수하여 추가적인 지원을 제공받았다.

이처럼 재벌의 성장 그로 인한 경제력집중현상이 발생한데에는 정부의 정책적인 지원 등 비경영적 요소가 매우 중요하게 작용했다. 따라서 오늘날 경제력집중현상에 대한 국민들의 비판이 가중되고 있는 현상의 옳고 그름은 경제적이고 경영적인 기준만을 가지고 판단하기 어렵다. 국민들은 정치적이거나 비경제・경영적 측면에 주목하고 있다. 즉 재벌의 급속한 성장은 정경유착에 의한 특혜의 결과라는 인식을 가지고 있다. 따라서 한국에서의 경제력집중현상은 국민들이 느끼고 있는 재벌에 대한 상대적 박탈감의 심화 문제와 밀접한 관련을 갖는다. 정부가 개발자원을 분배함에 있어서 정의롭지 못했다는 인식이 강하다. 그만큼 국민적 정서와 감정의 문제가 개입하고 있다. 단순히 경제적 논리를 넘어서 정치적 논리가 대두되는 이유가 여기에 있다.

재벌기업들이 정부가 정책적으로 제공한 각종 혜택을 누리면서 성장한 것에 대해 국민들이 긍정적으로 수긍했던 이유는 대기업들이 재벌일가의 사유물이 아니라 국가 전체의 자산이라는 정부의 주장을 수용했기 때문이었다. 중상주의적 성장전략을 추진했던 박정희정부는 재벌들을 지원하면서도 기업은 국민의 것이라는 점을 항상 강조했다. 기업주들은 국가의 자산을 맡아 운영하는 관리자에 불과하다는 논리였다.

이러한 정부의 설득에 힘입어 국민들은 애국적인 마음으로 대기업의 성장을 지원했다. 국민들은 국산품애용운동을 전개하면서 수입시장이 개방화되는 상황에서도 국내기업이 생산한 물품을 구매했다. 정부 역시 이를 독려했다. 1997년 금융위기가 발생했을 당시에는 재벌의 방만한 경영이 중요한 원인이었음에도 불구하고 국민들은 금모으기운동을 전개하는 등 외환위기를 극복하고 기업들이 수출에 총력을 기울일 수 있도록 지원했다.

그러나 기업이 성장하여 국제화하고 한국경제에서 차지하는 비중이 높아지자 이러한 공동체주의적 정당화가 점점 더 어렵게 되었다. 특히 1998년부터 IMF의 관리하에 본격 진행된 금융구조개혁 작업이 진행되자 기업들은 생존우선이라는 명분하에 이기적인 행태를 본격적으로 보이기 시작했다. 고용창출보다는 경영수지방어에 전념했고, 국내투자보다는 해외투자를 확대했으며, 경영권방어라는 이유를 앞세워 자신들의 재산권을 보다 확고하게 보호하고자 했다. 결과적으로 2000년대 들어 재벌은 박정희정부가 주장했던 국민의 기업이 더 이상 아닌 것이 현실이 되었다. 재벌은 이제 특정인이나 가문의 소유물이라는 점이 공식화되었다. 재벌들의 재산권에 대한 집착은 더욱 강해졌다.

기업이 창업주의 자손에게로 상속되면서 이러한 현상은 더욱 분명해 졌다. 대기업들은 국가경제에의 기여라는 애국적 의무에서 탈피한 채 소유주 자신들과 주주의 이익을 제고하기 위한 사기업으로 완전히 탈바꿈했다. 한 국내 자동차업체가 수출자동차에 사용한 강판이 국내 판매용자동차의 그것에 비해 양질의 것이었음이 밝혀진 것이 한 예라 할 수 있다. 사실 이러한 의혹이 지속적으로 존재했으나 자동차업체들은 이를 부정해 왔었다. 국내의 소비자들은 자동차업체들이 해외 수출용자동차에 더 좋은 부품을 사용하면서도 가격을 더 저렴하게 판매하고 있어 결과적으로 국내 소비자들이 부담을 감내하고 있다는 의혹을 제기했었다.[13] 결국 이것이 어느 정도 사실임이 밝혀졌는데 이러한 소식을 접한 국민들은 재벌기업들에 대해 당연히 비판적인 감정을 가질 수밖에 없었다. 재벌기업들이 국내 소비자들을 존중하기 보다는 이용해 왔다는 인식이 자리잡아 갔다.

국민들이 재벌들에게 대해 느끼는 감정은 일종의 배신감이라 할 수 있었다. 국민의 성원에 힘입어 그리고 정부의 지원에 의존하여 세계적인 대기업으로 성장하였으나 그에 합당한 기여를 하지 않고 있다는 점에 대한 서운함이었다. 경제성장이 어느 정도 달성되었음에도 불구하고 재벌이 누리는 특혜는 지속되는 반면 국민들 개개인은 그 혜택을 충분히 누리지 못하고 있다는 불만도 강했다.

이에 대해 기업은 세계적인 브랜드로 성장함으로써 그리고 고용을 창출함으로써 국가에 기여했다는 점을 강조했다. 그리고 정부와 국민들이 불필요한 간섭을 통해 자유로운 경영활동에 지장을 주고 있다고 주장했다.

이러한 문제에 대해 정확하게 옳고 그름을 판단하는 것은 불가능하다. 정부도 국민도 재벌도 각자의 입장이 있는 만큼 과실에 대한 정확한 계량이 불가능하다. 다만 국민들이 경험하고 있는 불평등의 상황을 보면 이러한 상대적 박탈감의 문제가 쉽게 해소되기 어려운 것이 현실이다. 무엇보다도 소득불평등 현상이 심화되고 있다.

그림 10-1은 한국은행의 자료를 기초로 작성된 1982년부터 2011년까지의 지니계수GINI Coefficient 변화추이이다. 통계청이 소득불평등 정도를 보여주는 지니계수를 공식적으로 집계하고 발표하기 시작한 것은 민주화 이후인 1990년부터이다. 1982년 이전에는 공식적으로 자료가 모집되지도 공표되지도 않았다. 한국은행도 1982년부터 통계를 작성했으나 공표하지는 않았다.[14)]

1960년대와 1970년대의 소득불평등 현황은 학자들에 의해 간접적으로 작성되고 발표되었을 뿐이다. 한 연구에 따르면 경제성장이 시작된 1960년대에는 소득불평등이 완화되는 경향을 보였지만 1970년대에는 그렇지 못했다. 산업화에 의한 고용창출이 한계에 도달한데다 소득불평등 정도가 상대적으로 적은 농업부문에서 큰 산업부문으로 노동력이 이동했기 때문이었다.15) 이를 두고 본다면 한국의 발전국가가 성장과 형평을 동시에 달성했다고 볼 수는 없다. 쿠츠네츠 역U자곡선 가설이 제시하듯이 한국 역시 경제성장이 가속화하면서 다른 나라와 마찬가지로 소득불평등도 악화되었다고 보는 것이 옳다.

이러한 경향은 1980년대 들어서도 크게 다르지 않았다. 발전국가 모델의 후반기에 해당하는 전두환정부하에서도 불평등은 개선되지 않았다. 경제안정화를 위해 임금억제정책이 시행됨에 따라 소득간 격차는 더 심해진 것으로 판단된다. 인플레이션을 억제하기 위한 긴축정책의 피해를 고스란히 중산계층 시민과 노동계층이 감내한 것으로 볼 수 있다. 반면에 이 기간 동안 재벌 및 대기업은 매우 높은 성장을 달성했다. 특히 산업합리화의 혜택이 주로 상위 대기업에게 돌아감으로써 기업간 불평등이 심화되는데 일조했다.

소득불평등이 다소 완화되기 시작한 것은 민주화와 더불어 출범한 노태우정부가 들어서였다. 노태우정부는 정치경제적 민주화를 표방했다. 사회복지 예산지출을 확대하고 200만호 주택건설 등의 정책을 펼쳐 고용의 증대를 모색했다. 그 결과 소득불평등이 정도는 전두환정부에 비해 현격하게 개선되었다.

이러한 경향은 초기의 김영삼정부하에서도 크게 다르지 않았다. 다만 OECD에 가입하면서 경제자유화가 급격하게 진전된 1996

년 이후부터는 다시 지표가 악화되는 경향을 보였다.

김대중정부에 들어서면 IMF의 요구에 따라 시장주의적 개혁을 본격 추진한 영향인지 지니계수가 급격하게 악화되었다. 사회안전망구축을 위해 사회보장예산의 지출을 증대시켰지만 상황을 전환시키지는 못했다. 2003년 노무현정부가 다시 형평과 분배와 같은 민주주의적 가치를 강조하면서 다시 지니계수는 약간 완화되는 경향을 보였다. 노무현정부가 사회복지 관련 예산을 확대하는 등의 조치를 취했기 때문인 것으로 보인다.

이명박정부가 들어서도 상황은 약간 개선되는데 그친다. 정부가 출범한 2008년 미국발 금융위기가 발생하자 정부는 규제완화 등 친기업적 정책을 추진했다. 수출증대를 통해 경기회복을 도모했다. 따라서 복지를 향상시키기 위한 자원의 할당은 상대적으로 빈약했다고 볼 수 있다.

[그림 10-1] 한국에서의 소득GINI계수의 변화추이 1982-2011

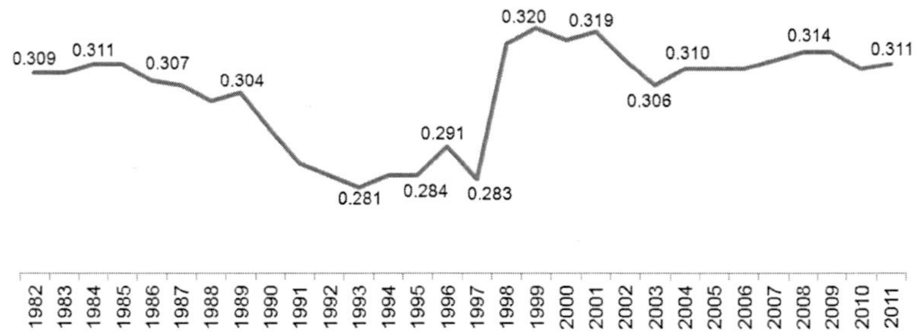


출처: 한국은행; 이연호, "제도주의 정치경제적 발전국가론과 민주주의," 「21세기 정치학회보」 제19집 2호, 2009.

요컨대 중상주의적 발전국가하에서는 국가가 발전자원을 정책산업분야에 선택적이고 전략적으로 할당함으로써 대기업을 소유하거나 거기에 종사하는 사람들이 상대적으로 높은 소득을 획득했다. 반면에 그렇지 못한 이들은 빈곤화를 경험하고 있다는 인식이 팽배해 갔다. 우리에게 복지국가의 단계가 있었다면 이러한 문제가 분배정책을 통해서 또는 사회보장제도의 확충을 통해서 다소 해결될 수 있었을 것이다.

그러나 이러한 시도는 노태우정부하에서 아주 짧고 불완전하게 시도된 채 종료되고 김영삼정부 시기부터 신우파적인 정책으로 전환함으로써 해결될 기회를 상실했다. 김대중정부가 이러한 시도를 일부 했지만 IMF체제가 요구하는 시장주의적 개혁을 추진하느라 그 효과는 제한적일 수밖에 없었다. 노무현정부가 다시 재분배작업을 시작했으나 뒤이어 들어선 이명박정부가 2008년의 금융위기로 부터의 탈출을 위해 친기업적 정책을 추진하면서 지속되지 못했다.

그 결과 경제사회적 불평등구조는 교정되지 못한 채 더 고착화되거나 심지어 더 심화되는 경향을 보여주었다. 한국경제가 이미 대기업과 수출의존적인 것으로 고착화된 반면 이를 교정할 수 있는 정부의 간섭능력은 심각하게 위축됐다. 결국 현재 우리나라에서 극명하게 나타나고 있는 불평등 그리고 불균형의 문제는 국가의 간섭에 의해 형성된 기원을 갖고 있지만 더 이상 국가가 해결할 수는 없는 딜레마에 봉착해 있다.

## ❑ 사회경제적 불평등구조와 복지문제

이처럼 사회경제적 불평등구조가 심화됨에도 불구하고 이를 교정하기 위해 국민들에게 복지서비스를 확대 제공하려는 정부의 노력은 상대적으로 충분하게 진행되지 않았다. 1960년대 산업화가 본격적으로 시작한 이래 역대정부는 그 성격이 권위주의적이든 민주주의적이든 경제성장 중심의 정책을 추진했다. 반면에 소득재분배정책에는 그다지 노력을 기울이지 않았다.

박정희 그리고 전두환정부를 포함하는 권위주의 정부는 중상주의적 발전국가전략을 취했다. 소위 부국강병의 국가적 아젠다가 설정되면서 하위계층의 복지를 위한 소득재분배정책은 전면실시가 유보되었다. 국민의료보험 등 복지정책이 일부 추진되었으나 내용상으로 볼 때 형식적이고 선언적 성격이 강했다. 즉 정권의 친위세력을 정치적으로 배려하거나, 중산 및 노동계층의 불만을 잠재우고 노동력을 보다 효과적으로 산업발전현장에 투입하기 위한 전략이었다.

마치 후기 산업화를 시도했던 독일의 비스마르크가 사회보장정책을 유럽에서 가장 먼저 추진했던 것과 같은 맥락이었다.[16] 자본을 효율적으로 축적하기 위해서 전략산업부문에 집중적으로 자원을 투입한 반면, 국민의 복지개선을 위한 재원은 최대한 절약했다. 국가는 기본적으로 산업지원을 통한 고용증진에만 집중했고 복지는 가정이나 노동자를 고용하고 있는 회사가 주로 담당했다.

박정희정부가 복지정책을 전혀 진전시키지 않은 것은 아니었다. 5.16군사쿠데타 직후인 1961~1963년 기간 동안 복지법률이 가장 많이 제정되었다. 그러나 전 국민들 대상으로 한 것이기 보다는 공무원과 군인 등 정권의 친위세력을 배려하기 위한 법률이 많았다. 공무원연금법, 군인보험법, 군사원호법, 국가유공자특별원호법이 그 예이다. 아울러 산업재해보상법, 의료보험법, 직업안정법, 직업훈련원법 등 경제개발을 보조하기 위한 수단적 복지입법도 이루어졌다.

이 당시의 복지입법은 정권을 안정화시키고 산업화를 촉진하기 위한 목적을 가지고 있었다. 군사정권의 취약한 정통성을 보완하고 산업화 반대세력을 회유하기 위한 수단이기도 했다. 박정희정부는 고도경제성장과 일자리 창출을 통해 국민의 복지욕구 확산을 억누를 수 있다고 보았다. 권위주의적인 정부는 실제로 노동계층의 불만을 억누를 수 있는 억압수단도 보유하고 있었다. 따라서 정권의 안정화가 가시화되는 1960년대 중반이후부터는 새로운 법률이 제정되지 않고 정부예산의 복지비 지출 역시 감소했다.[17]

이러한 경향은 1970년대에도 이어졌다. 강력한 권위주의 체제인 유신체제하에서 국민의 복지확대 요구는 더더욱 철저하게 억압되었다. 복지비 지출 역시 낮은 수준으로 유지되었다. 다만 1970년대 후반들어 사회부문의 저항능력이 강화되자 박정희정부는 억압비용을 감소시키려는 시도의 일환으로 복지비 지출을 확대했다. 그러나 이 역시 근본적인 태도의 변화라기 보다는 정권의 정당화를 강화하려는 미봉책의 성격이 강했다.[18]

전두환정부는 안정하정책을 추구했던 만큼 사회복지에 대해 상대적으로 관심을 가지기 시작했다. 경제사회개발 목표를 안정, 능률, 균형으로 설정했다. 국정지표 중 하나로 사회복지건설을 내세움으로써 형식적으로나마 사회발전을 강조하는 태도를 보였다.

그 결과 다수의 개혁이 이루어졌는데, 1981년부터 직장의료보험의 적용범위가 확대되고 농어민과 자영업자 등 지역주민에게 의료보험을 실시하기 위한 법 개정이 이루어져 후일 전국민의료보험제도로 발전할 수 있는 계기가 마련되었다. 아울러 노인복지법과 심신장애자복지법이 제정되고 아동복지법의 개정이 이루어졌다.[19)]

그러나 전두환정부의 복지정책 역시 박정희정부의 그것과 근본적으로 유사한 양태를 보였다. 즉 정권의 정통성이 약했던 초기에는 복지법률의 제정도 활발했고 복지비 지출도 증가했다. 하지만 중반기 접어들면서 다시 감소했다. 즉 정권이 안정화된 후에는 다시 복지지출을 감소시키는 패턴이 나타났다.[20)]

전체적으로 보았을 때 전두환정부의 복지제도 도입은 정당성 확보 차원에서 이루어진 것이었으며 이점에서 이전의 박정희정부 사례와 크게 다르지 않았다. 전두환정부의 복지정책은 표면적으로 보편주의적 입장을 취했으나 실제적으로는 잔여주의적 요소가 강했다.[21)]

노태우정부 이후 등장한 민주적 정부하에서도 자본을 강조하고 경제성장에 집중하는 정책은 근본적으로 포기되지 않았다. 민주적 정부들은 이전의 권위주의적 정부보다 열등한 경제성과를 산출하지 않기 위해서 그리고 선거를 통한 정권의 재창출을 위해서 노력했다. 선거기간 중이나 집권 초기에는 소득재분배 그리고 복지제도의 강화가 제안되고 추진되었다. 그러나 정권 말기로 접어듦에 따라 정권들은 친시장적 또는 심지어 친대기업적 정책을 채택하면서 사회경제적 불평등을 개선하는데 전력을 투구하지 않았다. 민주화로 인해 복지정책이 강화되었다는 점은 인정할 수 있다. 그러나 사회분야에서 적극적인 요구가 없는 한 민주적 정부라 하더라도 자발적으로 복지 프로그램을 강화시키지는 않았다. 여전히 복지정책은 정권정당화를 위한 수단적 성격이 강했다.

그리하여 1987년 이후 들어선 민주적 정부들하에서도 사회경제적 불평등은 개선되기 보다는 악화되는 경향을 보였다. 탈권위주의 이후 우리 대한민국이 추구했던 민주주의 모델은 자유민주주의였다. 즉 개인의 자유와 경쟁을 강조하는 자유주의적 가치와 형평과 분배를 강조하는 민주주의적 가치가 균형적으로 공존하는 모델이다. 그러나 한국에서 자유민주주의 모델은 후자보다는 전자에 좀 더 비중을 두는 모습으로 발전해 왔다. 민주주의적 가치는 당초 정치분야에 한정되어 있다가 김대중, 노무현정부에 들어서면서 사회분야로 확산되었으나 경제민주화 영역까지 본격 확대되는데는 한계를 보였다.

1988년 수립된 노태우정부는 보수 3당간 합당이 이루어진 1990년까지 약 2년여의 기간 동안 정치민주화와 경제민주화 프로그램을 진행했다. 권위주의 정치의 잔재를 청산하는 정치민주화 프로그램과 병행하여 경제민주화 프로그램을 추진했다. 노동권이 강화되고, 재벌에게 지급되는 정책금융을 축소하는 등 재벌에 대한 경제력집중규제가 강화되었다. 사회보장 재정지출을 증대시키고 수도권 신도시를 건설하여 200만호의 주택을 보급하는 정책을 펼쳤다.

그러나 노태우정부의 경제민주화정책은 정치민주화계획이 후퇴함에 따라 1990년도에 들어 사실상 중단되었다. 노동자들의 파업이 격화되자 재벌은 한국경제의 침체원인이 경제민주화에 따른 노사관계의 불안정 때문이라고 비판했다. 이와 더불어 3저효과의 실종으로 인해 경제가 다시 침체기에 접어들고, 1990년도에는 경상수지가 적자로 돌아서게 되었다.

1990년 2월 보수 3당이 합당하여 민주자유당을 창당하고 정부의 대사회 및 경제통제력을 강화하기 시작하면서 경제민주화는 급격하게 퇴조했다. 이러한 분위기에서 분배와 형평의 문제는 경제성장과 효율성이라는 아젠다에 눌려 더 이상 추진되지 못했다. 결국 정치경제 민주화를 주창한 노태우정부하에서도 사회경제적 불평등의 문제가 제도적으로 해결될 수 있는 기회가 상실되고 말았다.

다만 노태우정부는 민주주의를 정권의 가장 중요한 목표로 설정한 만큼 전두환정부 말기에 약속되었던 복지 관련 정책을 지체없이 실천했다. 국민연금법, 농어촌지역 의료보험확대, 최저임금법 실시 등이 그 예이다. 도시지역 의료보험과 약국의료보험이 시행되고 국민연금법 적용대상도 더욱 확대되었다. 정부예산 중 복지비 지출 역시 전두환정부 때에 비해 크게 증가하여 거의 전 기간 동안 높은 수준을 유지했다. 민주주의적 정부를 표방한 만큼 국민들의 복지요구에 대해 상대적으로 수용적인 태도를 보였다. 전임정부 말기에 논의되었던 복지정책을 현실화시켰다. 하지만 새로운 복지정책을 고안하고 확대하는 데는 한계를 보여주었다.[22)]

김영삼정부는 노태우정부 말기부터 침체조짐을 보인 경제를 회복시키기 위해 경제자유화의 속도를 가속화시키는 방법을 택했다. 1996년 OECD가입이라는 목표를 설정하고 경제자유화를 매우 과감하게 추진했다. 신규산업에 대한 시장진입 규제를 완화하고 금융자유화를 추진했다. 재벌기업에 대한 규제도 완화하여 여신한도 관리대상을 30개 기업에서 10개 기업으로 축소했다. 외국인 투자개방이 확대되었고 국내기업의 해외투자에 관한 규제가 완화되었다.

OECD가입시도로 인해 분배와 형평이라는 가치는 일순간에 실종됐다. 그보다는 시장의 자유화 및 규제완화가 최우선의 가치로 강조됐다. 시장의 자유화라는 명분하에 대기업에 대한 규제강도는 현격하게 완화됐다. 이로써 기업은 해외에서 이전보다 좋은 조건으로 금융을 조달하여 신규사업확장에 매진했다. 재벌기업은 부채비율의 증가에도 불구하고 양적 성장을 지속했다.

김영삼정부는 최초의 민간인에 의한 민주적 정부임을 주장했지만 과거 권위주의와 다르지 않은 억압주의적 노동정책을 유지했다. 노조의 정치참여, 제3자 개입금지, 복수노조 불인정 등 권위주의적 유산을 그대로 유지했다. 문민정부내내 보건복지 예산의 수준도 노태우정부 시절의 수준을 넘지 않았다. 1996년말 노사정이 참여한 노사관계개혁위원회에서 첨예한 노동법 쟁점들이 합의되었음에도 불구하고 정부와 여당이 노동시장의 유연성을 증진하는 방향으로 개정하여 국회에서 날치기 통과시키기도 했다. 즉 노동의 상품화를 강화시키는 방향으로 개혁됐다. 요컨대 김영삼정부의 경제적 자유화정책이 시장주의적 개혁을 시급하게 추진하는 바람에 분배와 형평 등 민주적 가치들이 간과되는 결과가 발생했다. 이로써 사회경제적 불평등은 오히려 심화되는 양상이 전개됐다.

복지 관련 정책을 살펴보아도 김영삼정부가 전임정부에 비해 복지를 확대하는 정책을 취했다는 증거는 찾기 어렵다. 경제자유화에 치중한 만큼 출범이후에 보여준 복지정책은 빈약했다. 1995년의 지방선거, 1996년의 국회의원선거와 OECD가입을 준비하며 잠시 적극적인 모습을 보여주었을 뿐이었다. 1987년 이후 증가추세를 보였던 복지부 예산은 감소세로 돌아섰고, 확상을 구가하던 복지제도도 세계화의 영향으로 시장주의적인 것으로 변화했다.[23] 결과적으로 신우파적 성향을 추구한 김영삼정부 역시 복지를 도구적인 관점에서 바라보았을 뿐이었다.

금융위기의 발생과 더불어 출범한 김대중정부는 전임정부들이 시도했으나 실패로 마무리된 경제민주화와 경제자유화의 중간을 택하는 소위 제3의 길을 택했다. 이미 권위주의에서 탈피한 이상 자유화와 민주화의 압력을 어느 정부도 회피할 수는 없었다. 다만 문제는 자유와 민주라는 두 가지의 가치를 어떻게 하면 균형적으로 달성할 수 있는가 하는 점이었다.

이러한 중간적 접근법의 선택은 금융위기와 더불어 직면한 정치경제적 상황으로 인해 불가피한 면도 있었다. 정부는 구제금융을 받는 조건으로 IMF가 요구하는 시장주의적 개혁을 수행해야 했다. 그러나 다른 한편으로 중상주의적 정책과 경제자유화 정책하에서 고질화되어가는 사회경제적 불평등의 문제를 해결하기 위해서 분배와 평등을 제고하는 정책을 수행해야 했다. 사회보장제도를 확충하는 작업은 분배를 개선하는 작업이면서 동시에 시장주의적 개혁을 뒷받침하는 것이기도 했다. 개혁에서 도태된 인력들에게 사회안전망을 제공하여 시장주의가 무리없이 정착할 수 있도록 지원하는 제도가 필요했던 것이다.

김대중정부가 제시한 소위 DJnomics는 경쟁과 분배간의 조화를 강조하는 정책 아이디어였다. 시장경제의 선결요건으로서 민주주의를 강조했다. 김대중정부는 참여민주주의를 통한 시장경제의 달성을 목표로 삼았다. IMF의 간섭을 받는 김대중정부의 복지개혁이 신자유주의적 요소를 완전히 배제할 수는 없었다. 그럼에도 불구하고 정부는 참여민주주의적 요소를 포기하지 않았고 일부는 오히려 강화했다. 특히 사회보험을 강화했다는 점에서 그러했다.

우선 4대 사회보험(의료, 고용, 국민, 산재)의 적용범위를 대폭 확대했다. 의료보험도 통합했다. 공무원, 교원, 지역의료보험을 1998년 통합하고 직장의료보험도 통합했다. 1999년 8월 국민기초생활법에 의거 국민기초생활보장제도를 실시했다. 이로써 저소득층 보호, 노인복지, 장애인재활촉진, 아동복지개선, 의료보험내실화, 국민연금 확대 등이 추진되었다. 또한 근로연계사업을 추진하여 실업률을 완화시켰다.[24)]

김대중정부의 이러한 참여민주주의적 입장에도 불구하고 무게의 중심은 전체적으로 자유시장적 경제를 구현하는데 놓여질 수밖에 없었나. IMF의 요구조건이 워낙 철저했고 한국경제의 대외적 신인도를 제고하기 위해서라도 시장중심적 개혁은 불가피한 것이었다. 전체적으로 보았을 때 김대중정부의 재뷴배시도는 한계를 가질 수밖에 없었다. 국가의 재정적 여유가 충분치 못했고 경제위기에서 극복하는 작업이 보다 시급했다. 시민의 참여를 강조했지만 사실상 노동의 참여는 특히 제한적으로 이루어질 수밖에 없었다. 1998년에 시급하게 이루어진 2.8사회협약을 통해 노동시장의 유연화가 합의되었다. 이 과정에서 노동은 협의와 타협의 대상으로 공식인정되었으나 결과적으로 노동이 경제위기에서 파생된 피해를 그대로 감내하도록 사실상 설득 당했을 뿐이었다.

재벌에 대한 정부의 규제가 일부 강화되었으나 획기적인 수준에 도달할 수는 없었다. 국내기업을 지나치게 위축시킬 경우 경제회복에 걸림돌이 될 수도 있고 외국기업이 국내시장을 잠식하는 것을 견제할 수 없게 된다는 한계가 존재했나. 따라서 국민들이 가지고 있었던 김대중정부에 대한 기대에도 불구하고 김대중정부의 형평 및 분배제고 노력은 다분히 한계를 가질 수밖에 없었다. 일부 진보적 시각에서는 따라서 김대중정부가 민주적이기 보다는 신자

유주의적 성격을 보여주었다고 비판하기도 했다.[25)]

김대중정부를 승계한 노무현정부는 이전정부들에 비해 분배와 형평이라는 민주주의적 가치를 구현하는데 비교적 많은 노력을 기울였고 이러한 면에서 상대적으로 친서민적인 정권이었다. 전임정부가 IMF의 요구로 인해 시장주의적 개혁을 추구할 수밖에 없었던 그래서 경제적 불평등이 악화될 수밖에 없었던 한계를 극복하고자 했다. 노무현정부가 김대중정부하에서 진행된 경제개혁의 피해자들의 지지를 받아 탄생한 정권이라는 점에서 민주주의적 가치의 구현에 매진했던 것은 매우 당연한 귀결이었다.

노무현 대통령은 민주주의적 가치를 강조하면서 분배와 형평을 제고할 수 있는 정책을 추진했다. 우선 신행정수도 건설로 대표되는 지방분권화 작업을 추진했다. 노사정위원회의 기능을 강화하는 등 노동의 참여를 촉진시켰으며, 양성평등을 제고하기 위한 정책을 추진했다. 재벌개혁 작업의 일환으로 상속증여 완전포괄과세를 실시하고, 소액주주의 권한을 강화하는 차원에서 증권분야 집단소송제도를 마련했다. 출자총액제한제도를 강화했고 재벌기업이 금융기관을 소유하지 못하도록 금산분리를 강화했다.

노무현정부는 전반적으로 정부의 정책결정 및 집행과정에서 시민과 노동의 참여를 촉진하는 참여민주주의적 정책을 추진했다. 아울러 복지 및 분배정책도 강화했다. 2006년 예산의 경우 총예산의 증가율이 6.6%였고 국방비가 9.0%증가한데 비해 복지예산은 9.3%가 증가했다. 반면에 사회간접자본 구축예산은 1.6% 증가하는데 그쳤다.[26)] 노무현정부의 분배중심적 정책은 정권 말기로 갈수록 강화되었다. 노무현정부의 주요 정치적 지지기반이 서민과 노동계층이었기 때문이다.

그러나 노무현정부의 분배적 정책은 이명박정부가 들어서면서 더 이상 이어지지 못했다. 김대중, 노무현정부가 채택했던 참여민주주의에 대한 비판적 여론이 고조되었던 것도 한 원인이었다. 시민단체의 과도한 참여로 인해 민주주의의 피로현상이 나타났다. 따라서 보수적 성격의 이명박정부는 취임하자 경제회복과 성장을 아젠다로 제시하며 민주화보다는 정치 · 경제 · 행정적 효율성을 제고하는데 매진했다.

이명박정부의 성장-효율 드라이브는 무엇보다도 이명박정부가 취임한 2008년 미국발 금융위기가 발생한데 기인한 바 컸다. 이명박정부는 금융위기를 극복한다는 명분으로 친시장적이기보다는 친기업적인 일련의 정책을 추진했다. 시장의 경쟁을 강화하는 시장중심적 정책보다는 규제완화를 통해 기업의 활력을 불어넣는 친기업pro-business정책을 추진했다. 그 결과 경제력집중현상과 양극화현상은 보다 심화되는 양상을 보였다.

반면에 이명박정부는 복지 관련 예산을 최대로 절약하는 경향을 보였다. 그 대신 고용을 촉진하기 위한 그린뉴딜의 일환으로 4대강개발정책을 추진하고, 저축은행 부실로 인해 발생한 손실을 메꾸는데 정부의 재정을 지출했다. 공기업 지원에도 많은 재정이 투입되었다. 정부는 고용을 유지한다는 명분하에 당초 추진하기로 했던 민영화를 잠시 보류하고 공기업을 정상화시키는 프로그램을 추진했다. 정부가 경기부양 차원에서 추진해야 할 재정지출성 정책을 공기업을 대리인으로 삼아 추진했다. 공기업의 부채는 증가했고 정부는 일정부분 이를 보전해주었다. 2011년 현재 정부와 공기업의 부채는 GDP의 68.6%에 달했다.[27] 이는 OECD가 권고하는 50%를 월씬 상회하는 수준이었다.

이러한 상황으로 인해 국민들이 느끼는 불평등의식과 상대적 박탈감은 더욱 급격하게 심화되었다. 정부의 지원에 힘입어 대기업들은 막대한 규모의 영업이익을 구현했다. 반면에 실질실업률은 증가했고 가계부채 역시 그러했다. 대기업과 중소기업간의 하도급관계는 개선되지 않았고 앞에서 본바와 같이 사회경제적 불평등은 더욱 심화되었다.

이명박정부는 국민들의 복지욕구를 충족시키기 위한 예산 역시 최소한의 수준에서 유지했다. 복지가 성장을 저해한다며 양자를 대립적인 관계로 이해하면서 감세와 투자를 통해 성장을 구현하려는 정책을 추구했다. 복지는 성장이 이루어지면 자연스레 달성되는 결과물로 인식했다.

MB노믹스가 제시했던 복지모델은 '능동적 복지'였다. 기본철학은 '최고의 일자리는 복지'라는 것이었다. 빈곤층에 복지서비스를 지원하기 보다는 노동을 통해 소득을 얻을 수 있는 여건을 마련해 주되 노동이 불가능한 장애인, 노인, 어린에게는 국가가 복지혜택을 무상으로 제공한다는 것이다.[28)]

그리하여 이명박정부는 재정편성의 기본틀을 복지에서 사회간접자본의 확충으로 전환했다. 즉 저소득층을 직접 지원하기보다는 우선 재정사업의 전개를 통한 일자리 창출에 초점을 맞추었다. 그 결과 복지예산의 절대금액은 증가했으나 이전정부에 비해 복지예산증가율은 감소했다. 노무현정부하에서는 평균 10.1%의 증가율을 보였으나 이명박정부하에서는 6%에 불과했다.[29)]

그러나 기대했던 성장과 복지의 선순환은 발생하지 않았다. 무엇보다도 경제성장률이 당초 목표치였던 연평균 7%에 훨씬 못미치는 2.9%에 불과했다. 그리고 앞장에서 지적했듯이 사회경제적 양극화는 오히려 심화되었다.

이상에서 살펴본 바에 따르면 역대정부 중 진정한 의미에서 분배와 형평 같은 민주주의적 가치에 비중을 두고 정책을 전개한 예는 드물었다. 노태우정부는 정치경제 민주화를 내세우며 시작되었지만 그러한 기조는 2년 이상 유지되지 못했다. 김대중정부는 민주화와 자유화를 조화시키고자 했으나 당시 한국경제를 사실상 지배하고 있던 IMF와 외국자본의 시장주의적 개혁요구로부터 자유로울 수 없었다. 정권기간 내내 민주주의적 기조를 유지한 것은 노무현정부가 거의 유일했다. 그러나 미국발 금융위기가 발생하고 이명박정부가 성장주의를 내세우면서 형평과 분배의 필요성이 다시 한번 간과되고 말았다. 그러나 성장중심주의로의 회귀는 사회경제적 불평등에 대한 국민들의 불만과 민주주의에 대한 국민들의 욕구가 억눌린 채 누적되는 상황을 만들어냈다. 어느 정부가 들어서든 심화된 민주주의에 대한 국민들의 열망이 분출하는 것은 단지 시간문제였다.

별첨표 10-1 공정거래법상 경제력집중억제제도의 변화 추이

| 정부/<br>규제추이 | 경제력집중억제규제 개정사항 |
|---|---|
| 전두환정부/<br>강화 | · 제정: 1980년<br>- 없음 |
| | · 제1차 개정: 1986년(처음으로 경제력집중억제규제 도입)<br>- 지주회사의 설립 금지<br>- '대규모기업집단' 개념 도입<br>- 대규모기업집단 계열회사의 상호출자를 금지<br>- 대규모기업집단 계열회사의 출자총액을 순자산의 40%로 제한 |
| 노태우정부/<br>강화 | · 제2차 개정: 1990년<br>- 금융업 및 보험업을 영위하는 회사의 상호출자금지 적용 제외대상 배제규정이 철폐, 금융업 및 보험업을 영위하는 회사도 상호출자금지의 적용대상 편입<br>→ 제2조 정의: 금융, 보험, 부동산 및 사업서비스업 추가 |
| | · 제3차 개정: 1992년<br>- 출자총액제한제도의 예외인정 범위를 확대<br>→ 제10조 제1항의 4, 5: 사업연도 말 결산확정의 결과 보유주식의 평가가 증가되어 출자총액이 출자한도액을 초과한 경우/국제경쟁력 강화를 위해 공정위가 그 필요를 인정하는 경우(단, 취득소유날부터 5년 이내에 한함)<br>- 대규모기업집단에 속하는 계열회사 상호간의 채무보증을 자기자본의 200%로 제한하는 제도 도입<br>→ 제10조의 2 계열회사에 대한 채무보증의 제한: 신설<br>- 채무보증을 제한하나, 예외항목 존재: 공업발전법 또는 조세감면규제법에 의한 합리화계획/국내 금융기관의 해외지점여신에 대한 보증/기업의 국제경쟁력 강화를 위하여 필요한 경우 기타 대통령령이 정하는 경우의 채무에 대한 보증<br>- 금융 및 보험회사의 의결권 제한의 예외도 추가 |

| | |
|---|---|
| | → 제11조 금융 및 보험회사의 의결권 제한: 금융 및 보험업을 영위하는 회사가 보험자산의 효율적인 운용, 관리를 위 하여 관계법령에 의한 승인 등을 얻어 주식을 취득 또는 소유하고 있는 경우에는 의결권을 비제한<br>- 주식소유 현황에 대해 신고의무가 강화<br>→ 제13조 주식소유 현황 등의 신고: 대규모기업집단은 국내 계열회사에 대한 채무보증 현황을 국내 금융기관의 확인을 받아 공정위의 신고해야 함. 공정위는 대규모기업집 단에 대해 자료요청 가능 |
| | · 제4차 개정: 1994년<br>- 출자총액제한에 있어 출자총액의 한도를 순자산의 40%에서 25%로 인하<br>→ 제10조 출자총액의 제한: 대규모기업집단에 속하는 회사 는 취득 또는 소유하고 있는 다른 국내회사 주식이 당해 회사 순자산액의 25/100을 초과 금지<br>- 일정요건을 갖춘 기업에 대하여는 출총제를 비적용<br>→ 예외항목 증가: 제10조 제1항의 제5호(부품생산중소기업과의 기술협력기관의 유지를 위한 출자 또는 대통령령이 정하는 산업의 국제경쟁력 강화를 위해 필요한 경우) |
| 김영삼정부/<br>강화→약화 | · 제5차 개정: 1996년<br>- 출자총액제한기업 예외 적용집단에 금융업 또는 보험업을 영위하는 회사도 포함<br>→ 제10조 제1항 출자총액의 제한: 대규모기업집단에 속하는 회사 중 출총제 예외 기업에 금융업 또는 보험업을 영위하는 회사의 항목 추가<br>→ 제10조 제2항: 대규모기업집단에 대해 출총제의 예외인정 항목을 사회간접자본 시설에 대한 민간투자의 경우 신설<br>- 대규모기업집단이 계열회사에 대한 채무보증의 한도액을 자기자본의 200%→100%로 인하<br>→ 제10조의 2 계열회사에 대한 채무보증의 제한 제1항: 종래는 부당한 내부거래에 대한 규제의 대상이 상품 |

| | |
|---|---|
| | 이나 용역의 거래에서 가지급금, 대여금, 인력, 부동산, 유가증권, 무체재산권까지 확대되어 개정 |
| 김대중정부/<br>약화→강화<br>→약화 | · 제6차 개정: 1998년<br>- 출자총액제한제도 폐지<br>→ 제10조 출자총액제한제도: 삭제<br>- 계열사간의 상호채무보증제도 전면적 금지<br>→ 제10조의 2 계열회사에 대한 신규 채무보증의 금지 신설<br>- 기존 채무보증의 해소규정 신설<br>→ 제10조의 3 기존 채무보증의 해소<br>(사상 유례없는 금융·통화의 위기를 맞이하여 우리나라가 국제통화기금(IMF)으로부터 구제금융을 받으면서 그들이 요구한 조건 중의 하나인 대규모기업집단의 구조조정을 실현하기 위해 출총제 폐지, 대규모기업집단의 상호채무보증제도 전면적 금지, 기존 채무보증의 해소 신설규정 제정) |
| | · 제7차 개정: 1999년 2월<br>- 지주회사의 설립을 제한적으로 허용<br>→ 제8조 지주회사 설립·전환의 신고: 기존에는 지주회사의 설립금지 등 원칙적으로 금지되어 공정위의 허가가 필요했으나, 개정후에는 원칙적으로 허가되고 공정위에 신고하는 것으로 개정<br>→ 제8조의 3 채무보증제한 대규모기업집단의 지주회사 설립제한: 대규모기업집단에 대해서도 기존 채무보증의 해소의 경우, 지주회사 설립을 제한적 허용<br>- 기업결합의 예외인정기준을 합리화<br>→ 제7조 기업결합의 제한: 기존 산업합리화나 국제경쟁력강화 위할 때, 기업결합의 예외인정으로 규정, 개정후에는 기업결합에 있어 대규모기업집단 외에는 제한받지 않도록 개정<br>- 금융거래정보요구권을 2년간 한시적으로 도입(대규모기업집단의 계열회사간 부당한 지원행위를 효과적으로 차단하기 위함) |
| | · 제8차 개정: 1999년 12월 |

| | |
|---|---|
| | - 출총제의 재도입<br>→ 제10조 출자총액의 제한: 재도입<br>- 대규모 내부거래에 대해서 이사회의 의결 및 공시의무 부과 |
| | · 제9차 개정: 2001년<br>- 상장법인과 벤처지주회사에 대한 자회사 지분율 완화<br>- 금융거래정보요구권 시한을 3년간 연장 |
| | · 제10차 개정: 2002년<br>- 지배력의 확장을 위한 과도한 출자는 계속 억제하되, 기업의 경쟁력강화와 핵심역량으로 집중하기 위한 출자는 자유롭게 할 수 있도록 출총제를 개선<br>- 상호출자 및 채무보증 금지대상 기업집단을 조정 |
| 노무현정부/<br>약화 | · 제11차 개정: 2004년<br>- 대기업집단에 소속된 비상장 · 비등록 회사(금융, 보험사 제외)의 소유 및 지배구조와 재무구조 및 경영활동에 관한 중요사항에 대한 공시의무 강화<br>→ 제11조의 3 비상장회사 등의 중요사항 공시(신설): 주주권리의 확대<br>- 출총제에 대해 졸업기준을 새로 도입, 출총제 적용제외 또는 예외인정제도를 보완<br>- 대기업집단 소속 금융 · 보험회사에 대해 예외적으로 인정되고 있는 의결권 행사의 범위를 현행 30%→2006년 4 월 1일부터 3년 동안 매년 5%씩 단계적으로 축소<br>- 지주회사 등의 행위제한에 있어 규제완화(지주회사 전환당시의 자본초과 부채보유 기간을 1년→2년으로 상향조정), 지주회사 행위에 대한 예외조항 증가<br>→ 제8조의 2 지주회사 등의 행위제한 등<br>- 금융회사 또는 보험회사의 의결권 행사 범위축소<br>→ 의결권 행사를 특별항목(3항목)에 한하여 기존 30/100에서 15/100로 축소 |
| | · 제13차 개정: 2007년 4월<br>- 지주회사의 부채비율 200%로 상향조정 |

| | |
|---|---|
| | → 제8조의 2 지주회사 등의 행위제한 등 제2항 1: 자본총액의 2배를 초과하는 부채액을 보유하는 행위는 원칙적 금지이지만, 지주회사로 전환하거나 설립될 당시의 자본 총액의 2배를 초과하는 부채액을 보유하고 있는 때에는 지주회사로 전환하거나 설립된 날부터 2년간은 자본총액의 2배를 초과하는 부채액 보유 가능<br>- 지주회사의 자회사에 대한 주식보유기준, 50% 이상→40% 이상으로 인하<br>- 자회사의 손자회사에 대한 주식보유기준, 50% 이상→40% 이상으로 인하<br>→ 제8조의 2 제2항 2<br>- 출총제 기업집단의 범위를 자산총액기준 6조 원→10조 원 이상으로 상향<br>→ 제10조 출자총액의 제한: 동일한 기업집단에 속하는 국내회사들의 자산총액의 합계액이 10조 원 이상인 기업집단에 속하는 회사<br>- 출총제 출자한도 순자산의 25%→40% 인상<br>→ 제10조: 자산총액의 합계 10조 원 이상인 기업은 순자산액에 40/100 초과하여 다른 국내회사의 주식을 취득 또는 소유하는 것 금지 |
| | · 제14차 개정: 2007년 8월<br>- 사업관련성이 없는 손자회사의 보유 허용<br>→ 제8조의 2 지주회사 등의 행위제한 등 |
| 이명박정부/약화 | · 제16차 개정: 2009년 3월<br>- 출자총액제한제도의 폐지<br>→ 제10조 출자총액의 제한 삭제<br>- 기업집단 현황 등에 관한 공시 신설<br>→ 제11조의 4 신설: 상호출자제한기업집단에 속하는 회사 중 자산총액 등이 대통령령으로 정하는 기준에 해당하는 회사는 그 기업집단의 일반 현황, 주식소유 현황, 특수관계인과의 거래 현황 등에 관한 사항으로서 대통령령이 정하는 사항을 공시하도록 함<br>· 제20차 개정: 2012년 3월<br>- 기업결합 사후신고에 대한 공정거래위원회의 심사기간 |

| | |
|---|---|
| | 을 30일로 명시(개정 전에는 심사기간에 대한 명시 없었음)<br>→ 제12조(기업결합의 신고) 제7항의 신설: 공정거래위원회는 제6항에 따라 신고를 받으면 신고일로부터 30일 안에 제7조에 해당하는지를 심사하고, 그 결과를 해당 신고자에게 통지하여야 함. 다만, 공정거래위원회가 필요하다고 인정할 경우에는 그 기간의 만료일 다음 날부터 계산하여 90일까지 그 기간을 연장할 수 있음 |

출처: 독점규제 및 공정거래에 관한 법률.

# 마무리 글

# 마무리 글

## ❑ 한국에서의 불균형성장, 사회경제적 불평등 그리고 민주주의

앞에서 살펴보았듯이 박정희정부가 불균형성장정책을 채택한 이래 우리나라에서 사회경제적 불평등은 본격적으로 그리고 지속적으로 심화되어 왔다. 소위 발전국가는 제한된 양의 자원을 특정 산업화 세력에게 집중적으로 할당함으로써 효율적으로 경제성장을 달성하고자 했다. 이러한 성장방식은 전쟁의 위협이 상존하고 있는 우리나라에서 쉽게 정착되었고 장기간 비판없이 유지되었다. 국가의 안보를 담보하기 위해서는 경제적 성장과 군사적 안보를 동시에 확충해야 했기 때문이었다. 권위주의적 성격의 발전국가는 이 두 가지 목표를 압축적으로 달성할 수 있는 방법으로 수출중심적 산업화정책과 병행된 불균형성장정책을 매우 효과적으로 활용했다.

그러나 불균형성장정책은 우리나라에 사회경제적 불평등을 심화시켰다. 정부의 집중적인 지원을 수혜한 대기업과 수출산업은 괄목할 만한 성장을 달성한 반면 여타분야는 그렇지 못했다. 특히 중산층, 중소기업 그리고 노동자들이 재벌대기업에 대해 느낄 수밖에 없었던 상대적 박탈감은 지속적으로 심화되었다. 1987년 전격적으로 민주화가 진행될 수 있었던 데에는 권위주의적 발전국가에 대한 이들의 반감이 결정적인 역할을 했다.

불균형성장정책은 1997년 이후 발전국가와 더불어 사실상 용도폐기되었다. 하지만 그렇다고 해서 불균형성장정책의 여파로 고착화된 사회경제적 불평등마저 해소된 것은 아니었다. IMF의 요구에 따라 시장주의적 개혁을 추진하면서 오히려 불평등은 더욱 심화되었다. 정부는 재벌중심의 경제구조가 불평등의 중요한 원인임을 인지했지만 이를 근본적으로 해소하지 못했다. 금융위기로부터 조속하게 탈피하기 위해서 재벌로 대표되는 산업자본의 협조가 필요했다. 따라서 사회경제적 불평등문제를 유발한 주범이었던 수출대기업 중심의 경제산업구조를 근본적으로 개편하는데 한계를 가질 수밖에 없었다.

결과적으로 1997년 이후 사회경제적 불평등은 더욱 심화되었으며 이는 민주주의의 확산과 심화를 요구하는 정치적 요인으로 작동하고 있다. 민주화 이후에도 참여나 형평, 분배와 같은 민주주의적 요구가 국민들 사이에서 증폭되고 있는 것도 이러한 이유에 기인한 것이다.

그러면 우리나라에서 탈권위주의를 주도한 정치사회세력은 어떻게 규명될 수 있을까? 서구적 관점 특히 근대화이론의 관점에서 볼 때 부르주아는 노동자들과 더불어 민주주의의 주역이다.[1] 무어 B. Moore는 강력한 부르주아가 형성되었던 영국, 미국, 프랑스에서는 민주주의가 수립된 반면 부르주아가 약했던 국가에서는 공산주의나 전체주의가 등장했다고 주장한다. 그러나 한국에서도 부르주아계급이 당초부터 자유주의나 민주주의 혁명을 적극적으로 주도했다고 결론지을 수 있는지는 불분명하다. 무엇보다도 서구에서와 같이 특정한(예컨대 자유주의) 이념으로 무장한 부르주아계급이 우리나라에 존재했는지에 관한 문제에서부터 논란의 여지가 있다. 영국의 시민혁명(1688)이나 프랑스 7월혁명(1830) 그리고 미국의 독립전쟁(1776)과 같이 부르주아가 주도하는 계급혁명이 한국에도 있었다고 보기는 어렵다. 우리나라에서의 정치적 변동은 군주와 귀족계급에 대항하여 일으킨 자유주의 혁명이나 노동자들이 농민계층과 합세하여 거사한 민주주의 혁명이었다기 보다는 선거를 통한 비교적 온건한 탈권위주의적 정권교체였다.

따라서 한국에서 발생한 탈권위주의적 정치변동 나아가 민주화를 이해함에 있어서 계급보다는 다양한 사회집단을 행위자로 간주하고 분석하는 것이 보다 적절하다. 특히 신흥부유집단The New Rich[2)]을 구성하는 관료, 재벌, 중산층 그리고 일부 상층노동자집단들이 어떤 이유로 권위주의를 배격하고 민주주의로의 이전을 요구하게 되었는지 살펴볼 필요가 있다. 당초 이들은 대체로 과거의 권위주의적 정권에 협조적이었거나 순응적인 집단이었다. 그러나 점진적으로 권위주의적 정권에 대해 비판적인 입장으로 전환하였고 종국적으로 자유민주주의로의 공고화라는 경로를 선택했다.

그렇다면 이들 집단이 권위주의 정권에 대해 등을 돌리게 된 근본적인 이유는 무엇인가? 앞에서 살펴본 바에 따르면 이들 신흥부유집단의 세속적 이익추구현상이 본격화되었다는 점에서 해답을 찾을 수 있다. 권위주의적 정부에 참여했거나 통치하에 있던 행위자집단들이 어느 시점에선가 권위주의적 정부에 대한 지지를 철회했던 것이다. 부르주아계급의 순수한 자유주의적 열망에서 민주주의 혁명이 진행된 것이라고 단정하기는 어려울 것 같다. 그보다는 권위주의적 발전국가하에서 자본주의적 발전이 상당정도 진행된 상태에서 신흥부유집단의 세속적 이익에 대한 욕구증대가 점진적으로 탈권위주의로 발전하여 자유민주주의의 공고화로 진행되었다고 보는 것이 더 정확하다.

가장 흥미로운 것은 국가관료집단의 태도 변화였다. 당초 권위주의적 정부에 참여했던 관료집단은 기본적으로 정권에 순응적인 존재였다. 그러나 정부의 규모가 확대되면서 관료집단 내부에도 균열이 나타나기 시작했다. 민간관료엘리트들은 군부엘리트들에게 지휘를 받아야 하는 권력차등현상에 불만을 갖게 되었다. 전문적 지식과 기술로 무장한 민간관료엘리트들은 무력적 권력을 통해 자신들을 정치적으로 압박하는 군부관료집단에 대해 반발심을 갖게 되었다.

아울러 민간관료집단 내부에서도 부처별로 입장의 분화가 나타났다. 불균형성장정책을 주도하던 상공부와 재무부는 시장자유화를 지지하던 경제기획원과 1970년대 중화학공업화과정을 거치면서 서로 완전히 다른 입장을 가지고 대립하게 되었다. 그러나 이들은 자유주의적인 미국 및 서방의 이데올로기적 영향력으로부터 자유로울 수 없었고 결국 이를 수용하는 방향으로 자신의 이익을 정의해 갔다.

이 과정에서 경제기획원 관료들의 역할이 중요했다. 국제적 시각에서 한국경제의 미래를 기획하던 경제기획원은 학계와의 교류를 통해 국가의 간섭을 축소하고 시장의 자율성을 제고하는 자유주의적인 대안을 추구했다. 기획원 관료들은 정부에 의한 성장중심의 경제운영이 1970년도를 전후하여 어떤 문제를 유발하고 있는지를 스스로 잘 알고 있었다. 그리고 박정희 대통령이 통치경륜을 축적하면서 더 이상 자신들이 기획한대로 경제를 운용하지 않는다는 사실도 잘 알고 있었다. 중화학공업화를 추진하는 과정에서 사실상 배제되었던 경제기획원은 전두환정부가 들어서자 성장중심적 경제운용을 포기하고 안정화정책을 채택하도록 설득하는데 성공했다. 이 정책의 수용은 전두환정부가 자유주의적 이데올로기를 부분적으로나마 수용할 것임을 암시하는 것이기도 했다.

안정화정책의 채택은 경제기획원 관료들의 이익에도 부합하는 것이었다. 박정희가 정권의 권위주의화를 심화하면서 경제기획원의 경제기획능력은 심각하게 위축되었다.[3] 따라서 기획원은 이를 대체할 새로운 영역을 모색했고 안정화정책을 통해 시장감독기능을 새로이 획득했다. 기획원은 공정거래제도를 설치하여 시장질서를 감독하고 경제력집중을 억제할 수 있는 권한을 확보했다. 그리고 장기적으로 재정경제부를 수립하여 재무부를 흡수 통합할 수 있는 기반을 마련했다. 정부통제적 경제를 시장중심적인 것으로 전환시키고 자신들이 그 변화의 주역이 되었다. 그런데 다행스럽게도 경제기획원의 주도로 추진한 시장중심주의 그리고 경제안정화 프로그램은 궁극적으로 민간과 시민의 자율성을 강조하는 민주주의적 정치 프로그램과도 일치하는 것이었다.

재벌과 중산층 그리고 노동자들의 이반현상은 보다 세속적인 양상을 보여주었다. 중상주의적 권위주의 국가는 정치적으로 권위주의적이었고 공동체적 가치를 강조했다. 국가를 가족의 확대된 정체로 보는 공동체적인 이념하에서 개인적 이익의 추구는 세속적이고 부정적인 것으로 치부되었다. 그런데 중상주의적 체제는 독재적 지배, 지배엘리트들에 의한 공적 이익의 사유화, 불평등성장, 불균등한 분배, 시민과 노동자에 대한 희생의 강요, 상대적 박탈감, 시민재산권의 불완전한 보장 등의 모순으로 인해 정통성을 확보하는데 한계를 노출했다. 따라서 사익을 중시하는 자유주의적 체제를 원하는 신흥부유집단의 요구를 더 이상 억누를 수 없었다.

신흥부유집단은 자신들의 이익추구라는 관점에서 정부의 규제완화 그리고 소득재분배를 요구했다. 규제완화는 경제자유화라는 명목으로, 소득재분배는 경제민주화라는 명목으로 각각 등장했다. 경제자유화는 시장효율성과 경쟁의 제고를 그리고 경제민주화는 형평과 분배를 강조한다는 점에서 서로 갈등할 수 있었으나 탈권위주의가 필요하다는 점에서 합의할 수 있었다. 정부주도에 의한 중상주의적 자본축적방식은 시장의 보호와 육성이었다. 이러한 권위주의적 경제운영방식은 경제자유화와 민주화라는 관점에서 동시에 비판이 가해졌다.

당초 재벌들은 중상주의적 정책의 가장 대표적인 수혜자였다. 정부의 산업화전략의 도구로서 정부의 지원과 보호하에 급속한 성장을 달성할 수 있었다. 그럼에도 불구하고 보호와 지원의 반대급부로 지불해야 하는 비용이 점차 증가하기 시작했다. 막대한 양의 정치자금을 지불해야 했고, 정규적인 세금 외에도 준조세를 부담해야 했으며, 기업이 희망하는 새로운 산업에 진입함에 있어서 정부의 규제가 강화되었고, 국가의 정치적·관료적 통제로 인해 기업운영의 자율성이 심각하게 훼손되었다.

재벌들은 경제자유화를 희망하기 시작했다. 물론 경제적 자유화는 수입개방, 정책금융의 축소, 독점규제 등 정부의 정책적 보호와 육성에 익숙해온 재벌들에게 불리한 점이 없지 않았다. 그러나 정부의 규제로부터 탈피하여 보다 자유롭게 사업영역을 확장하고, 주식시장을 통해 재원을 확충함으로써 정부에 대한 금융의존도를 줄이며, 국가와 국민에게 지고 있는 도덕적 의무로부터 벗어남으로써 자유롭게 성장을 구가할 수 있게 되기를 희망했다. 따라서 정부의 통제로부터 벗어날 수 있는 명분을 확보한다는 점에서 경제적 자유화를 지지할 동기가 증가했다.[4)]

중산층시민과 노동자들은 정부재정 투입에 기초한 산업화과정에서 발생하는 만성적 인플레이션의 직접적인 피해자였고, 전두환 정부하에서 실시된 안정화정책에 의한 임금상승억제정책의 피해자이기도 했다. 이들이 느끼는 상대적 박탈감은 재벌의 성장과 더불어 지속적으로 증가했다. 특히 소득의 정체현상으로 인한 경제적 불만은 매우 심각하게 축적되었다. 아울러 경제적 성장에 대한 기여를 보상받으려는 욕구 그리고 복지의 확대욕구가 급격히 팽창했다.

특히 노동자들의 경우 임금상승을 억제하려는 정부의 탄압적 정책으로 인해 가장 강한 억압을 경험해야 했다. 한국의 경우 수출품의 국제경쟁력을 확보하기 위해서는 상대적으로 낮은 임금이 필수적인 요소였다. 중상주의적 정책을 펼치는 권위주의적 발전국가는 수출산업에 참여한 기업들을 직간접적으로 지원했는데 정책금융과 더불어 낮은 임금은 매우 중요한 발전요소였다.

탈권위주의적 변화에 대한 욕구는 학생들과 재야세력의 정치적 저항, 자발적 시민운동 그리고 선거 등을 통한 정치참여의 확대로 나타났다. 물론 권인숙양 성고문사건, 박종철군 고문치사사건 그리고 이한열군 피살사건 등이 중산층의 정치적 저항을 야기한 결정적인 촉발요인이었음은 분명하다. 그럼에도 불구하고 재벌, 중산층 그리고 노동집단의 세속적 이익추구현상은 탈권위주의화의 중요한 경제구조적 동인이었으며 결과적으로 정치변동을 유발한 근본적인 요인으로 작용했다.

탈권위주의가 진행되었다고 해서 반드시 민주주의의 공고화나 심화로 진행되는 것은 아니다. 그러나 우리나라의 경우 별 저항 없이 민주주의의 공고화로 진행되었다. 그 이유는 그동안 한국에서 진화해온 자유주의적 경제체제를 가장 안정적으로 운영할 수 있는 정치체제는 민주주의적 정치체제 밖에 없다는 공감대가 시민들 사이에 형성되었기 때문이다. 비록 경제적 자유화가 권위주의적 전두환정부하에서 본격화되었지만 민주주의 체제가 수립되지 않고서는 이것이 지속적이고 안정적으로 유지될 수 없었다. 권위주의적 정부는 자원을 할당할 수 있는 권한을 포기하려 하지 않기 때문이다.

결국 불균형 경제성장에 의한 사회경제적 불평등 그리고 경제적 자유화에 대한 시민들의 열망으로 인해 한국에서 민주주의는 경제적 위기의 발생에도 불구하고 과거의 권위주의로 회귀하지 않은 채 공고화의 길을 걸을 수 있었다. 불균형 경제성장정책은 사회·경제적 불평등을 유발했고 역설적으로 이는 결국 민주주의로 귀결되었다. 우리나라는 20세기에 탄생한 개발도상국에서 경제적 성장이 권위주의적 체제를 어떻게 민주주의적 체제로 전환하도록 영향력을 행사하는지 보여주는 흥미로운 사례라 하지 않을 수 없다.

## ❑ 이론적 평가

지금까지 논의한 한국의 사례를 이론적으로 일반화하여 정리하면 다음과 같다. 권위주의적 정체가 경제의 지속적 성장뿐만 아니라 분배를 동시에 도모할 수 있다면 탈권위주의화에 대한 압력은 줄어들 가능성이 높다. 그런데 현실의 사례에서 보면 권위주의적 정부가 괄목할 만한 경제성장을 도출하고 빈곤을 제거하는데 어느 정도의 성공을 거둔다 하더라도 탈권위주의를 위한 혁명이 발생한다. 이처럼 경제성장의 결과와 관계없이 탈권위주의를 시도하는 이유는 이론적으로 다음과 같이 설명될 수 있다.

권위주의적 정체는 근대화과정을 소수의 엘리트 중심으로 추진하는 경향이 강하다. 헌팅톤S. Huntington도 지적하였듯이 개발도상국의 성공적인 발전을 위해서는 근대화 엘리트modernizing elite역할이 중요하다.[5] 엘리트들은 질서를 수립하고, 시민을 포용하고incorporate 그들의 행동을 통솔할 수 있는 능력을 갖추어야 한다.

이처럼 엘리트의 역할이 강조되다 보니 발전에 필요한 자원은 시장이 아니라 이들 엘리트들의 정치적·행정적 판단에 의해서 분배될 개연성이 높아진다. 이러한 경향이 강화되면 강화될수록 일반 시민들은 정치적 자원분배과정의 불공정함에 대해 불만을 가지게 된다. 아울러 자원분배권을 독점한 엘리트들 사이에서 부패가 발생할 개연성은 더욱 높아진다. 시민들은 권위주의적 성장방식이 분배적 부정의를 유발하고 자신들의 사적이익을 침해하며 상대적 박탈감을 유발함을 깨닫게 되고 결국 정치적 저항을 시도하게 된다.

권위주의적 정체는 중상주의적 성장과정에서 발생하는 불평등으로 인해 발생하는 불만을 억누르기 위해 시민을 억압하고 희생을 강요하는 힘을 증대시키고자 한다(예컨대 우리나라의 경우 수출경쟁력을 제고하기 위해 임금을 통제하여 노동자들에게 희생을 강요하는 정책을 들 수 있다). 권위주의 정부의 이러한 억압정책은 필연적으로 국가의 억압비용을 증대시키고 이는 상대적으로 국민들의 복지제고를 위해 사용되어야 할 비용을 축소시키는 결과를 유발한다. 이로 인해 국민들의 권위주의적 정부에 대한 불만은 점차로 누적된다.

아울러 권위주의는 법에 의한 지배를 불안정하게 만들고 심지어 제한된 숫자의 통치엘리트들에 의한 자의적 지배를 정당화시킨다. 그 결과 일반시민들이 누려야 할 재산권과 자유가 억제되는 결과가 발생할 수 있다. 따라서 자신의 재산권과 자유를 확보하기 위한 방안으로 탈권위주의를 요구하는 정치적 저항을 시도하게 된다.

그러면 탈권위주의를 시도한 직후 소득불평등의 문제가 즉시 해결되는 것일까? 반드시 그렇지는 않다. 우리나라의 경우를 보아도 1987년 개헌을 기점으로 탈권위주의를 시도했지만 그럼에도 불구하고 소득불평등이 해결되었다는 경험적 결과는 발견되지 않았다. 오히려 정치적 민주화와 경제적 자유화가 진전되었음에도 불구하고 소득불평등은 더욱 악화되는 경향마저 나타났다. 예컨대 정치적 민주화와 경제적 자유화를 진전시킨 김영삼정부하에서 소득불평등은 이전 정부에 비해 악화되었고 1998년 발생한 금융위기를 극복하는 과정에서 이러한 현상은 오히려 더욱 심화되었다.

그럼에도 불구하고 왜 탈권위주의 이후 권위주의로 회귀하기보다는 민주주의 공고화가 더욱 진행되는 결과를 보였던 것일까? 우리는 탈권위주의화가 권위주의적 억압의 대상이었던 노동자나 일반시민들뿐만 아니라 권위주의적 정부의 동반자였던 자본가 그리고 정부에 참여했던 관료들의 세속적 이익을 개선하는 데에도 긍정적으로 기여했다는 점에 주목할 필요가 있다.

우선 권위주의적 정부하에서 자본의 축적을 성취했던 자본은 탈권위주의를 통해 보다 자유롭게 자본을 축적할 수 있는 기회를 획득하고자 한다. 권위주의 정부는 시장의 효율적인 육성을 위해 제한적으로 경제적 자유화를 시도하기도 한다. 정부의 중상주의적 시장운영방식으로는 해외자본을 끌어들이는 경제개방화를 추진하기 어렵기 때문이다. 그러나 부분적인 경제자유화를 계기로 자본축적의 효율성제고를 경험한 자본은 보다 광범위한 자유화를 희구하게 되고 탈권위주의를 통해 이러한 기회가 확대될 수 있다면 굳이 권위주의 정부에 집착할 이유를 상실하게 된다.

중산층의 경우도 탈권위주의를 지지하게 된다. 우선 보다 활성화된 정당을 통해 보다 확대된 참여의 기회를 획득하게 된다. 권위주의하에서는 상대적으로 부패가 발생하여 사회가 불안정해질 가능성이 높다. 그러나 참여가 확대되면서 정부의 권위주의적이고 집정관적인 역할이 줄어들며, 상대적으로 국가운영의 투명성이 제고되는 현상이 발생한다. 따라서 자원분배가 소수 엘리트의 계획에 의해 자의적으로 배분됨으로써 발생하는 문제가 어느 정도 통제될 수 있게 된다.

아울러 중산층은 보다 강화된 재산권을 누릴 수 있는 기회를 획득하게 된다. 희생을 강요하는 권위주의적 정부하에서는 개인의 재산권이 침해당하는 경우가 빈번하다. 그러나 탈권위주의가 진행되면서 개인의 재산권은 보다 존중되고 희생을 강요당할 가능성은 더욱 낮아지게 된다. 아울러 국가의 정책을 수립함에 있어서 정당체제를 통해 시민의 정치참여가 제도화됨으로써 자신의 이익을 당당하게 표출할 수 있게 되어 국가에 대한 시민세력의 불필요한 저항을 줄일 수 있게 된다.

권위주의 정권하에서 노동자들은 저임금을 매개로 가장 혹독한 희생을 강요받곤 한다. 특히 낮은 임금과 착취로 인하여 이들이 정규시민으로 편입될 수 있는 기회가 사실상 봉쇄되는 경향도 나타난다. 그러나 탈권위주의로 인해 임금이 시장가격에 근접하여 조정되고 최저생활을 보장할 수 있는 다양한 복지가 제공되면서 이들의 체제에 대한 불만은 약화되는 경향을 보인다. 나아가 노동자를 대표하는 정당의 제도권 정치참여가 보장되면서 이들의 이익이 의회를 통해 표출될 수 있는 계기가 마련된다.

정권에 참여했던 관료들의 입장에서도 탈권위주의를 통해 얻을 수 있는 이익이 나타난다. 중상주의적 권위주의 정권하에서는 산업의 보호와 육성에 직접적으로 참여하는 일부부처(예컨대 상공부나 재무부)에 행정적 권한이 집중된다. 이러한 권한을 충분히 향유하지 못했던 일부 부처(예컨대 기획원)는 탈권위주의를 통해 이들 핵심부처의 권한을 축소시키고 자신들의 권한을 강화시키는 방안을 모색한다. 예컨대 중상주의를 폐지하고 규제의 성격을 보호와 육성으로부터 시장에 대한 감독으로 전환시킴으로써 관료적 권한의 재편을 모색할 수 있는 기회를 추구한다. 또한 탈권위주의를 시도함으로써 국가의 국제적 위상이 향상될 경우 자신들에 주어지는 간접적 신분상승 역시 이들이 간과할 수 없는 이익으로 작용한다.

이러한 이유로 결국 자본, 중산층, 노동자, 관료엘리트집단 모두 탈권위주의에 동의하게 된다. 정치적 민주화와 경제적 자유화가 활성화됨에 따라 안정이 유지되고 비록 과거처럼 높지는 않지만 지속적인 성장이 가능해지는 긍정적 효과가 발생한다. 민주화와 자유화의 확산으로 인해 부패가 감소하여 사회적 공정성이 제고되고 국가의 위상이 높아지며 해외자본이 유입되기 좋은 환경이 마련된다. 개방적 경제정책에 따른 해외자본의 유입으로 인해 경제성장이 지속될 수 있는 가능성도 높아진다. 그리고 무엇보다도 권위주의 정권하에서 금기시 되었던 분배에 관한 문제제기가 가능해 짐에 따라 경제적 민주화방안에 관한 논의가 제도화된다.

이처럼 지속적인 경제성장과 분배적 요구의 분출이 가능한 환경이 마련되자 국민들이 권위주의로 회귀할 것을 요구하는 동기는 약화된다. 특히 앞서 언급한 정치행위자들의 세속적 이익을 동시에 만족시킬 수 있는 제도는 경제적 자유화와 정치적 민주화가 최상의 것임에 동의하게 되고 탈권위주의적 정치변동은 결과적으로 민주주의의 공고화로 귀착하게 된다.

## ✢ 시작하는 글 ✢

1) 연합뉴스, 2012. 8. 27.
2) Economist Intelligence Unit, "Democracy Index 2012: Democracy at a Standstill," EIU 홈페이지 http://www.eiu.com(검색일: 2013. 6. 11).
3) 이 점에 관해서는 이 책의 제10장 [그림 10-1]을 참조.
4) OECD Statistics(Income Distribution Database).
5) David Easton, *The Political System: An Inquiry into the State of Political Science,* New York, NY: Alfred Knopf, 1953.
6) 신우파(New Right)주의란 신보수주의(Neo-Conservatism)와 신자유주의(Neo-Liberalism)를 두 개의 축으로 하여 1980년대부터 미국과 영국을 중심으로 전 세계에 파급된 사조이다. 보통 신자유주의라는 용어가 많이 사용되는데 사실 신자유주의는 신우파주의의 일부이다. 신자유주의가 개인의 자유와 시장의 확대 그리고 자유로운 경쟁을 강조한다면 신보수주의는 강한 국가를 상정한다. 그 결과 신우파주의는 작지만 강한 국가 그리고 자유로운 시장이라는 단어로 요약되고는 한다.
7) Malcolm Gillis, Dwight H. Perkins, Michael Roemer and Donald R. Snodgrass, *Economics of Development,* New York, NY: Norton, 1987, pp. 65-66.
8) Gillis et al., 1987, pp.66-67.
9) 이연호, 「발전론」, 서울: 연세대학교 출판부, 2009a, pp.211-218.
10) 이연호, "제도주의 정치경제적 발전국가론과 민주주의," 「21세기정치학회보」 제19집 2호, 2009b, pp.219-222.
11) Robert B. Ekelund and Robert D. Tollison, *Politicized Economics,* College Station, Texas: Texas A&M University Press, 1997, ch.1.
12) 이연호, 2009a, 5장.
13) Friedrich List, *The National System of Political Economy 1885*, New York, NY: A. M. Kelly, 1966.
14) Frederic C. Deyo, "Introduction," in Frederic Deyo (ed.), *The Political Economy of the New Asian Industrialism,* Ithaca, NY: Cornell University Press, 1987; Stephan Haggard, *Pathways from the Periphery,* Ithaca, NY: Cornell University Press, 1990, Chalmers Johnson, *MITI and the Japanese Miracle,* Stanford, CA: Stanford University Press, 1982; Gordon White (ed.), *Developmental States in East Asia,* London: Macmillan, 1982.

15) John Maynard Keynes, *The General Theory of Employment, Interest and Money,* London: Macmillan, 1936.
16) Gordon White and Robert Wade, "Developmental States and Markets in East Asia: An Introduction," in Gordon White (ed.), *Developmental States in East Asia,* London: Macmillan, 1988; Robert Wade, *Governing the Market,* Princeton: Princeton University Press, 1990.
17) White and Wade, 1988.
18) Chalmers Johnson, "Political institutions and Economic Performance: The Government-Business Relationship in Japan, South Korea and Taiwan," in Robert A. Scalapino, Seizaburo Sato and Jusuf Wanandi (eds), *Asian Economic Development: Present and Future,* Berkeley, CA: Institute of East Asian Studies, University of California, 1985.
19) 이연호, 2009a, pp.101-104.
20) Peter Evans, *Embedded Economy: States and Industrial Transformation,* Princeton, NJ: Princeton University Press, 1995.
21) Charles E. Lindblom, *Politics and Markets: The World's Political Economic Systems,* New York, NY: Basic Books, 1977, ch.5.
22) Samuel Huntington, *Political Order in Changing Societies,* New Haven, CT: Yale University Press, 1968.
23) Svante Ersson and Jan-Erik Lane, "Democracy and Development: A Statistical Exploration," in Adrian Leftwich (ed.), *Democracy and Development: Theory and Practice,* Cambridge: Polity Press, 1996; Larry Sirowy and Alex Inkeles, "The Effects of Democracy on Economic Growth and Inequality: A Review," *Studies in Comparative International Development* 25-1, 1990.
24) Richard A. Higgott, *Political Development Theory,* London: Routledge, 1989, pp.18-19.
25) Robert Putnam, *Making Democracy Work: Civic Tradition in Modern Italy,* New Jersey, NJ: Princeton University Press, 1993, p.167.
26) 이연호, 2009a, p.225.
27) Myron Weiner, "Political Integration and Political Development," *Annals of the American Academy of Political and Social Science* 358, 1965.
28) W. A. Lewis, "Economic Development and Unlimited Supplies of Labor," *Manchester School of Economics and Social Studies* 22-2, May 1954; Simon Kuznets, "Economic Growth and Income Inequality," *American*

*Economic Review* 45, March 1955.

29) Carles Boix, "The Conditional Relationship between Inequality and Development," *PS* October 2009, pp.644-645.

30) Boix, 2009, p.648; 국가 및 지배엘리트들이 중산층 그리고 노동계층의 민주화 압력에 동의하게 되는 조건에 관해서는 Carles Boix, *Democracy and Redistribution,* Cambridge: Cambridge University Press, 2003을 참조.

31) Paul A. Samuelson and William D. Nordhaus, Economics, 7th ed., Boston, MA: McGraw-Hill Irwin, 2001, p.394.

32) 소득불균형 상황에서 부르주아계층과 노동계층이 주장하는 분배요구가 민주화의 요인이라는 주장에 관해서는 Ben Ansell and David Samuels, "Inequality and Democratization: A Contractarian Approach," *Comparative Political Studies* 43, 2010, p.1545을 참조.

33) Barrington Moore Jr., *Social Origins of Dictatorship and Democracy,* Boston, MA: Beacon Press, 1966.

34) Charles Tilly, "War Making and State Making as Organized Crime," in Peter Evans, Dietrich Rueschemeyer and Theda Skocpol (eds), *Bringing the State Back In,* Cambridge: Cambridge University Press, 1985.

35) Boix, 2003, p.11.

## ✣ 제 1 장 ✣

1) 박명림, "헌법, 국가의제 그리고 대통령 리더십: 건국헌법과 전후헌법의 경제조항 비교를 중심으로,"「국제정치논총」 제48집 1호, 2008.

2) 신명순,「한국정치론」, 서울: 법문사, 1993, pp.5-6.

3) 신명순, 1993, pp.12-13.

4) 심지연,「한국정당정치사」, 서울: 백산서당, 2004, p.81.

5) 신명순, 1993; 심지연, 2004, p.83.

6) 박송설, "제1공화국의 국가구조와 수입대체산업의 정치구조,"「한국정치학회보」 제22집 1호, 1988, pp.107-108.

7) 신병식, "제1공화국 토지개혁의 정치경제,"「한국정치학회보」 제31집 3호, 1997.

8) 신병식, 1997, pp.30-31.

9) Yeonho Lee, *The State, Society and Big Business in South Korea,*

London: Routledge, 1997a, pp.22-23.
10) 정진아, "이승만정권의 자립경제론, 그 지향과 현실,"「역사비평」제83호, 2008, pp.96-97.
11) 박태균, "미국의 대한경제부흥정책의 성격, 1948~1950,"「역사와 현실」제27호, 1998, pp.80-85.
12) 박태균, 1998, pp.83-84.
13) 박태균, 1998, pp.98-99.
14) 정진아, 2008, pp.97-98.
15) 정진아, 2008, pp.105-109.
16) 박태균, 1998; 박종철, 1998.
17) Lee, 1997a, pp.23-24.
18) Lee, 1997a.

## ✢ 제 2 장 ✢

1) 신명순, 1993, 14장 참조.
2) 한용원,「창군」, 서울: 법문사, 1984.
3) 신명순, 1993.
4) 이연호, "스웨덴의 초기 사회민주의적 국가-자본관계의 형성과 속성: 파시즘과의 비교적 시각에서,"「동서연구」제24집 3호, 2012a, pp.39-46.
5) 한석정, "박정희 혹은 만주국판 하이모더니즘의 확산",「일본비평」3호, 2010, pp.120-137.
6) 신명순, 1993, 4장 참조.
7) 신명순, 1993, pp.88-89.
8) Stephan Haggard, Byung-Kook Kim and Chung-In Moon, "The Transition to Export-led Growth in South Korea: 1954~1966," *Journal of Asian Studies* 50-4, 1991, p.855.
9) 김흥기 편,「영욕의 한국경제: 경제기획원 33년」, 서울: 매일경제신문사, 1999, 4장 참조.
10) 니시노 준야,「한국의 산업정책 변화와 일본으로부터의 학습」, 연세대학교 대학원 정치학과 박사학위논문, 2005, pp.69-70.
11) 니시노 준야, 2005.
12) 이완범,「박정희와 한강의 기적」, 서울: 선인, 2006, p.127.

13) 이완범, 2006, p.196.
14) 김흥기, 1999, pp.63-72.
15) 이연호, 2009a, 10장 참조.
16) 공제욱, "박정희정권 초기 외부의존형 성장모델의 성장과정과 재벌,"「민주사회와 정책연구」 8호, 2005.
17) 이완범, 2006, pp.138-139.
18) Deyo, 1987.
19) Deyo, 1987.
20) 김일영, "1960년대 한국 발전국가의 형성과정,"「한국정치학회보」 제33집 4호, 2000.
21) 김일영, 2000.
22) Seok-Ki Kim, *Business Concentration and Government Policy*, DBA Thesis, Graduate School of Business Administration, Harvard University, 1987, pp.96-99.
23) 조순, "압축성장의 시발과 개발전략의 정착: 1960년대," 구본호 편,「한국경제의 역사적 조명」, 서울: 한국개발연구원, 1991, pp.198-199.
24) Kim, 1987, pp.121-123.

## ✢ 제 3 장 ✢

1) Guillermo A. O'Donnell, *Modernization and Bureaucratic-Authoritarianism: Studies in South American Politics,* Berkeley, CA: University of California Press, 1979.
2) 유신체제 성립과정에 관한 정치안보결정론적 분석에 관해서는 장달중, "제3공화국과 권위주의적 근대화," 안청시 편,「현대한국정치론」, 서울: 법문사, 1994; 이정복, "산업화와 정치체제의 변화,"「한국정치학회보」 제19집, 1985; ----, "관료적 권위주의 체제와 유신체제," 한배호 외,「한국의 자본주의와 민주주의」, 서울: 법문사, 1992을 참조.
3) 이기택,「한반도의 정치와 군사」, 서울: 가남사, 1984, pp.6-7.
4) 신명순,「제3세계 정치론」, 서울: 법문사, 1987, pp.315-316. 한편 군부의 신직업주의 neo-professionalism에 관해서는 Alfred Stepan, *Authoritarian Brazil: Origins, Policies and Future,* New Haven, CT: Yale University Press, 1973을 참조.

5) 로버트 팩스턴, 손명희 외 옮김, 「파시즘」, 서울: 교양인, 2004.
6) 박정희, 「민족중흥의 길」, 광명출판사 1978, p.51.
7) 이 점은 박정희 대통령의 경제수석 및 비서실장이 집필한 회고록을 통해 실증적으로 확인될 수 있다. 오원철, 「박정희는 어떻게 경제강국을 만들었나?」, 서울: 동서문화사, 2006; 김정렴, 「최빈국에서 선진국 문턱까지: 한국경제정책 30년사」, 서울: 랜덤하우스, 2006.
8) Tilly, 1985.
9) 오원철, 2006, p.116.
10) 오원철, 2006, 5장.
11) 김흥기, 1999, pp.233-244.
12) 오원철, 2006; 김흥기, 1999, pp.254-271.
13) 김흥기, 1999, pp.254-271.
14) 남덕우, 「경제개발의 길목에서: 남덕우 회고록」, 서울: 삼성경제연구소, 2009, pp.88-89. 당시 김용완 전경련회장은 대통령에게 사채가 동결되지 않으면 살아남을 기업이 없다고 호소하며 정부가 나서서 대기업의 사채를 동결하고 정부가 재정적 지원을 해줄 것을 요구했다.
15) 조동성, 「한국재벌연구」, 서울: 매일경제신문사, 1991, pp.186-187; 이성형, "국가, 계급 및 자본축적," 최장집 편, 「한국 자본주의와 국가」, 서울: 한울, 1985, pp.266-268.
16) 조동성, 1991, p.188.
17) 조동성, 1991, p.186.
18) 김흥기, 1999, p.268.
19) 조동성, 1991, p.187.
20) 조동성, 1991, pp.191-193.
21) Haken Koo, "The Political Economy of Income Distribution in South Korea," *World Development* 12-10, 1984, pp.1030-1031.
22) Jei Guk Jeon, "The Political Economy of Crisis Management in the Third World: A Comparative Study of South Korea and Taiwan," *Pacific Affairs* 67-4, 1994, pp.565-585.
23) 김흥기, 1999.
24) 이재민, "동아시아 금융위기와 NIEs형 발전모델," 정갑영 편, 「동아시아의 정치와 경제」, 서울: 나남, 2002, pp.218-227.

## ✣ 제 4 장 ✣

1) 김영명, 「한국현대정치사」, 서울: 을유문화사, 1992, pp.341-356.
2) 심지연, 2004, pp.288-291; 윤정석 · 신명순 · 심지연 편, 「한국정당정치론」, 서울: 법문사, 1996, p.487.
3) 임혁백, "한국에서의 민주화과정 분석: 전략적 선택 이론을 중심으로," 「한국정치학회보」 제24집 1호, 1990, pp.63-64.
4) 김영명, 1992, p.350.
5) 김영명, 1992, pp.345-346.
6) 김영명, "한국의 민군관계와 민주화의 전망," 한국정치학회 편, 「한국의 정치: 쟁점과 과제」, 서울: 법문사, 1993, pp.237-238.
7) 김동호, 「대통령 경제사」, 서울: 책밭, 2012, p.154.
8) 4.17조치의 배경과 자세한 내용에 관해서는 강경식, 「경제안정을 넘어서」, 서울: 한국경제신문사, 1987, pp.28-40.
9) 경제안정화정책의 도입배경에 관해서는 이장규, 「경제는 당신이 대통령이야: 전두환시대의 경제비사」, 서울: 중앙일보사, 1991; 강경식, 「가난구제는 나라가 한다: 경제부처 30년의 메모」, 서울: 삶과 꿈, 1992을 참조.
10) 이성훈 외, 「한국의 산업정책」, 서울: 산업연구원, 1989, p.27.
11) 세계적으로 제2차 세계대전 이후의 산업합리화운동은 1925년 독일에서 시작될 당시의 개별기업의 합리화에서 그 의미가 확장되어 한 국가의 산업재편성, 산업구조의 고도화를 포함한 국민경제의 구조적 합리화를 뜻하게 된다. 1960~1970년대 외자유치를 통해 특정산업 중심의 고도성장을 달성한 한국경제도 대내외적인 경제환경 변화(인플레이션의 만연, 개방화 · 자유화)로 인해 부실기업이 발생하고 국내산업의 경쟁력이 약화되자, 업체간 통폐합 및 제3자 인수방식에 의한 정부주도의 산업합리화 조치를 시행하게 된다. 박두병, "기업경영과 산업합리화," 「경영학연구」 제2권, 1972, pp.13-14.
12) 어윤대 · 배재성, "산업합리화를 통한 부실기업 정리의 재무효과에 관한 연구," 「경영논총」 제36권, 고려대학교 경영대학, 1995, pp.197-201.
13) 권순직, "80년대 부실기업 정리의 부실내막," 「신동아」 5월, 1988, p. 465.
14) 한국조세연구원, "산업합리화와 조세감면규제법," 「개정세법총람」 제2권, 1985, 서울: 한국조세연구원.

15) 송양민, "부실기업 정리의 내막," 「월간조선」 77호, 7월 1986, p.338. 한은대출금은 대출금이 방출되는 이유에 따라 A1자금(중소기업자금 대출, 해외건설업체 지원자금 등과 관련해 한은이 시중은행에 빌려주는 돈), B1자금(시중유동성을 조절하기 위해 한은이 시중은행에 빌려주는 돈) 등 여러 가지 종류가 있다. 한국은행은 한은특융제도를 도입하기 전에는 금융기관에 대한 한은대출금의 여신업무이율을 연 6~8%로 적용해왔다.
16) 송양민, 1986, pp.344-345.
17) 삼성경제연구소, 「금융·기업 구조조정: 미완의 개혁」, 서울: 삼성경제연구소, 2000, p.294.
18) 송양민, 1986, pp.343.
19) 어윤대·배재성, 1995, p.200.
20) 조선일보, 1988년 7월 22일 4면; 경향신문, 1988년 7월 21일.
21) 한국경제 60년사 편찬위원회 편, 「한국경제 60년사 I: 경제일반」, 서울: 한국개발연구원, 2010, p.120.
22) 공정거래위원회·한국개발연구원, 「공정거래 10년: 경쟁정책의 운용성과와 과제」, 서울: 공정거래위원회·한국개발연구원, 1991.
23) 한국경제 60년사 편찬위원회 편, 「한국경제 60년사: 총괄편」, 서울: 한국개발연구원, 2011, pp.81-82; Lee, 1997, pp.56-57.
24) 경제기획원, 「개발연대의 경제정책: 경제기획원 20년사」, 기획재정부, 1982, p.203.
25) Lee, 1997a, pp.1-2.
26) Lee, 1997a, pp.1-2.
27) Lee, 1997a, pp.46-48; 공정거래위원회·한국개발연구원, 1991, pp.35-38.
28) Lee, 1997a, pp.48-50.

## ✢ 제 5 장 ✢

1) 신한민주당(신민당)은 과거 유신에 대항했던 신민당을 계승한다는 의미 그리고 약칭으로도 신민당이 되므로 국민들이 친숙하게 받아들일 수 있다는 점을 고려하여 선택된 당명이었다. 심지연, 2004, pp.345-346.
2) 심지연, 2004, pp.357-358.

3) 신명순, 1993, p.164.
4) 신명순, 1993, p.171.
5) 최준영, "3당 합당: 민주화 이후 한국 정당정치 전개의 분기점," 강원택 편, 「노태우시대의 재인식」, 서울: 나남, 2012, pp.80-81.
6) 민주정의당, 「밝은 미래와의 노태우 약속: 13대 대통령선거 공약」, 서울: 민주정의당, 1987.
7) 변형윤 외, 「경제민주화의 길」, 서울: 비봉출판사, 1992.
8) 최병선, "경제민주화의 도전과 좌절," 김석준·최병선·이은진·백종국 공저, 「경제민주화의 정치경제」, 서울: 법문사, 1994, p.77.
9) 조성욱, "기업과 정치권 관계 전환기의 대기업 정책," 강원택 편, 「노태우시대의 재인식」, 서울: 나남, 2012, pp.302-307.
10) 한국경제 60년사 편찬위원회, 2011, p.319.
11) 문희갑, 「경제개혁이 나라를 살린다」, 서울: 행림출판, 1992, 3장.
12) 송치영, "노태우정부의 주요 경제정책 평가," 강원택 편, 「노태우시대의 재인식」, 서울: 나남, 2012.
13) 조성욱, 2012, p.316.
14) 최병선, 1994, p.100.
15) 이장규 외, 「경제가 민주화를 만났을 때: 노태우경제의 재조명」, 서울: 올림, 2011, 6장, 8장, 9장, 14장.
16) 이종찬, "6공 경제개혁의 정치경제: 시장주도 산업조정의 환상과 실패," 「사회비평」 제12호, p.266.

## ✣ 제 6 장 ✣

1) Karl Polanyi, *The Great Transformation,* Boston, MA: Beacon, 1944; C. P. Hill, *British Economic and Social History 1700-1982,* London: Hodder and Stoughton, 1985.
2) Rondo Cameron, *A Concise Economic History of the World,* Oxford: Oxford University Press, 1993, ch.6.
3) Adam Smith, *Wealth of Nations,* Oxford: Oxford University Press, 1993, pp.289-301.
4) Laurence Whitehead, "Introduction: Some Insights from Western Social Theory," *World Development* 21-8, 1993, pp.1245-1261; Geoffrey Hawthorn,

"Liberalization and Modern Liberty: Four Southern States," *World Development* 21-8, 1993, pp.1299-1312; Arthur A. Goldsmith, "The State, the Market and Economic Development: A Second Look at Adam Smith in Theory and Practice," *Development and Change* 26, 1995, pp.633-650.

5) Smith, 1993, pp.440-441.
6) Stephen Wilks, "Regulatory Compliance and Capitalist Diversity in Europe," *Journal of European Public Policy* 3-4, 1996, p.540.
7) Charles E. Lindblom, "The Market as Prison," *Journal of Politics* 44, 1982, p.332.
8) 김재홍, "정부규제의 이론과 실제," 이용환·김재홍·이승철·김강수·홍성종, 「규제완화의 방향과 과제」, 서울: 한국경제연구원, 1992, p.88.
9) George J. Stigler, Citizen and the State: *Essays on Regulation*, Chicago, IL: University of Chicago Press, 1975, chs.7-8; James M. Buchanan, "Rent Seeking and Profit Seeking," in James M. Buchanan, Robert D. Tollison, and Gordon Tullock (eds), *Toward a Theory of the Rent-seeking Society*, College Station: Texas A&m University Press, 1980.
10) 정갑영, 「한국의 산업조직」, 서울: 박영사, 1993, p.295.
11) Yeonho Lee, "Political Aspects of South Korean State Autonomy: Regulating the Chaebol 1980~1993," *The Pacific Review* 9-2, 1996.
12) 양동휴, 「미국 경제사 탐구」, 서울대학교 출판부, 1994, pp.208-220.
13) 대한민국정부, 「신경제 5개년계획, 1993~1997」, 서울: 대한민국정부, 1993.
14) 김영삼정권 초기 경제개혁 평가에 관해서는 Yeonho Lee, "The Limits of Economic Globalization in East Asian Developmental States," *The Pacific Review* 10-2, 1997b, pp.380-384을 참고.
15) 대한민국정부, 1993.
16) 김영삼정부의 재벌규제정책의 실패에 관해서는 문정인, "한국의 민주화, 세계화, 정부-기업관계," 문정인 편, 「민주화시대의 정부와 기업」, 서울: 오름, 1998, pp.42-44를 참고.
17) 기획재정부, 「경제백서」, 1997, p.580.
18) 기획재정부, 1997, pp.548-549.
19) 대한민국정부, 1993.
20) 김영삼정부가 들어선 이후 즉시 실시에 들어간 신경제정책은 사실상 경기부양책인 측면이 강했다. 신경제 100일 계획에서 중점적으로 추진될 과제들 중 첫 번째로 제시된 것이 '투자진작을 통한 경기활성화의 추진'이었다. 대한민국정부, 1993, p.23.

21) 동아일보사, 「동아연감」, 1995, p.129.
22) 1996년 말부터 1997년 초까지 재경원, 한국은행 그리고 청와대간에 벌어진 환율논쟁의 구체적인 내용에 관해서는 한국일보 1998년 8월 29일 참고.
23) 「경제백서」, 1994, p.174.
24) 동아일보, 1998. 2. 12.
25) 이점에 관해서는 동아일보 1998년 2월 10일자와 12일자 그리고 한국일보 1998년 2월 12일자를 참고.
26) 종금사들이 인허가과정에서 행한 정치권로비에 관해서는 조선일보 1998년 3월 13일자를 참고.
27) 조선일보, 1998. 2. 20.
28) 동아일보, 1998. 2. 12.
29) 조선일보, 1998. 3. 10.
30) 공정거래위원회자료, 조선일보, 1998년 4월 16일자에서 재인용.
31) 한국일보, 1998. 2. 8.
32) 민주주의와 경제발전의 상관관계에 관한 논쟁에 관해서는 Clark D. Neher and Ross Malay, *Democracy and Development in Southeast Asia*,, Boulder: Westview Press, 1995, ch.11.을 참조.

## ✢ 제 7 장 ✢

1) Carole Pateman, *Participation and Democratic Theory,* London: Cambridge University Press, 1970; David Held, *Models of Democracy,* Oxford: Polity Press, 2000, ch.8; Evelyne Huber, Dietrich Rueschemeyer, and John D. Stephens, "The Paradoxes of Contemporary Democracy: Formal, Participatory, and Social Dimensions," *Comparative Politics* 29-3, 1997.
2) Robert D. Putnam, Robert Leonardi, and Raffaella Nanetti, *Making Democracy Work: Civic Traditions in Modern Italy,* Princeton, NJ: Princeton University Press, 1993; Peter Evans, "The Eclipse of the State? Reflections on Stateness in an Era of Globalization," *World Politics* 50-1, October 1997; George Soros, "The Capitalism Threat," *Atlantic Monthly* 279-2, February 1997; Lindblom, 1977; Theda Skocpol, "Do Not Blame Big Government," in T. Skocpol and M. Fiorina (eds), *Civic Engagement*

*in American Democracy,* Washington, D.C.: Brookings Institute Press, 1998.

3) 유팔무, "비정부사회운동단체(NGO)의 역사와 사회적 역할: 시민운동과 정부와의 관계를 중심으로," 「동서연구」 제10집 2호, 1998, pp.82-83.

4) 1993년 출범한 김영삼정부가 개혁정치를 전개함에 따라 사회운동단체들 역시 활발하게 성장해 갔다. 구사회운동단체들의 침체가 지속되자 신사회운동진영으로 이적하는 단체들도 생기기 시작했다. 1994년에 들어서자 신사회운동을 수행하던 경제정의실천시민연합, 환경운동연합, 대한기독교청년회연맹, 대한여자기독교청년회연합회, 흥사단, 녹색교통운동 등 54개 단체 대표들이 모여 '시민단체협의회'라는 연대기구를 조직하였다. 유팔무, 1998, pp.83-84.

5) 유팔무, 1998, p.86.

6) 강상욱, "NGO에 대한 정부재정지원 실태분석," 「한국비영리학회 2001년 춘계학술대회 발표논문」 2001년 6월 1일, 연세대학교, 2001.

7) Junki Kim, "The Growth of the Non-Government Sector in Korea and Its Relations with the State," paper presented in Northeast Asian Civil Society: Current Status and Challenging Roles of NGOs in Korea, Japan and China, November 11. 2000, Yonsei University, 2000, p.87.

8) 강상욱, 2001.

9) James M. Ferris and Elozabeth Graddy, "Fading Distinctions among the Nonprofit, Government and For-profit Sectors," in Virginia A. Hodgkinson and Richard W. Lyman (eds) *The Future of the Non-Profit Sector,* San Francisco, CA: Jossey-Bass Publishers, 1989, pp.127-128.

10) Michael Lipsky and Steven R. Smith, "Non-profit Organizations, Government and the Welfare State," *Political Science Quarterly*, 104-4, 1989, pp.625-648.

11) 1998년도에 이루어진 한 조사도 이와 유사한 경향을 보여주었다. 이에 의하면 전국시민단체들의 전체 예산 중 회비 및 후원금이 차지하는 비율은 41.2%에 이르렀으나 소요비용의 절반도 못됐고 그밖에 정부의 지원이 14.8% 그리고 수익사업이 12.8%를 차지하고 있었다. 10여년의 역사를 자랑하는 경실련의 경우도 전체예산 중 약 9.2%만이 회비로 충당하고 있다(중앙일보, 2000. 5. 4). 동서문제연구원·한국리서치, "한국민간단체 현황조사 보고서," 2000.

12) 노연희, "미국 비영리 사회서비스조직의 재정변화에 관한 연구," 한국비영리학회 2001년 가을 학술대회, 2001년 11월 23~24일.

13) 한겨레, 2000. 2. 7.
14) 김대환·김균, 「한국재벌개혁론」, 서울: 나남, 1999.
15) 동아일보, 2000. 2. 10.
16) 예컨대 기획단장을 행정자치부 장관이, 부단장은 국무조정실장과 청와대 정무수석이 담당하였다.
17) 주성수, 「시민사회와 NGO논쟁: 주요 개념·모델 및 이론」, 서울: 한양대학교 출판부, 2001, pp.73-76.
18) 재정경제부·한국개발연구원, 「국민과 함께 내일을 연다: 국민의 정부 경제청사진」, 대한민국정부, 1998.
19) 경제정의실천연합 홈페이지 www.ccej.or.kr.
20) 동서문제연구원·한국리서치, 2000.
21) 재정경제부·한국개발연구원, 1998.
22) Adam Smith, 1993.
23) 재정경제부·한국개발연구원, 1998, p.55.
24) 김직교·김상호, 「독일의 사회적 시장경제」, 서울: 한국경제연구원, 1999.
25) 김적교·김상호, 1999, p.45.
26) 김적교·김상호, 1999, p.45
27) 재정경제원·한국개발연구원, 1998, pp.73-74.
28) 변형윤 외, 1992, p.11.
29) 김대중, 「대중경제론」, 서울: 청사, 1986.
30) 김대중, 1986, pp.40-45.
31) 재정경제부·금융감독위원회, 「공적자금 백서」, 서울: 재정경제부, 2000, p.13.
32) 재정경제부·금융감독위원회, 2000.
33) Kotaro Tsure, "Finance and Growth: Some theoretical consideration and a review of the empirical literature," Economics *Department Working Paper* No. 228, OECD, 2000.
34) 고성수, "금융구조조정의 성과와 향후과제," 한국금융연구원, 2001.
35) 공적자금이란 외환위기 이후 금융구조조정 지원을 위해 조성된 자금인데, 예산에서 직접 지원하는 것이 아니라 정부산하의 무자본 특수법인인 자산관리공사와 예금보험공사가 채권을 발행해 조달한 자금이다. 공적자금은 예산 등 재정자금과의 상당한 차이가 있다. 부실채권정리기금채권, 예금보호기금채권 등을 발행해 조달하기 때문에 조달과 상

환의 1차적 책임은 자산관리공사와 예금보험공사에 있다. 그러나 정부가 지급을 보증하는 국회동의를 거치기 때문에 양대기구가 갚지 못할 경우 정부가 재정기금을 통해 갚아야 한다. 다만 공적자금의 이자에 대해서는 정부가 매년 예산에서 지급한다. 재정경제부·금융감독위원회, 2000, p.51.

36) 고성수, 2001.
37) 고성수, 2001.
38) 고성수, 2001, p.6.
39) 재정경제부·금융감독위원회, 2000, pp.18-20.
40) 금융감독원, 「워크아웃 5년-추진실적과 성과를 중심으로」, 서울: 금융감독원, 2003.
41) 이철환, 「재벌개혁드라마-대마불사에서 빅딜까지」, 서울: 좋은글, 2000; 삼성경제연구소, 2000.
42) 이연호·임유진·정석규, "한국에서 규제국가의 등장과 정부-기업관계," 「한국정치학회보」 제36집 3호, 2002에서 재구성.
43) 한국경제신문, 1998. 2. 3.
44) 한국경제신문, 1999. 8. 3.
45) 이영렬, 「빅딜 게임」, 서울: 중앙일보 J&P, 1999.
46) 산업자원부, 「산업자원 백서」, 서울: 산업자원부, 2001.
47) 금융감독원, 2003; 이철환, 2000.
48) 금융감독원, "기업부실판정결과," 보도자료, 1998년 6월 18일, http://www.fss.or.kr(검색일 2003. 8. 18).
49) 금융감독원, 2003.
50) 금융감독원, 2003.
51) 금융감독원, 2003.
52) 금융감독원, 2003.
53) 1997년: 2.6%, 1998년: 6.8%, 1999년: 6.3%이었다. 통계청, 통계DB (KOSIS), "성/연령별 실업률," http://kosis.nso.go.kr/cgi-bin/sws_999.cgi(검색일: 2002. 8. 1).
54) 중소기업청벤처자료실, "2002년 6월 말 벤처기업 현황," http://venture.smba.go. kr/(검색일: 2002. 8. 7).
55) 공정거래위원회, "벤처기업의 내부거래 조사결과 보도자료," http://www.ftc.go.kr/(검색일: 2002. 8. 3).
56) 머니투데이, 2002. 7. 12.

57) 단 출자총액제한의 예외인정조항을 두었는데 다음과 같다.
- 신주배정 또는 주식배당으로 신주를 취득하는 경우(단서 1호)
- 담보권실행 또는 대물변제수령으로 주식을 취득하는 경우(단서 2호)
- 사회간접자본사업(SOC)에 출자하는 경우(단서 3호)
- 기업구조조정, 외국인 투자유치 또는 중소기업과의 협력관계 유지를 위하여 출자하는 경우(단서 4호)

## ✣ 제 8 장 ✣

1) 이 책의 제10장을 참조.
2) 류태건, "새천년민주당과 열린우리당의 정책비교," 「한국시민윤리학회보」 제16집, 2004; 두산백과 참조.
3) 류태건, 2004.
4) 한국은행 홈페이지 http://www.bok.or.kr/index.jsp(검색일: 2007. 9. 11).
5) 이연호·정석규·임유진, "전두환정부의 산업합리화와 김대중정부의 기업구조조정 비교연구-부실기업 정리방식의 변화에 관한 연구," 「21세기정치학회보」 제14집 1호, 2004.
6) 노무현정부는 선진국에 비해 현격히 낮은 한국의 복지여건 및 사회서비스 수준을 제시하면서, 이 부문에서의 수준제고 및 여건개선을 위한 정부의 역할을 강조하고 있다. 청와대 홈페이지 www.president.go.kr/cwd/kr/archives_view.php?meta_id=hotis_18&id=7ef698ddd99ab353a88d9ec(검색일: 2007. 9. 8).
7) 유석춘·왕혜숙, 「참여연대 보고서」, 서울: 자유기업원, 2006.
8) 참여연대와 경실련은 창립당시부터 재벌의 소유구조 개선 및 경제력집중억제 등 경제민주화를 위한 활동을 활발히 전개하였다.
9) 김대환·김균, 1999.
10) Held, 1987; Pateman, 1970.
11) Charles Tilly, *From Mobilization to Revolution,* Reading: Addison-Wesley, 1978.
12) O. G. M. Olsen and J. S. O'Connor, "Understanding the Welfare States," in J. S. O'Connor and G. M. Olsen (eds), *Power Resources Theory and the Welfare State: Power Resources Theory and Its Critics,* Toronto: University of Toronto, 1998.

13) 성경륭, "민주주의의 공고화와 복지국가의 발전: 문민정부와 국민의 정부 비교,"「한국사회복지학」 제46호, 2001.
14) 박재창, "협력적 거버넌스 구축과 NGO의 정책참여과정: 참여정부를 중심으로,"「한국정책과학학회보」 제11권 2호, 2007.
15) Hyuk-Rae Kim, "Dilemmas in the Making of Civil Society in Korean Political Reform," *Journal of Contemporary Asia* 34-1, 2004; 이연호, "김대중정부와 비정부조직간의 관계에 관한 연구,"「한국정치학회보」 제35집 4호, 2001.
16) 이는 노무현정부의 정책기조에서도 찾아볼 수 있다. 노무현 대통령은 취임사에서 참여정부란 형식적·제도적 차원의 민주주의를 넘어서 국민의 참여가 일상화되고 국민의 참여를 통해 개혁과 발전을 추동해 나가는 참여민주주의에 기반한 정부로 정의했다.
17) 조선일보, 2003. 8. 25.
18) Yeonho Lee, "Participatory Democracy and Chaebol Regulation in Korea: State Market Relations in under the MDP Government, 1997~2003," *Asian Survey* 45-2, 2005.
19) 절차적 민주주의와 참여민주주의의 구체적 내용에 관해서는 Held (1987)의 책 제8장을 참조.
20) 제16대 대통령직인수위원회,「제16대 대통령령직인수위원회 백서: 대화」, 서울: 제16대 대통령직인수위원회, 2003.
21) 대통령자문 정부혁신지방분권위원회,「참여정부의 혁신과 지방분권」, 정부혁신지방분권위원회, 2007.
22) 국정브리핑, 2007. 2. 2.
23) 정부혁신지방분권위원회, "참여정부 지방분권 비전과 추진방향," 한국행정학회 하계학술회의 논문집, 2003.
24) 강명구, "행정수도 이전, 분권, 그리고 균형발전: 또 다른 이야기,"「행정논총」 제44권 1호, 2006.
25) 동아일보, 2005. 5. 31.
26) 동아일보, 2007. 4. 7. 조사대상은 김대중정부 말기 3년(2000~2002년)과 노무현정부의 최근 3년(2004~2006년)의 정부광고 수주현황이었다. 조사결과 조선일보는 총 1,836건(연평균 612건)→1,740건(연평균 580건), 중앙일보는 총 2,303건(연평균 767건)→2,249건(749건), 동아일보는 1,930건(연평균 643건)→1,804건(연평균 601건)으로 감소하였다. 반면, 한겨레신문은 연평균 882건에서 1,112건으로 경향신문은 연평균 837건에서 965건으로 각각 증가하였다.

27) 이러한 언론주변단체들과 언론계 인사들의 영향력이 커지면서 '新권언유착'이라는 말까지 등장했다.
28) 나아가 공정거래위원회가 직접 신문시장에 개입하기까지 했다. 공정거래위원회는 2006년 12월 신문구독과 관련된 불편, 위법 사례에 대한 수기공모 및 무가지 제공 근절을 위한 신문고시 포상금제(초기 500만 원, 후에 1,000만 원으로 인상)를 도입했다(동아일보, 2007. 10. 10)
29) 행자부 150억 원, 보건복지부 85억 2천만 원, 국방부 29억 원 등이 시민단체 지원을 위해 지출되었다. 또한 국가인권위원회 11억 5천만 원, 방송위원회 7억 5천만 원을 각종 시민단체에 지원했다. 특히 국정홍보처는 민주언론운동시민연합 등 친여 32개 시민단체에 8억 2,500만 원을 지원한 사실이 밝혀졌다. 조용승, "시민단체라는 이름의 폭력시위자들," 「한국논단」 7월, 2006; 데일리안, 2006. 10. 13.
30) 유석춘·왕혜숙, 2006.
31) 청와대 홈페이지 http://www.president.go.kr/cwd/kr/government/goal.html(검색일: 2007. 9. 28).
32) 참여연대 홈페이지 http://info.peoplepower21.org/index.html(검색일: 2007. 9. 28.).
33) 청와대 홈페이지 http://www.president.gokr/cwd/kr/government/agenda_05.php?m=5(검색일: 2007. 9. 28).
34) 서울신문, 2006. 10. 19.
35) 참여연대는 1999년부터 꾸준하게 증권집단소송법의 도입을 주장하였고, 법의 도입이 지지부진할 때에는 재계와 정부 및 국회를 지속적으로 비판하였다.
36) 청와대홈페이지 http://www.president.go.kr/cwd/kr/government/agenda_05.php?m=5(검색일: 2007. 9. 28).
37) 참여연대 홈페이지 www.peoplepower21.org(검색일: 2007. 9. 28).
38) 이연호, "한국에서 민주주의 심화가 조정국가(Regulatory State)의 변화에 미친 영향," 「신아세아」 제13권 2호, 2006.
39) 노무현 정부에서의 노동의 정치참여 증가에 대해서는 임유진, 「한국에서 노동의 정치참여 현상에 관한 연구: 참여정부를 중심으로」, 연세대학교 대학원 정치학과 석사학위논문, 2004을 참조.
40) 박찬욱, "제17대 총선에서 2표 병립제와 유권자의 분할투표: 선거제도의 미시적 효과 분석," 박찬욱 편, 「제17대 국회의원 총선거 분석」, 서울: 오름, 2005.
41) 개정선거법의 주요 내용은 다음과 같다. ① 의원정수가 16대 273인에

서 17대 299인으로 확대 ② 유권자들이 지역구와 비례대표선거에 각각 1표씩 모두 2표를 행사 ③ 전국구 5석 이상 또는 비례대표선거에서 전국득표율 3% 이상의 정당에게만 비례대표의석 할당 등.

42) 윤종빈, 「한국의 선거와 민주주의: 17대 국회의원선거를 중심으로」, 서울: 집문당, 2007.
43) 제16대 대통령직인수위원회, 2003.
44) 조선일보, 2003. 10. 29.
45) 참여연대 홈페이지 http:// www.peoplepower21.org.
46) 조선일보, 2003. 3. 11.
47) 중앙일보, 2003. 1. 7.

## ✣ 제 9 장 ✣

1) 조선일보, 2009. 5. 30.
2) Roh ·Moo-hyun, "With Expecting Free and Profound Conversation(in Korean)," Democracy 2.0 Web-site, Sep 18. 2008, http://www.democracy2.kr/view.php?dcode=3&scode=&tid=3(검색일 2009년 7월 7일).
3) 한겨레, 2008. 9. 20.
4) 매일경제 경제부·정치부, 「MB노믹스」,서울: 매일경제신문사, 2008, p.17.
5) 매일경제 경제부·정치부, 2008, p.33.
6) 매일경제 경제부·정치부, 2008, pp.182-183.
7) James A. Caporaso and David P. Levine, *Theories of Political Economy,* Cambridge: Cambridge University Press, 1993.
8) 이연호, 2009a, 4장; Steven K. Vogel, *Freer Markets, More Rules: Regulatory Reform in Advanced Industrial Countries,* Ithaca, NY: Cornell University Press, 1996.
9) 이연호, 2009a.
10) 자유주의경제학연구회, 「시카고학파의 경제학」, 서울: 민음사, 1994.
11) Held, 1987, 8장.
12) Held, 1987.
13) Lee, 2005.
14) 동아일보, 2008. 2. 26.
15) 제17대 대통령직인수위원회, 「성공 그리고 나눔: 제17대 대통령직인수

위원회 白書. 1, 이명박정부의 국정철학과 핵심정책과제」, 서울: 제17대 대통령직인수위원회, 2008.

16) 금융지주사 시너지 활성화는 지주사의 자회사 출자한도(자기자본의 100%) 폐지, 금융 자회사간 임직원 겸직, 업무위탁 등 허용범위 확대, 해외진출시 지주사 소속 자회사간 공동출자 등을 허용하는 것으로 공포는 2010년에 이루어졌지만 2008년 구상이 이루어졌다.

17) John A. Mathews, "Green Growth Strategies-Korean Initiative," *Futures* 44-8, 2012.

18) 연합뉴스 편집부, 「연합연감 2008」, 서울: 연합뉴스, 2008.

19) 2012년 3월 31일 기준, 녹색성장위원회 www.greengrowth.go.kr.

20) 한겨레, 2010. 8. 27.

21) 연합뉴스 편집부, 「연합연감 2010」, 서울: 연합뉴스, 2010.

22) 유통법은 재래시장 반경 500m 이내를 전통산업 보존구역으로 설정하여, 지방자치단체가 조례를 통해 이 구역 내에서 기업형 슈퍼마켓(SSM)의 등록을 제한하거나 입점조건을 부여하는 방식으로 규제하는 것을 가능케 한다. 상생법은 자영업자가 투자한 SSM 프랜차이스 점포라 하더라도 대기업 지분이 51% 이상일 경우, 사업조정 신청대상에 포함시키는 것으로 구체적으로 500m 범위 밖의 영세업자들도 사업조정을 신청할 수 있고, 해당 SSM은 개점을 미루거나 영업을 중단해야 한다.

23) 공정거래위원회 홈페이지, http://www.ftc.go.kr.

24) 행정지도로 가격담합행위를 적발하여 과징금을 부과한 사례는 2012년 라면가격, 2011년 소주가격, 2011년 시내전화요금, 퇴직보험상품금리 등이 있다.

25) 동아일보, 2011. 8. 31.

26) 전국경제인연합회, "2012년 규제개혁 체감도 조사분석: 이명박정부 규제개혁 4년 평가와 향후 과제," 「규제개혁 시리즈」 12-01, 2012; 조선일보, 2012. 8. 20.

27) 민주당의 극력저지대상법은 한미자유무역협정비준 동의안, 언론관계법, 반민주·이념법, 반민생법 등이다. 특히 반민생법에는 은행법, 독점규제 및 공정거래에 관한 법 개정안 등 경제살리기의 금산분리완화, 총출제 폐지 등이 포함된다.

28) 윤증현 기획재정부 장관, 진동수 금융위원장, 윤진식 청와대 경제수석 등이 당시 경제팀의 주요 인사이다.

29) 동아일보, 2010. 9. 21.

30) 세계일보, 2009. 6. 18.

31) 한겨레, 2009. 7. 26.
32) 경향신문, 2010. 8. 4.
33) 프레시안, 2011. 2. 15; 국민일보, 2011. 5. 2; 헤럴드경제, 2011. 6. 17.
34) 경실련은 2011년 7월 재벌들이 계열사를 마구 늘려 경제력집중이 심화되었다는 내용의 보고서를 냈다. 출총제가 폐지된 이후 새로 편입된 10대 재벌그룹의 계열사는 290개에 이른다. 15대 재벌의 최근 3년간 총자산과 매출액, 단기순익은 55~59%나 증가했지만 설비투자액 비중은 낮아지고 있다고 지적했다. 상위 100대 기업의 경제력집중도 역시 2003년 42.5%에서 2010년 51.1%로 증가했다. 그러나 2009년 사상 최대 이익을 올린 30대 그룹이 늘린 고용인원은 2,667명에 불과했다.
35) 새누리당 홈페이지, http://www.saenuriparty.kr.
36) 경향신문, 2010. 2. 23.
37) 연합뉴스, 2008. 11. 30.
38) 양극화문제에 관한 보다 구체적인 논의는 이연호, "사회경제적 양극화 해소를 위한 시대적 과제," 이현출 편, 「대통령선거와 시대정신」, 서울: 오름, 2012b, pp.110-115를 참조.
39) 유경원, "가계자산의 양극화 해소방안 연구," 경제인문사회연구회 주최 국정과제세미나: 한국자본주의 생태계의 새로운 모색, 서울, 2012년 4월, p.405. 그러나 자산불평등 현황에 관한 최종판단은 다소 유보될 필요가 있다. 우리나라 회사의 소유지배구조가 아직 투명하지 않고 상장되지 않은 회사에 대한 주식평가가 완전치 않기 때문이다. 그만큼 고소득층의 자산규모에 대한 조사가 충분치 못하다는 것이다. 이러한 문제가 해결되지 않은 채 상위 10%의 자산규모를 추정하는 것은 많은 보완이 필요하다.
40) 이춘우, "임금격차에 대한 산업생태계 관점에서의 해소방안 연구," 경제인문사회연구회 주최 국정과제세미나: 한국자본주의 생태계의 새로운 모색, 서울, 2012년 4월, p.423.
41) 이춘우, 2012, p.425.
42) 포커스신문, 2011. 4. 11.
43) 중앙일보, 2011. 7. 29.
44) 조선일보 2011. 4. 25.

## ✢ 제10장 ✢

1) 강철규,「재벌개혁의 경제학」, 서울: 다산출판사, 1999, p.222.
2) 김일중, "규제완화와 경제력집중억제책: 상충관계로만 볼 것인가?" 김재홍 외 공저,「정책적 규제비판: 규제완화의 성역개방을 위하여」, 서울: 한국경제연구원, 1994.
3) Karl Marx, *Capital* Vol. 1, Translated by Ben Fowkes, New York, NY: Penguin Books, 1990, pp.802-808.
4) 조선일보, 2011. 4. 25; 포커스신문, 2011. 4. 11.
5) Lee, 1997a, p.66.
6) 포커스신문, 2011. 4. 11.
7) Lee, 1997a, p.68.
8) 중앙일보, 2011. 7. 29.
9) 김일중, 1994, pp.98-103.
10) 독점규제 및 공정거래에 관한 법률(1980년 12월 31일 제정, 2012년 3월 21일 개정) 제1장 1조.
11) Paul Krugman, "The Myth of Asian Miracle," *Foreign Affairs* 3-6, 1994.
12) 강철규, 1999, 제2장.
13) 조선일보, 2012. 5. 31.
14) 이연호, 2009b.
15) Koo, 1984, pp.1030-1031.
16) 가스통 림링거,「사회복지의 사상과 역사」, 비판과 대안을 위한 사회복지학회 역, 서울: 한울, 2009, pp.167-178.
17) 서봉섭, "한국정부의 민주화와 복지정책의 변화,"「한국행정학보」 제31집 1호, 1997, pp.99-100; 남찬섭, "한국복지제도의 전개과정과 성격"; 한국사회과학연구소 편,「한국 사회복지의 현황과 쟁점」, 서울: 인간과 복지, 2000, p.22.
18) 서봉섭, 1997, pp.101-102.
19) 남찬섭, 2000, p.26.
20) 서봉섭, 1997, p.104.
21) 남찬섭, 2000, p.27.
22) 서봉섭, 1997, pp.105-109.
23) 남찬섭, 2000, p.32.
24) 양재진, "구조조정과 사회복지: 발전국가 사회복지 패러다임의 붕괴와

김대중정부의 과제,"「한국정치학회보」 제35집 1호, 2001, p.221.

25) Hochul Sonn, "Modernization and Democracy in South Korea," *Korean Political Science Review* 43-5, 2009.

26) 조선일보, 2005. 5. 12.

27) 한국경제, 2012. 4. 11.

28) 매일경제 경제부·정치부, 「MB노믹스」, 서울: 매일경제신문사, 2008.

29) 경향신문, 2011. 2. 23.

## ✣ 마무리 글 ✣

1) 민주화에 있어서 노동계층의 역할에 관한 설명에 관해서는 임혁백, 「시장, 국가, 민주주의」, 서울: 나남, 1994, pp.305-310을 참조.

2) Moore Jr., 1966, p.418.

3) 강경식, 「국가가 해야 할 일, 하지 말아야 할 일」, 서울: 김영사, 2010, pp.283-284.

4) 자본의 혁신에 의한 이윤이 국가가 제공하는 독점지대를 초과할 경우 자본은 국가의 간섭과 통제로부터 벗어나려고 할 것이라는 주장에 관해서는 Frederic C. Lane, "Economic Consequence of Organized Violence," *Journal of Economic History* 18-4, 1958을 참조.

5) Huntington, 1968.

# ❑ 참고문헌 ❑


가스통 림링거, 「사회복지의 사상과 역사」, 비판과 대안을 위한 사회복지학회 역, 서울: 한울, 2009.

강경식, 「국가가 해야 할 일, 하지 말아야 할 일」, 서울: 김영사, 2010.

______, 「가난구제는 나라가 한다: 경제부처 30년의 메모」, 서울: 삶과 꿈, 1992.

______, 「경제안정을 넘어서」, 서울: 한국경제신문사, 1987.

강명구, "행정수도 이전, 분권, 그리고 균형발전: 또 다른 이야기," 「행정논총」 제44권 1호, 2006.

강상욱, "NGO에 대한 정부재정지원 실태분석," 한국비영리학회 2001년 춘계학술대회 발표논문, 2001년 6월 1일, 연세대학교, 2001.

강철규, 「재벌개혁의 경제학」, 서울: 다산출판사, 1999.

경제기획원, 「개발연대의 경제정책: 경제기획원 20년사」, 기획재정부, 1982.

고성수, "금융구조조정의 성과와 향후과제," 한국금융연구원, 2001.

공정거래위원회·한국개발연구원, 「공정거래 10년: 경쟁정책의 운용성과와 과제」, 서울: 공정거래위원회·한국개발연구원, 1991.

공제욱, "박정희정권 초기 외부의존형 성장모델의 성장과정과 재벌," 「민주사회와 정책연구」 8호, 2005.

권순직, "80년대 부실기업 정리의 부실내막," 「신동아」, 5월 1988.

금융감독원, 「워크아웃 5년-추진실적과 성과를 중심으로」, 서울: 금융감독원, 2003.

기획재정부, 「경제백서」, 1997.

김대중, 「대중경제론」, 서울: 청사, 1986.

김대환·김균, 「한국재벌개혁론」, 서울: 나남, 1999.

김동호, 「대통령 경제사」, 서울: 책밭, 2012.
김영명, "한국의 민군관계와 민주화의 전망," 한국정치학회 편, 「한국의 정치: 쟁점과 과제」, 서울: 법문사, 1993.
______, 「한국현대정치사」, 서울: 을유문화사, 1992.
김일영, "1960년대 한국 발전국가의 형성과정," 「한국정치학회보」 제33집 4호, 2000.
김일중, "규제완화와 경제력집중억제책: 상충관계로만 볼 것인가?," 김재홍 외 공저, 「정책적 규제비판: 규제완화의 성역개방을 위하여」, 서울: 한국경제연구원, 1994.
김재홍, "정부규제의 이론과 실제," 이용환·김재홍·이승철·김강수·홍성종, 「규제완화의 방향과 과제」, 서울: 한국경제연구원, 1992.
김적교·김상호, 「독일의 사회적 시장경제」, 서울: 한국경제연구원, 1999.
김정렴, 「최빈국에서 선진국 문턱까지: 한국경제정책 30년사」, 서울: 랜덤하우스, 2006.
김흥기 편, 「영욕의 한국경제: 경제기획원 33년」, 서울: 매일경제신문사, 1999.
남덕우, 「경제개발의 길목에서: 남덕우 회고록」, 서울: 삼성경제연구소, 2009.
남찬섭, "한국복지제도의 전개과정과 성격," 한국사회과학연구소 편, 「한국사회복지의 현황과 쟁점」, 서울: 인간과 복지, 2000.
노연희, "미국 비영리 사회서비스조직의 재정변화에 관한 연구," 한국비영리학회 2001년 가을 학술대회, 2001년 11월 23~24일.
니시노 준야, 「한국의 산업정책 변화와 일본으로부터의 학습」, 연세대학교 대학원 정치학과 박사학위논문, 2005.
대통령자문 정부혁신지방분권위원회, 「참여정부의 혁신과 지방분권」, 정부혁신지방분권위원회, 2007.
대한민국정부, 「신경제 5개년계획, 1993~1997」, 서울: 대한민국정부, 1993.
로버트 팩스턴, 손명희 외 옮김, 「파시즘」, 서울: 교양인, 2004.
류태건, "새천년민주당과 열린우리당의 정책비교," 「한국시민윤리학회보」 제16집, 2004.

매일경제 경제부·정치부, 「MB노믹스」, 서울: 매일경제신문사, 2008.

문정인, “한국의 민주화, 세계화, 정부-기업관계,” 문정인 편, 「민주화시대의 정부와 기업」, 서울: 오름, 1998.

문희갑, 「경제개혁이 나라를 살린다」, 서울: 행림출판, 1992.

민주정의당, 「밝은 미래와의 노태우 약속: 13대 대통령선거 공약」, 서울: 민주정의당, 1987.

박두병, “기업경영과 산업합리화,” 「경영학연구」 제2권, 1972.

박명림, “헌법, 국가의제 그리고 대통령 리더십: 건국헌법과 전후헌법의 경제조항 비교를 중심으로,” 「국제정치논총」 제48집 1호, 2008.

박재창, “협력적 거버넌스 구축과 NGO의 정책참여과정: 참여정부를 중심으로,” 「한국정책과학학회보」 제11권 2호, 2007.

박정희, 「민족중흥의 길」, 광명출판사, 1978.

박종철, “제1공화국의 국가구조와 수입대체산업의 정치구조,” 「한국정치학회보」 제22집 1호, 1988.

박찬욱, “제17대 총선에서 2표 병립제와 유권자의 분할투표: 선거제도의 미시적 효과 분석,” 박찬욱 편, 「제17대 국회의원 총선거 분석」, 서울: 오름, 2005.

박태균, “미국의 대한경제부흥정책의 성격, 1948~1950,” 「역사와 현실」 제27호, 1998.

변형윤 외, 「경제민주화의 길」, 서울: 비봉출판사, 1992.

산업자원부, 「산업자원 백서」, 서울: 산업자원부, 2001.

삼성경제연구소, 「금융·기업 구조조정: 미완의 개혁」, 서울: 삼성경제연구소, 2000.

서봉섭, “한국정부의 민주화와 복지정책의 변화,” 「한국행정학보」 제31집 1호, 1997.

성경륭, “민주주의의 공고화와 복지국가의 발전: 문민정부와 국민의 정부 비교,” 「한국사회복지학」 제46호, 2001.

송양민, “부실기업 정리의 내막,” 「월간조선」 77호, 7월 1986.

송치영, “노태우정부의 주요 경제정책 평가,” 강원택 편, 「노태우시대의 재인식」, 서울: 나남, 2012.

신명순, 「한국정치론」, 서울: 법문사, 1993.

______, 「제3세계 정치론」, 서울: 법문사, 1987.

신병식, “제1공화국 토지개혁의 정치경제,” 「한국정치학회보」 제31집 3호, 1997.

심지연, 「한국정당정치사」, 서울: 백산서당, 2004.

양동휴, 「미국 경제사 탐구」, 서울대학교 출판부, 1994.

양재진, “구조조정과 사회복지: 발전국가 사회복지 패러다임의 붕괴와 김대중정부의 과제,” 「한국정치학회보」 제35집 1호, 2001.

어윤대·배재성, “산업합리화를 통한 부실기업 정리의 재무효과에 관한 연구,” 「경영논총」 제36권, 고려대학교 경영대학, 1995.

오원철, 「박정희는 어떻게 경제강국을 만들었나?」, 서울: 동서문화사, 2006.

유경원, “가계자산의 양극화 해소방안 연구,” 경제인문사회연구회 주최 국정과제세미나: 한국자본주의 생태계의 새로운 모색, 서울, 2012년 4월.

유석춘·왕혜숙, 「참여연대 보고서」, 서울: 자유기업원, 2006.

유팔무, “비정부사회운동단체(NGO)의 역사와 사회적 역할: 시민운동과 정부와의 관계를 중심으로,” 「동서연구」 제10집 2호, 1998.

윤정석·신명순·심지연 편, 「한국정당정치론」, 서울: 법문사, 1996.

윤종빈, 「한국의 선거와 민주주의: 17대 국회의원선거를 중심으로」, 서울: 집문당, 2007.

이기택, 「한반도의 정치와 군사」, 서울: 가남사, 1984.

이성훈 외, 「한국의 산업정책」, 서울: 산업연구원, 1989.

이연호, “스웨덴의 초기 사회민주의적 국가-자본관계의 형성과 속성: 파시즘과의 비교적 시각에서,” 「동서연구」 제24집 3호, 2012a.

______, “사회경제적 양극화 해소를 위한 시대적 과제,” 이현출 편, 「대통령선거와 시대정신」, 서울: 오름, 2012b.

______, 「발전론」, 서울: 연세대학교 출판부, 2009a.

_____, “제도주의 정치경제적 발전국가론과 민주주의,” 「21세기정치학회보」 제19집 2호, 2009b.

_____, “한국에서 민주주의 심화가 조정국가(Regulatory State)의 변화에 미친 영향,” 「신아세아」 제13권 2호, 2006.

_____, “김대중정부와 비정부조직간의 관계에 관한 연구,” 「한국정치학회보」 제35집 4호, 2001.

이연호·정석규·임유진, “전두환정부의 산업합리화와 김대중정부의 기업구조조정 비교연구-부실기업 정리방식의 변화에 관한 연구,” 「21세기정치학회보」 제14집 1호, 2004.

이연호·임유진·정석규, “한국에서 규제국가의 등장과 정부-기업관계,” 「한국정치학회보」 제36집 3호, 2002.

이영렬, 「빅딜 게임」, 서울: 중앙일보 J&P, 1999.

이완범, 「박정희와 한강의 기적」, 서울: 선인, 2006.

이장규, 「경제는 당신이 대통령이야: 전두환시대의 경제비사」, 서울: 중앙일보사, 1991.

이장규 외, 「경제가 민주화를 만났을 때: 노태우경제의 재조명」, 서울: 올림, 2011.

이재민, “동아시아 금융위기와 NIEs형 발전모델,” 정갑영 편, 「동아시아의 정치와 경제」, 서울: 나남, 2002.

이정복, “관료적 권위주의 체제와 유신체제,” 한배호 외, 「한국의 자본주의와 민주주의」, 서울: 법문사, 1992.

_____, “산업화와 정치체제의 변화,” 「한국정치학회보」 제19집, 1985.

이종찬, “6공 경제개혁의 정치경제: 시장주도 산업조정의 환상과 실패,” 「사회비평」 제12호, 1994.

이절한, 「재벌개혁드라마-대미봉시에서 빅딜까지」, 서울: 좋은글, 2000.

이춘우, “임금격차에 대한 산업생태계 관점에서의 해소방안 연구,” 경제인문사회연구회 주최 국정과제세미나: 한국 자본주의 생태계의 새로운 모색, 서울, 2012년 4월.

임유진, 「한국에서 노동의 정치참여 현상에 관한 연구: 참여정부를 중심으로」, 연세대학교 대학원 정치학과 석사학위논문, 2004.

임혁백, 「시장, 국가, 민주주의」, 서울: 나남, 1994.

______, "한국에서의 민주화과정 분석: 전략적 선택 이론을 중심으로," 「한국정치학회보」 제24집 1호, 1990.

자유주의경제학연구회, 「시카고학파의 경제학」, 서울: 민음사, 1994.

장달중, "제3공화국과 권위주의적 근대화," 안청시 편, 「현대한국정치론」, 서울: 법문사, 1994.

재정경제부·금융감독위원회, 「공적자금 백서」, 서울: 재정경제부, 2000.

재정경제부·한국개발연구원, 「국민과 함께 내일을 연다: 국민의 정부 경제청사진」, 대한민국정부, 1998.

전국경제인연합회, "2012년 규제개혁 체감도 조사분석: 이명박정부 규제개혁 4년 평가와 향후 과제," 「규제개혁 시리즈」 12-01, 2012.

정갑영, 「한국의 산업조직」, 서울: 박영사, 1993.

정부혁신지방분권위원회, "참여정부 지방분권 비전과 추진방향," 한국행정학회 하계학술회의 논문집, 2003.

정진아, "이승만정권의 자립경제론, 그 지향과 현실," 「역사비평」 제83호, 2008.

제16대 대통령직인수위원회, 「제16대 대통령령직인수위원회 백서: 대화」, 서울: 제16대 대통령직인수위원회, 2003.

제17대 대통령직인수위원회, 「성공 그리고 나눔: 제17대 대통령직인수위원회 白書.1, 이명박정부의 국정철학과 핵심정책과제」, 서울: 제17대 대통령직인수위원회, 2008.

조동성, 「한국재벌연구」, 서울: 매일경제신문사, 1991.

조성욱, "기업과 정치권 관계 전환기의 대기업 정책," 강원택 편, 「노태우 시대의 재인식」, 서울: 나남, 2012.

조 순, "압축성장의 시발과 개발전략의 정착: 1960년대," 구본호 편, 「한국경제의 역사적 조명」, 서울: 한국개발연구원, 1991.

조용승, "시민단체라는 이름의 폭력시위자들," 「한국논단」 7월, 2006.

주성수, 「시민사회와 NGO논쟁: 주요 개념·모델 및 이론」, 서울: 한양대학교 출판부, 2001.

최병선, "경제민주화의 도전과 좌절," 김석준·최병선·이은진·백종국 공저, 「경제민주화의 정치경제」, 서울: 법문사, 1994.

최준영, "3당 합당: 민주화 이후 한국 정당정치 전개의 분기점," 강원택 편, 「노태우시대의 재인식」, 서울: 나남, 2012.

한국경제 60년사 편찬위원회 편, 「한국경제60년사: 총괄편」, 서울: 한국개발연구원, 2011.

______________, 「한국경제60년사 I: 경제일반」, 서울: 한국개발연구원, 2010.

한국조세연구원, "산업합리화와 조세감면규제법," 「개정세법총람」 제2권, 서울: 한국조세연구원, 1985.

한석정, "박정희 혹은 만주국판 하이모더니즘의 확산," 「일본비평」 3호, 2010.

한용원, 「창군」, 서울: 법문사, 1984.

Ansell, Ben and David Samuels, "Inequality and Democratization: A Contractarian Approach," *Comparative Political Studies* 43, 2010.

Boix, Carles, "The Conditional Relationship between Inequality and Development," *PS* October 2009.

______, *Democracy and Redistribution*, Cambridge: Cambridge University Press, 2003.

Buchanan, James M., "Rent Seeking and Profit Seeking," in James M. Buchanan, Robert D. Tollison, and Gordon Tullock (eds), *Toward a Theory of the Rent-seeking Society*, College Station: Texas A&m University Press, 1980.

Cameron, Rondo, *A Concise Economic History of the World*, Oxford: Oxford University Press, 1993.

Caporaso, James A. and David P. Levine, *Theories of Political Economy*, Cambridge: Cambridge University Press, 1993.

Deyo, Frederic C., "Introduction," in Frederic Deyo (ed.), *The Political Economy of the New Asian Industrialism*, Ithaca, NY: Cornell University Press, 1987.

Easton, David, *The Political System: An Inquiry into the State of Political Science*, New York, NY: Alfred Knopf, 1953.

Ekelund, Robert B. and Robert D. Tollison, *Politicized Economics*, College Station, Texas: Texas A&M University Press, 1997.

Ersson, Svante and Jan-Erik Lane, "Democracy and Development: A Statistical Exploration," in Adrian Leftwich (ed.), *Democracy and Development: Theory and Practice*, Cambridge: Polity Press, 1996.

Evans, Peter, "The Eclipse of the State? Reflections on Stateness in an Era of Globalization," *World Politics* 50-1, October 1997.

______, *Embedded Economy: States and Industrial Transformation*, Princeton, NJ: Princeton University Press, 1995.

Ferris, James M. and Elozabeth Graddy, "Fading Distinctions among the Nonprofit, Government and For-profit Sectors," in Virginia A. Hodgkinson and Richard W. Lyman (eds) *The Future of the Non-Profit Sector*, San Francisco, CA: Jossey-Bass Publishers, 1989.

Gillis, Malcolm, Dwight H. Perkins, Michael Roemer and Donald R. Snodgrass, *Economics of Development*, New York, NY: Norton, 1987.

Goldsmith, Arthur A., "The State, the Market and Economic Development: A Second Look at Adam Smith in Theory and Practice," *Development and Change* 26, 1995.

Haggard, Stephan, *Pathways from the Periphery*, Ithaca, NY: Cornell University Press, 1990.

Haggard, Stephan, Byung-Kook Kim and Chung-In Moon, "The Transition to Export-led Growth in South Korea: 1954~1966," *Journal of Asian Studies* 50-4, 1991.

Hawthorn, Geoffrey, "Liberalization and Modern Liberty: Four Southern States," *World Development* 21-8, 1993.

Held, David, *Models of Democracy*, Oxford: Polity Press, 1987.

Higgott, Richard A., *Political Development Theory*, London: Routledge, 1989.

Hill, C. P., *British Economic and Social History 1700-1982*, London: Hodder and Stoughton, 1985.

Huber, Evelyne, Dietrich Rueschemeyer, and John D. Stephens, "The Paradoxes of Contemporary Democracy: Formal, Participatory, and Social Dimensions," *Comparative Politics* 29-3, 1997.

Huntington, Samuel, *Political Order in Changing Societies*, New Haven, CT: Yale University Press, 1968.

Jeon, Jei Guk, "The Political Economy of Crisis Management in the Third World: A Comparative Study of South Korea and Taiwan," *Pacific Affairs* 67-4, 1994.

Johnson, Chalmers, "Political institutions and Economic Performance: The Government-Business Relationship in Japan, South Korea and Taiwan," in Robert A. Scalapino, Seizaburo Sato and Jusuf Wanandi (eds), *Asian Economic Development: Present and Future*, Berkeley, CA: Institute of East Asian Studies, University of California, 1985.

______, *MITI and the Japanese Miracle*, Stanford, CA:Stanford University Press, 1982.

Keynes, John Maynard, *The General Theory of Employment, Interest and Money*, London: Macmillan, 1936.

Kim, Hyuk-Rae, "Dilemmas in the Making of Civil Society in Korean Political Reform," *Journal of Contemporary Asia* 34-1, 2004.

Kim, Junki, "The Growth of the Non-Government Sector in Korea and Its Relations with the State," paper presented in Northeast Asian Civil Society: Current Status and Challenging Roles of NGOs in Korea, Japan and China, November 11, 2000, Yonsei University, 2000.

Kim, Seok-Ki, *Business Concentration and Government Policy*, DBA Thesis, Graduate School of Business Administration, Harvard University, 1987.

Koo, Haken, "The Political Economy of Income Distribution in South Korea," *World Development* 12-10, 1984.

Krugman, Paul, "The Myth of Asian Miracle," *Foreign Affairs* 3-6, 1994.

Kuznets, Simon. "Economic Growth and Income Inequality," *American Economic Review* 45, March 1955.

Lane, Frederic C., "Economic Consequence of Organized Violence," *Journal of Economic History* 18-4, 1958.

Lee, Yeonho, "Participatory Democracy and Chaebol Regulation in Korea: State Market Relations in under the MDP Government, 1997~2003," *Asian Survey* 45-2, 2005.

______, *The State, Society and Big Business in South Korea*, London: Routledge, 1997a.

______, "The Limits of Economic Globalization in East Asian Developmental States," *The Pacific Review* 10-2, 1997b.

______, "Political Aspects of South Korean State Autonomy: Regulating the Chaebol 1980~1993," *The Pacific Review* 9-2, 1996.

Lewis, W. A., "Economic Development and Unlimited Supplies of Labor," *Manchester School of Economics and Social Studies* 22-2, May 1954.

Lindblom, Charles E., "The Market as Prison," *Journal of Politics* 44, 1982.

______, *Politics and Markets: The World's Political Economic Systems*, New York, NY: Basic Books, 1977.

Lipsky, Michael and Steven R. Smith, "Non-profit Organizations, Government and the Welfare State," *Political Science Quarterly* 104-4, 1989.

List, Friedrich, *The National System of Political Economy 1885*, New York, NY: A.M. Kelly, 1966.

Marx, Karl, *Capital* Vol. 1, Translated by Ben Fowkes, New York, NY: Penguin Books, 1990.

Mathews, John A., "Green Growth Strategies-Korean Initiative," *Futures* 44-8, 2012.

Moore, Barrington Jr., *Social Origins of Dictatorship and Democracy*, Boston, MA: Beacon Press, 1966.

Neher, Clark D. and Ross Malay, *Democracy and Development in Southeast Asia*, Boulder: Westview Press, 1995.

O'Donnell, Guillermo A., *Modernization and Bureaucratic-Authoritarianism: Studies in South American Politics*, Berkeley, CA: University of California Press, 1979.

Olsen, O.G. M. and J. S. O'Connor, "Understanding the Welfare States," in J. S. O'Connor and G. M. Olsen (eds), *Power Resources Theory and the Welfare State: Power Resources Theory and Its Critics*, Toronto: University of Toronto, 1998.

Pateman, Carole, *Participation and Democratic Theory*, London: Cambridge University Press, 1970.

Polanyi, Karl, *The Great Transformation*, Boston, MA: Beacon, 1944.

Putnam, Robert, *Making Democracy Work: Civic Tradition in Modern Italy*, New Jersey, NJ: Princeton University Press, 1993.

Putnam, Robert D., Robert Leonardi, and Raffaella Nanetti, *Making Democracy Work: Civic Traditions in Modern Italy*, Princeton, NJ: Princeton University Press, 1993.

Samuelson, Paul A. and William D. Nordhaus, Economics, 7th ed., Boston, MA: McGraw-Hill Irwin, 2001.

Sirowy, Larry and Alex Inkeles, "The Effects of Democracy on Economic Growth and Inequality, A Review," *Studies in Comparative International Development* 25-1, 1990.

Skocpol, Theda, "Do Not Blame Big Government," in T. Skocpol and M. Fiorina (eds), *Civic Engagement in American Democracy*, Washington, D.C.: Brookings Institute Press, 1990.

Smith, Adam, *Wealth of Nations*, Oxford: Oxford University Press, 1993.

Sonn, Hochul, "Modernization and Democracy in South Korea," *Korean Political Science Review* 43-5, 2009.

Soros, George, "The Capitalism Threat," *Atlantic Monthly* 279-2, February 1997.

Stepan, Alfred, *Authoritarian Brazil: Origins, Policies and Future*, New Haven, CT: Yale University Press, 1973.

Stigler, George J., *Citizen and the State: Essays on Regulation*, Chicago, IL: University of Chicago Press, 1975.

Tilly, Charles, "War Making and State Making as Organized Crime," in Peter Evans, Dietrich Rueschemeyer and Theda Skocpol (eds), *Bringing the State Back In*, Cambridge: Cambridge University Press, 1985.

______, *From Mobilization to Revolution*, Reading: Addison-Wesley, 1978.

Tsure, Kotaro, "Finance and Growth: Some theoretical consideration and a review of the empirical literature," *Economics Department Working Paper* No. 228, OECD, 2000.

Vogel, Steven K., *Freer Markets, More Rules: Regulatory Reform in Advanced Industrial Countries*, Ithaca, NY: Cornell University Press, 1996.

Wade, Robert, *Governing the Market*, Princeton: Princeton University Press, 1990.

Weiner, Myron, "Political Integration and Political Development," *Annals of the American Academy of Political and Social Science* 358, 1965.

White, Gordon (ed.), *Developmental States in East Asia*, London: Macmillan, 1982.

White, Gordon and Robert Wade, "Developmental States and Markets in East Asia: An Introduction," in Gordon White (ed.), *Developmental States in East Asia*, London: Macmillan, 1988.

Whitehead, Laurence, "Introduction: Some Insights from Western Social Theory," *World Development* 21-8, 1993.

Wilks, Stephen, "Regulatory Compliance and Capitalist Diversity in Europe," *Journal of European Public Policy* 3-4, 1996.

# ❑ 찾아보기 ❑

ㄱ

## ㄴ

ㅇ

## ㅈ

## 저자약력

이연호는 연세대학교 정치외교학과의 정교수로 연세-SERI EU센터의 소장 그리고 동서문제연구원의 원장직을 수행하고 있다. 연세대학교 정치외교학과를 졸업한 후 Chevening Scholarship의 지원을 받아 영국 Cambridge대학교에서 정치학을 공부하였으며 석사 및 박사학위를 취득했다. 이후 영국 Warwick대학교 정치 및 국제관계학과에서 ESRC Fellow를 역임했다. 강의 및 연구분야는 정치경제발전론, 한국정치경제론, 국제개발협력론 등이다. *The State, Society and Big Business in South Korea*(Routledge) 그리고 발전론(연세대학교 출판부)의 저자이며 *the Pacific Review*, *Asian Survey*, 한국정치학회보, 국제정치논총 등의 학술지에 다수의 논문을 발표했다.

불평등발전과 민주주의: 한국정치경제론

초판인쇄 2013년 9월 3일
초판발행 2013년 9월 13일

지은이 이연호
펴낸이 안종만

편 집 우석진·김효선
기획/마케팅 조성호
표지디자인 최은정
제 작 우인도·고철민

펴낸곳 (주) 박영사
서울특별시 종로구 평동 13-31번지
등록 1959. 3. 11. 제300-1959-1호(倫)
전 화 02)733-6771
f a x 02)736-4818
e-mail pys@pybook.co.kr
homepage www.pybook.co.kr
ISBN 979-11-303-0016-0 93340



정 가 20,000원